AF330108

DES

DES

SOCIÉTÉS ANIMALES

DU MÊME AUTEUR :

PRINCIPES DE PSYCHOLOGIE de Herbert Spencer,
traduits en collaboration avec M. Th. Ribot, 2 vol. in-8º, de la
Bibliothèque de Philosophie contemporaine. Prix : 20 fr.

DIJON, IMP. DARANTIÈRE, RUE CHABOT-CHARNY, 65.

DES

SOCIÉTÉS ANIMALES

ÉTUDE DE PSYCHOLOGIE COMPARÉE

PAR

ALFRED ESPINAS

ANCIEN ÉLÈVE DE L'ÉCOLE NORMALE, AGRÉGÉ DE PHILOSOPHIE
PROFESSEUR DE PHILOSOPHIE AU LYCÉE DE DIJON

PARIS

LIBRAIRIE GERMER BAILLIÈRE ET Cie

PROVISOIREMENT PLACE DE L'ODÉON, 8

La Librairie sera transférée, 108, boulevard St-Germain, le 1er octobre 1877

1877

INTRODUCTION

Nul être vivant n'est seul. Les animaux particulièrement soutiennent des rapports multiples avec
les existences qui les environnent; et, sans parler
de ceux qui vivent en commerce permanent avec
leurs semblables, presque tous sont entraînés par
les nécessités biologiques à contracter, ne serait-
ce que pendant un court moment, une intime
union avec quelque autre individu de leur espèce.
Au-dessous même des régions où les sexes sont
distincts et séparés on trouve encore quelques
traces de vie sociale soit chez les animaux qui,
comme les plantes, demeurent attachés à une
souche commune, soit chez les êtres inférieurs
qui, avant de se séparer de l'organisme qui leur
a donné naissance, restent quelque temps soudés

à lui et incorporés à sa substance. Ainsi la vie en commun n'est pas dans le règne animal un fait accidentel; elle n'apparaît pas çà et là d'une manière fortuite en quelque sorte et capricieuse; elle n'est point, comme on le croit souvent, le privilége de quelques espèces isolées dans l'échelle zoologique, castors, abeilles et fourmis. Elle est au contraire, et nous nous croyons en mesure de le prouver abondamment dans le présent ouvrage, un fait normal, constant, universel. Depuis les plus bas degrés de la série jusqu'aux plus élevés, tous les animaux se trouvent à quelque moment de leur existence engagés dans quelque société; le milieu social est la condition nécessaire de la conservation et du renouvellement de la vie. C'est là une loi biologique qu'il ne sera pas inutile de mettre en lumière. Et de plus, depuis les plus bas degrés de la série jusqu'aux plus élevés, on observe dans le développement des habitudes sociales une progression sinon uniforme, du moins constante, chaque groupe zoologique poussant toujours un peu plus loin dans un sens ou dans l'autre le perfectionnement de ces habitudes. Enfin, les faits sociaux sont soumis à des lois, et ces lois sont les mêmes partout où de tels faits se montrent, en sorte qu'ils forment dans la nature un domaine considérable ayant son unité distincte, un tout homogène et bien lié dans toutes ses parties.

C'en est assez pour que la science s'y attache. Si ce que nous avançons est vrai, il y aurait déjà quelque intérêt à établir par des observations la généralité du fait de la vie collective, à en suivre les manifestations de plus en plus éclatantes dans toute l'échelle zoologique, à en chercher les lois essentielles. C'est là ce que nous allons tenter sans nous dissimuler la nouveauté, et, partant, les difficultés de l'entreprise. Mais des questions plus délicates, d'une portée supérieure, viendront se mêler à cette recherche expérimentale et en accroîtront les difficultés en même temps qu'elles en doubleront l'intérêt.

En effet, nous ne tarderons pas à nous apercevoir, en suivant la série des groupes sociaux formés par l'animalité, que la représentation, c'est-à-dire un phénomène psychologique, y joue un rôle de plus en plus important, et qu'elle y devient bientôt la cause prépondérante de l'association. Nous verrons dès lors que comme les éléments constitutifs du corps vivant forment par leur participation à une même activité biologique un seul tout qui n'a dans la pluralité de ses parties qu'une seule et même vie, de même les animaux individuels qui constituent une société

tendent à ne former, par l'échange de leurs représentations et la réciprocité de leurs actes psychiques, qu'une conscience plus ou moins concentrée, mais une aussi et en apparence individuelle.
De là naîtra un double problème que nous n'aborderons pas de front dès l'abord, mais dont nous
préparerons la solution au cours de notre classification des sociétés : 1° quel est le rapport des
individus avec le centre psychique auquel leur
activité se rattache, avec le groupe dans lequel
ils naissent à la vie comme corps séparés et
comme consciences distinctes ? comment conci-
lier l'individualité des parties et celle du tout?
et si le tout forme un individu véritable, comment, dans l'animalité, une conscience collective
est-elle possible? 2° quelle sorte d'être est la société? est-elle un être à proprement parler, quelque
chose de réel et de concret, ou bien ne faut-il
voir en elle qu'une abstraction, une conception
sans objet, un mot? bref, la société est-elle *un
vivant* comme l'individu, aussi réelle, et dans ce
cas même plus réelle que lui, ou bien n'est-elle
qu'une unité de collection, une entité verbale
dont l'individu forme toute la substance?

Ces deux problèmes ont leur gravité. Ils ont
été posés au sujet de la société humaine, et c'est
sur les solutions qu'on en a données que reposent

les divers systèmes politiques. Peut-être ne sera-
t-il pas mal à propos de les agiter à nouveau au
sujet des sociétés animales. La plupart des phi-
losophies politiques modernes ont pour principes
cachés des comparaisons entre la société humaine
et certaines productions de la nature. De leur
côté les naturalistes, voulant expliquer les groupements des êtres dans le domaine de la vie, re-
courent aux sociétés humaines. Mais ni les uns
ni les autres ne se sont demandé à quel point ces
comparaisons étaient scientifiques et quel rapport
unissait les sociétés humaines aux sociétés d'animaux. Pourtant, c'est là une question préliminaire
qui s'impose aux recherches de la science sociale :
tant qu'elle ne sera pas résolue on ne saura pas
quelle place occupe la société humaine dans l'ensemble de la nature. Nous ne dissimulons pas
que nous avons cru travailler, quoique de fort
loin, à préparer cette solution. Des deux termes
de la comparaison maintenant si coutumière aux
naturalistes comme aux politiques, nous n'ose-
rions dire que l'un (la société humaine) est bien
connu; mais nous pouvons affirmer que l'autre
(la société animale) n'a que très rarement été
étudié d'une manière systématique. Sans rien
préjuger sur les résultats de cette comparaison,
nous pensons qu'une telle étude ne peut que fa-

ciliter sur ce point, la tâche de la philosophie sociale.

Là est le suprême intérêt de notre travail. Parviendra-t-on à déterminer les lois de la vie sociale pour l'humanité? nous l'ignorons. Mais nous croyons que ces lois, si jamais elles sont découvertes, auront un grand caractère de généralité et formeront le couronnement naturel des lois qui régissent le système du monde.

DES

SOCIÉTÉS ANIMALES

CHAPITRE PREMIER

SOCIÉTÉS ACCIDENTELLES ENTRE ANIMAUX D'ESPÈCES DIFFÉRENTES :

Parasites, Commensaux, Mutualistes.

Le concours, trait essentiel de toute société, suppose l'affinité organique ; cependant des sociétés imparfaites peuvent s'établir accidentellement entre des êtres plus ou moins dissemblables. — Du parasitisme, comme de l'une des formes de la concurrence vitale ; animaux
qui la manifestent. — Du commensalisme et de ses transitions à la
mutualité ; régions de l'animalité où ils se rencontrent ; leurs causes.
— De la domestication de l'animal par l'homme comme d'un cas de
mutualité avec subordination ; origines probables de ce fait. De la
domestication des pucerons par les fourmis ; tentative d'explication
psychologique : de l'intelligence non réfléchie, ou raisonnement du
particulier au particulier. — Généralité de ces observations.

L'idée de société est celle d'un concours permanent
que se prêtent pour une même action des êtres vivants
séparés. Ces êtres peuvent se trouver amenés par les
conditions où leur concours s'exerce à se grouper dans
l'espace sous une forme déterminée, mais il n'est nul-

lement nécessaire qu'ils soient juxtaposés pour agir de concert, partant pour former une société. Une réciprocité habituelle de services entre activités plus ou moins indépendantes, voilà le trait caractéristique de la vie sociale, trait que ne modifie point essentiellement le contact ou l'éloignement, le désordre apparent ou la régulière disposition des parties dans l'espace.

Deux êtres peuvent donc former pour les yeux une masse unique et vivre non seulement en contact l'un avec l'autre, mais même à l'état de pénétration réciproque sans constituer une société. Il suffit, pour qu'on les regarde en ce cas comme entièrement distincts, que leurs activités tendent à des buts opposés, ou seulement différents. Si leurs fonctions, au lieu de concourir divergent, si le bien de l'un est le mal de l'autre, quelle que soit l'intimité de leur contact, aucun lien social ne les unit.

Mais la nature des fonctions et la forme des organes sont inséparables. Si deux êtres sont doués de fonctions nécessairement conspirantes, ils sont doués aussi d'organes sinon semblables du moins correspondants. Or les êtres doués d'organes semblables ou correspondants sont ou de la même espèce ou d'espèces très rapprochées. La société ne peut donc exister qu'entre animaux de la même espèce dans la généralité des cas.

Cependant il peut se rencontrer des circonstances où deux êtres doués d'organes différents et appartenant à des espèces même éloignées soient fortuitement et sur un point utiles l'un à l'autre. Une correspondance habituelle peut par là s'établir entre leurs activités, mais sur ce point seulement et dans les limites de temps où l'utilité subsiste. Il y a donc là l'occasion sinon d'une société, du moins d'une association, c'est-à-dire qu'une union, moins nécessaire, moins étroite, moins durable pourra naître d'une telle rencontre. En d'autres termes, à côté de sociétés normales formées d'éléments semblables spécifiquement qui ne peuvent vivre les uns sans les autres, il y aura place pour des sociétés accidentelles formées d'éléments spécifiques dissemblables, unis plutôt par la convenance que par la nécessité. Nous commencerons par l'étude de celles-ci.

Entre deux êtres vivants, les rapports les plus étrangers à la société qui puissent se produire sont ceux du prédateur et de la proie. En général, le prédateur est plus volumineux que sa proie, puisqu'il la terrasse et l'engloutit ; cependant il arrive que de plus petits s'attaquent à de plus gros, sauf à les dévorer par parcelles et à les laisser vivre pour en vivre eux-mêmes aussi longtemps que possible. Dans ce cas ils sont forcés de demeurer pendant un temps plus ou moins long attachés au corps de leur victime, portés par elle partout où les conduisent les vicissitudes de sa vie. De tels animaux ont reçu le nom de parasites. Le parasitisme forme la ligne en deçà de laquelle notre sujet commence ; car si on imagine que le parasite, au lieu de prendre sa nourriture sur l'animal dont il tire sa subsistance, se contente de vivre des débris de ses repas, on se trouvera en présence non pas encore d'une société véritable, mais de la moitié des conditions de la société : à savoir un rapport entre deux êtres tels que, tout antagonisme cessant, l'un des deux soit utile à l'autre. Tel est le commensalisme. Cependant cette association n'offre pas encore l'élément essentiel à toute société, le concours. Il y a concours quand le commensal n'est pas moins utile à son hôte que celui-ci ne l'est au commensal lui-même, quand les deux sont intéressés à vivre en relation réciproque et à développer leur double action dans des voies correspondantes vers un seul et même but. On a donné à ce mode d'action le nom de mutualisme. La domesticité, comme nous le verrons, n'en est qu'une forme. Le parasitisme, le commensalisme, la mutualité, existent chez les animaux parmi les espèces différentes. Exposons brièvement les faits et cherchons à en découvrir la signification au point de vue de la philosophie sociale.

La première difficulté consiste à déterminer avec exactitude le fait même du parasitisme. M. Van Beneden nous paraît avoir laissé quelque chose à faire sur ce point : la limite qu'il établit entre le commensalisme et le parasitisme est variable et incertaine. Si nous considérons le parasitisme comme un cas particulier de la lutte pour l'existence, c'est-à-dire comme un fait d'hostilité entre deux activités divergentes, il nous apparaîtra comme le cas le plus grave de tous, après celui d'absorption totale du faible par le fort. L'acte de manger la proie en détail et vivante ne le cède qu'à cet autre de l'égorger pour s'en nourrir en une fois. De ce point de vue la démarcation est facile à tracer entre l'un et l'autre groupe de phénomènes. Dès qu'un animal, au lieu de séjourner dans les tissus d'un autre animal ou dans les cavités de son corps, au lieu de s'établir même provisoirement à la surface de ses organes, c'est-à-dire au lieu de se nourrir de sa substance, vit constamment en dehors de lui et se contente d'une partie des aliments qu'il a réunis ou abandonnés, il cesse d'être parasite pour devenir commensal; la concurrence vitale est dans le second cas beaucoup moins énergique et passe de l'hostilité qui menace la vie, quoique plus ou moins sourdement, à la rivalité qui la stimule; parfois même elle s'efface tout à fait pour faire place à la mendicité.

Examinons les faits de plus près. Il y a deux grandes classes de parasites, les entozoaires et les épizoaires. Mais avant de parler des uns et des autres nous devons mentionner ceux qui vivent des œufs d'une autre espèce. Il est évident que c'est le fait qui se rapproche le plus de la simple chasse, puisque entre détruire un animal dans l'œuf et le détruire une fois éclos la différence est légère. C'est le même acte accompli à des moments plus ou moins avancés du développement. Le singe et la couleuvre qui mangent des œufs d'oiseaux ne sont donc pas des parasites; ce sont des prédateurs véritables. Une hirudinée qui séjourne sous la queue des homards au milieu même de leurs œufs ne joue pas un autre rôle. Laissons donc ces faits où la guerre atteint instantanément son maximum d'intensité par la mort et l'absorption de la victime, et occupons-nous de ces autres faits où la guerre, moins redoutable d'ordinaire, devient durable parce qu'elle est intestine et utilise la proie vivante. Les larves d'ichneumons qui rongent la graisse et les muscles de la chenille du piéride nous conduisent tout près du parasitisme. Les entozoaires nous le montrent dans toute sa force. Ils habitent ou les tissus ou les cavités.

Citons parmi les premiers les arachnides et les crustacés lernéens qui pénètrent dans les tissus et viscères des tuniciers et y causent les plus graves désordres (1); d'autres crustacés lernéens qui s'enfoncent jusque dans les os de nos poissons d'eau douce (2); d'autres encore qui plongent comme des racines dans la peau et même dans l'œil des cétacés et des squales; des distomes qui demeurent enfoncés les uns dans le foie des ruminants, les autres dans celui de la baleine; un cysticerque qui se loge dans le péritoine du bœuf et du porc; un strongle qui habite dans le rein du cheval, du chien et quelquefois de l'homme; une filaire qu'on trouve parfois dans le cœur des chiens au nombre de douze individus : on ne peut nier que de telles pénétrations ne portent de mortelles atteintes. Quant aux seconds, pour habiter les cavités, ils ne sont pas toujours inoffensifs (3); leur présence constitue à coup sûr une maladie au moins imminente. En tout cas il est hardi d'affirmer qu'ils sont utiles à leur hôte. Aux orifices ils interceptent les aliments ou causent par leur multiplication des troubles notables, soit locaux, soit sympathiques. Viennent enfin les épizoaires. Ils font, dit-on, la toilette des animaux qui les portent, parce qu'ils se nourrissent de leurs sécrétions cutanées. Tels sont les Caliges qu'on trouve en très grande quantité sur la peau des poissons de mer; tels encore les Ricins qui se multiplient en nombre immense sur les oiseaux. Nous ne pensons pas que

---

(1) Giard, *Thèse sur les Synascidies*, 1872, p. 54, 55 et 56.
(2) M. Van Beneden, *Parasites et Commensaux*, passim.
(3) Voir Bouchut, *Maladies de l'enfance*, p. 557 et suiv.

les poissons souffrent des mucosités normales qui leur couvrent la peau ; en revanche nous ne pouvons croire que le cabillaud par exemple ne souffre pas de la présence des caliges qui sont, dit M. Van Beneden, plus nombreux sur son corps que les écailles. Les oiseaux sont-ils incommodés par leurs sécrétions cutanées? Cela paraît douteux ; mais ils le sont sans aucun doute par leurs parasites ; nous en voyons un grand nombre se rouler dans la poussière pour s'en débarrasser ; d'autres, comme la grue, s'enduisent de terre glaise au moment de la ponte, c'est-à-dire quand elles vont être condamnées à une immobilité prolongée, et partant plus exposées à leurs attaques. Dira-t-on que les mammifères trouvent un secours dans leurs parasites extérieurs ? A quelles manœuvres cependant ne se livrent-ils pas pour les repousser ou les détruire? Les porcs et les rhinocéros se couvrent de boue, les buffles se plongent dans l'eau jusqu'au nez, les chiens et les chats les chassent avec leurs dents, le singe avec ses ongles, les rennes émigrent au loin (1). A en juger par les effets qu'ils produisent sur l'homme, on peut dire que s'ils rendent des services, ce sont des services chèrement payés. Concluons donc que le parasitisme n'est inoffensif qu'accidentellement et que son effet normal est de nuire. Il faut par conséquent considérer comme aussi éloigné que possible de l'union sociale tout être qui se nourrit de la substance d'un autre. Au point de vue physiologique sa fonction est en opposition avec celles de sa victime ; au point de

____

(1) Brehm, *Mammifères,* vol. II, p. 486.

vue psychologique, il n'entre dans la sphère de sa conscience que pour y causer de la douleur, autre signe non moins manifeste d'opposition. Il appartient à un optimisme plus courageux que clairvoyant de chercher une harmonie au sein de la plus âpre concurrence.

Mais le parasitisme ne nuit pas seulement à la victime, il nuit au parasite lui-même, sinon immédiatement dans l'individu, du moins par accumulation dans l'espèce. Ceux d'entre eux qui se fixent dans les tissus y subissent des dégradations telles qu'il a été souvent difficile de reconnaître leurs véritables affinités zoologiques. La vie de relation étant suspendue chez eux, puisqu'ils n'ont plus à chercher leur nourriture, mais la reçoivent toute préparée, les organes correspondants se sont atrophiés. Quelques crustacés lernéens, libres pendant une partie de leur existence, descendent soudain dans l'échelle animale dès que la phase parasitique a commencé pour eux (1). Reconnaissons à ce nouveau trait l'antipode de la vie sociale : celle-ci est caractérisée par un profit et un perfectionnement mutuel; le parasitisme a pour effet une diminution corrélative de puissance vitale chez l'animal qui le subit et de complexité organique chez l'animal qui le pratique.

Si nous cherchons de nouvelles lumières sur la nature de ce fait dans sa distribution et son origine, nous verrons que sa distribution tout d'abord n'est soumise à aucune loi harmonique. De ce que certains anné-

____

(1) **V. Beneden**, op. cit., p. 135.

lides vivant sur des mammifères ont une organisation plus élevée que d'autres vivant sur des animaux inférieurs, on n'en saurait inférer une loi générale qui établirait un rapport direct de complexité organique entre le parasite et sa victime. Les conditions d'existence diverses expliquent suffisamment ce fait particulier; et on trouve une multitude d'autres faits en opposition avec lui. Les mammifères logent des parasites de tout grade, depuis la cellule cancéreuse, depuis les arachnides les plus dégénérés jusqu'aux pulicidés les plus agiles. Une seule loi ressort avec quelque netteté de la distribution générale des parasites, c'est que les espèces les plus faibles et les moins volumineuses s'en sont prises comme au hasard aux espèces plus fortes et plus grosses qui étaient à leur portée. A partir de l'embranchement des poissons les faits de parasitisme deviennent rares si on monte l'échelle, ils deviennent de plus en plus fréquents si on la descend. Les espèces vaincues dans la concurrence vitale sous sa forme la plus apparente ont donc essayé de la soutenir sous une forme dissimulée, mieux appropriée à leur faiblesse. De là cette universelle et permanente insurrection des plus infimes animaux contre leurs rivaux victorieux : insurrection gênante souvent, menaçante toujours. La civilisation en vient à bout, mais elle a ses revanches, témoin l'invasion de trichinose de ces années dernières, à laquelle il faudra peut-être joindre les épidémies de variole, de choléra, de typhus, sans parler des affections charbonneuses. Mais là où la civilisation faiblit, les petits ennemis deviennent redoutables. On sait combien il arrive souvent sur les bords

africains de la Méditerranée que des enfants perdent
la vue par l'attaque réitérée des mouches. Au Mexique, à Cayenne (1), au Brésil, des mouches, à la
Guyane, un pulex, au pôle comme dans les pays chauds
des moustiques tiennent en échec les animaux et
l'homme. La tsetsé maintiendra longtemps encore certaines régions de l'Afrique centrale à l'état de soli-
tudes. Je laisse les cas de concurrence indirecte, ceux
où des adversaires, quelquefois invisibles, envahissent
non plus les vivants, mais les productions nécessaires
à la vie ; est-ce que les sauterelles ne font pas périr
autant d'hommes qu'une guerre ? Mais ceci touche au
commensalisme. Le sens sociologique du parasitisme
ressort donc ici avec une suffisante netteté ; il est le
prolongement de la lutte pour l'existence que soutiennent contre les espèces nouvelles supérieures les inférieures depuis longtemps en possession de la terre. La
manière dont il s'est développé n'a rien de mystérieux.
Quoi d'étonnant si le scolex du lièvre et du lapin
devient ténia dans les intestins du chien, si le scolex
de la brebis devient ténia dans les intestins du loup et
du chien, si le scolex de la souris devient ténia dans
les intestins du chat ? Le contraire seul serait étrange.
Ce mode de succession né des circonstances varie avec
elles. Qu'un autre organisme ingère habituellement
les mêmes viandes à l'état de crudité ou de cuisson
imparfaite, il sera lui-même affecté habituellement des
mêmes parasites. C'est ainsi que l'intestin de l'homme
devient le siége accidentel ou même normal de ténias

(1) M. Girard, *Métamorphoses des insectes*, p. 309 : *Lucilia hominivora*.
Cependant cette mouche n'est parasite qu'accidentellement.

qui ne lui semblaient pas destinés. Les entozoaires sont donc comme tous les animaux qui se saisissent d'une proie quand ils en trouvent une à leur gré; ils ont, il est vrai, comme les autres animaux leurs répugnances; il y a des milieux pour lesquels ils se trouvent mieux adaptés que pour d'autres; mais il ne leur est pas impossible sous le coup de la nécessité de s'adapter à de nouveaux milieux. « Qui donc, dit M. Van Beneden, en parlant du cestode de la souris qui achève son évolution dans le chat, qui donc a tracé cet itinéraire et a indiqué la voie, la seule par laquelle ce parasite peut espérer entrer en possession de son logis? Ce n'est ni le ténia, ni le chat évidemment? » Ils y sont pourtant pour quelque chose, et il n'est pas téméraire de penser que de génération en génération le chat en mangeant la souris, le ténia en s'accrochant dans les intestins du chat pour y revêtir commodément sa dernière forme, ont contribué selon leur part à cet arrangement, du reste fort simple. L'instinct est réduit là à son minimum de complexité.

Dès que le parasitisme, abandonnant les tissus et les cavités, se rapproche des orifices, et devient par conséquent de moins en moins nuisible, il se confond de plus en plus avec le commensalisme. Entre le commensal et son pourvoyeur, la différence est généralement moins grande qu'entre le parasite et sa proie. Celui-ci, en effet, est toujours incapable de rechercher sa proie par lui-même, dénué qu'il est des organes de la vie de relation. Le commensal, au contraire, ne reçoit sa nourriture qu'à demi préparée; il doit déjà exercer pour la conquérir certaines facultés de discernement et de locomotion ; par là il se rapproche de l'être capable de pourvoir lui-même à ses besoins auquel il emprunte sa nourriture. Pourtant dans ces rapports entre deux êtres où l'avantage est tout d'un côté, alors même que de l'autre aucun dommage n'est ressenti, il n'y a place encore pour aucune société.

Les plus nuisibles des commensaux sont ceux qui se nourrissent à leur naissance des aliments déposés par la prévoyance maternelle à côté des œufs de certains insectes ; mais le plus grand nombre est moins redoutable. Dans les profondeurs de la mer, les faits de commensalisme n'ont pu être encore qu'imparfaitement observés ; l'hôte porte avec lui son parasite quand on le retire de l'eau ; il n'en est pas de même du pourvoyeur et de son commensal. Cependant certains voisinages permanents ont été signalés, comme celui du pilote et du requin, du pagure et de son annélide, qui ne paraissent pas avoir d'autre cause. Plusieurs animaux, entre autres des crustacés, vivent des excrétions des poissons et purgent les eaux de ces impuretés comme le font sur terre certains insectes pour les excréments de mammifères. On trouve dans les fourmilières un certain nombre d'insectes dont la présence ne soulève aucun tumulte et n'est cependant justifiée par aucun service apparent (certains cloportes blancs sont les plus remarquables). Il y a assurément pour eux un intérêt à vivre en compagnie des fourmis, sans qu'on soit parvenu à savoir lequel. Mais où l'on recueille en plus grand nombre les faits de commensalisme, c'est dans l'embranchement des oiseaux. On connaît ces oiseaux de rivage, les stercoraires qui

courent sus aux mouettes, aux lummes, aux sternes et
aux thalassidromes pour leur faire rendre leur proie
et la dévorer. La frégate agit de même à l'égard du
fou. Le milan vit des débris des repas du faucon, et celui-
ci est souvent dépossédé du fruit de sa pêche par l'aigle à tête blanche. Le pagophile est le fidèle commensal des morses. Des marsouins, poursuivant des brêmes, se voient, au témoignage de Raulin, enlever leur
proie par des mouettes qui les épient. Le pluvian fait
la chasse dans la gueule même du crocodile aux parasites qui y logent ; le *Buphago africa* rend aux éléphants un service analogue ; 15 à 20 de ces oiseaux
blancs se jouent sur le dos de l'énorme animal, pico-
rant ses parasites. Notre étourneau, le commandeur et
l'alecto des buffles ont les mêmes habitudes ; mais déjà
l'alecto qui doit à la longanimité du buffle cette pitance
quotidienne, non content de lui rendre service par le
fait même, l'aide encore en lui signalant l'approche
d'un ennemi. L'ani fait de même pour le rhinocéros.
L'association effective commence ici avec la mutualité.
Mentionnons seulement, avant d'aborder ce nouveau
groupe de faits, les commensaux des carnassiers, le
chacal, le vautour, et enfin les nombreux commensaux
de l'homme, depuis le dermeste du lard jusqu'au chat
et à la souris.

A la lutte pour l'existence d'abord directe, puis indirecte va faire place la coalition pour l'existence, le
plus souvent destinée à mieux soutenir la lutte même.
Ici se présente quelque chose de nouveau ; les consciences, séparées par le parasitisme et le commensalisme à des degrés divers, s'unissent dans la mutualité,

par l'identité des représentations qui entraîne à son tour la communauté des craintes et des espérances. C'est dire que le dernier groupe des phénomènes ne peut se produire avec quelque constance que chez les espèces supérieures, capables d'opérations intellectuelles déjà complexes. Exposons les faits connus.

Toutes les fois qu'un même milieu rassemble plusieurs espèces douées d'habitudes semblables, des rapports ne manquent jamais de s'établir entre celles qui n'ont rien à redouter les unes des autres et ont, au contraire, à redouter les mêmes ennemis. Les oiseaux des plaines et des bosquets s'unissent volontiers en bandes, les bruants avec les alouettes, les pinsons et les litornes, la spizelle du Canada avec les pinsons et les bruants, le plectrophane de Laponie avec les alouettes, la pie avec les corbeaux et les corneilles, les grives avec les merles, les roitelets avec le torchepot, les mésanges, les pinsons et les nonnettes, le pic épeiche avec les grimpereaux et aussi avec les mésanges et les roitelets. Les oiseaux des marais : l'échasse et l'avocette, les hérons, les bihoreaux, les garzettes et les blongios ; les oiseaux de rivage : les barges avec les pluviers et les bécasseaux forment également des groupes permanents hors de la saison des amours. Voici la cause de ces réunions. Chacun de ces oiseaux comprend plus ou moins clairement que sa vigilance sera puissamment aidée par celle de ses compagnons ; pour surveiller les alentours, les sens de plusieurs oiseaux tous également tendus en des directions diverses leur paraissent offrir une meilleure garantie que les sens d'un seul, et pour lutter s'il le faut contre un ennemi, les moyens de défense de tous réunis leur semblent supérieurs aux armes d'un seul. Il n'est besoin pour les engager à de telles associations d'aucune contrainte ni d'aucun pacte ; chacun accourt spontanément au-devant de ses voisins et la bande se trouve formée ; nous verrons plus tard ce qui cimente ces liens. Quand le renard est en chasse, les geais, les merles et les pies poussent un cri qui exprime spontanément leurs émotions à la vue du carnassier. Mais les autres oiseaux, entendant ce cri d'alarme, en cherchent la cause et, l'ennemi découvert, se mettent à leur tour sur leurs gardes. Que ce fait se répète plusieurs fois : la liaison entre le cri des avertisseurs et la représentation du péril deviendra de plus en plus étroite dans leurs consciences ; ils fuiront de confiance au premier signal. Les tocks rendent en Afrique le même service aux autres oiseaux, quand un serpent ou un léopard paraissent. L'antilope elle-même recueille avec attention leurs avis. De même le cri du vanneau est entendu de tous les oiseaux d'un même rivage et immédiatement mis à profit. L'autruche est admise comme vigilante gardienne dans les troupeaux de gazelles, de zèbres et de couaggas ; et la daman d'Abyssinie protége, sans le savoir, en se gardant lui-même, un lézard et un ichneumon attentifs à tous ses mouvements. Ces derniers faits ne peuvent donner naissance à des sociétés, puisqu'ils ne sont pas réciproques. L'avertisseur, mieux doué que ses protégés, n'a que faire le plus souvent de leur concours, et d'ailleurs ceux-ci peuvent avoir eux-mêmes quelque chose à redouter de lui, comme c'est le cas de nos petits oiseaux vis-à-vis de la pie vulgaire. Mais que

les mêmes faits se produisent *entre oiseaux qui tous
ont besoin les uns des autres sans avoir rien à redouter les uns des autres*, ils s'uniront inévitablement.
L'habitude fera le reste. Sans cesse occupés à se regarder, à s'écouter mutuellement, ayant associé dans leur
pensée ces représentations aux sentiments de sécurité
qu'elles leur inspirent, ils ne pourront se séparer de
leurs compagnons sans perdre quelque chose d'eux-
mêmes, et seule l'action plus puissante du penchant
sexuel pourra les disperser au printemps nouveau.

Il est difficile que plusieurs êtres vivent habituellement groupés sans que des différences ne se manifestent entre eux et que leurs rapports d'abord uni-
formes ne se spécialisent suivant les aptitudes des
individus. Aussi voyons-nous plusieurs de ces bandes
offrir un commencement d'organisation. Nous n'en
donnerons qu'un seul exemple. Les barges qui forment une troupe avec de plus petits oiseaux de rivage
exercent toujours sur leurs compagnons une sorte
d'autorité. Ce que fait le barge, les autres l'imitent;
ses mouvements et ses cris guident la troupe tout entière. La seule différence qu'il y ait entre cette forme
d'association et la précédente consiste en ce que, grâce
à la supériorité du barge, les représentations et les
sentiments des autres oiseaux, au lieu d'être seulement réciproques, sont simultanés et se rapportent
tous à la fois au même membre de la troupe. Quant
aux sentiments de satisfaction d'un ordre tout spécial
que le barge éprouve à exercer cette hégémonie, qu'il
nous soit permis d'en différer l'explication jusqu'à un
moment plus favorable. Signalons seulement la fré-

quence de tels sentiments parmi les animaux domestiques. Il n'est pas de volière qui n'ait son maître,
quelque différents qu'en soient les hôtes. C'est même
sur cette propension des uns à la domination, des
autres à la subordination que repose l'usage que l'on
fait à la Guyane de l'agami pour diriger les oiseaux
domestiques, en Afrique, de la grue cendrée pour
conduire un troupeau de moutons, dans tout le monde,
du chien pour gouverner le bétail grand et petit.

La domesticité elle-même est une forme du mutualisme, la plus élevée qui soit possible entre espèces
différentes, parce qu'elle suppose la subordination.
Subordination et organisation, c'est même chose.
L'association est ici volontaire de part et d'autre ;
c'est là le fait élémentaire de toute mutualité ; mais
elle comporte de plus une autorité exercée par l'un
des membres de cette association, et cette autorité
pleinement acceptée des autres lui permet de faire
tourner l'association entière à son profit. Il en est le
chef et la fin.

Quand nous disons que la domestication est une association volontaire, nous ne voulons pas dire qu'elle le
soit au début. On ne sait pas d'une manière certaine
comment les espèces actuellement domestiques ont
été conquises à l'origine ; on ne le saura jamais. Mais
nous pouvons nous représenter ce moment décisif
dans les destinées de l'humanité d'après des analogies. Certaines espèces sont encore à demi domestiques, à demi sauvages, et l'empire de l'homme sur
elles, toujours contesté, doit toujours être raffermi. On
ne peut s'empêcher de penser que les moyens dont

celui-ci se sert actuellement pour consolider ou renouveler sa domination sont peu différents de ceux dont
il s'est servi jadis pour l'établir. Or nous voyons que
toute tentative de domestication débute de nos jours
par un acte de contrainte et de coercion. L'homme,
avec sa ruse audacieuse, parvient à lier même l'éléphant, puis une fois en son pouvoir, il l'intimide et le
châtie jusqu'à ce qu'il en obtienne l'obéissance. C'est
ainsi qu'il a pour les premières fois pu recueillir le
lait des animaux sauvages ; de nos jours le Lapon ne
trait la femelle du renne à demi domestique qu'en la
maîtrisant avec le lasso (1). En Australie on attire les
vaches en leur présentant leurs veaux dans une sorte
de travail où elles sont immobilisées et où elles reviennent bientôt d'elles-mêmes pour se débarrasser de
leur lait (2). Mais cette conquête de l'individu n'assure
pas l'avenir ; elle est toujours à recommencer. La domestication de l'éléphant en est restée là. La véritable
domestication commence avec l'élevage. C'est un fait
commun dans nos fermes voisines des bois que l'appri-
voisement des jeunes loups et des marcassins. Cette
idée de prendre un animal jeune et de l'élever, si fré-
quente en pleine civilisation, n'a pas dû être étrangère
aux esprits des hommes primitifs. Elle a dû surtout
agréer aux femmes, à qui elle offrait une satisfaction
en forme de jeu des instincts maternels. L'animal en
grandissant devenait-il féroce ? il était sacrifié. Mais
s'il avait pu s'accoupler et devenir fécond soit avec ses
semblables restés sauvages, soit avec quelque com-

(1) Voir Brehm ; et Darwin, *Voyage autour du monde*, p. 162.
(2) De Castella, *Tour du monde*, année 1861, p. 116.

pagnon de captivité, un certain nombre de générations
ont pu rester ainsi au pouvoir de l'homme et accepter
de plus en plus volontiers son joug. Vieux, il est probable qu'il se refusait à tout commerce comme il arrive en Corse au mouflon captif: mais ce fait, qui se
produit même dans les troupeaux libres où les vieux
mâles vivent presque toujours à l'écart, n'empéchait
pas de plus jeunes déjà adultes de rendre à l'homme
les services intermittents et irréguliers que celui-ci
réclamait d'eux. La contrainte a donc été exercée très
probablement par l'homme à l'origine sur les animaux
devenus depuis domestiques, tantôt sur les animaux
adultes, tantôt et plus efficacement sur les jeunes.
Les habitants du Kamtschatka sont forcés de domp-
ter pour ainsi dire chaque génération des chiens
qu'ils emploient aux traîneaux : ils les jettent à peine
nés avec leurs mères dans une fosse profonde où
ils les replongent pendant longtemps après chaque
course.

Mais après que les volontés sont ainsi vaincues,
commence une tâche nouvelle ; il faut que l'homme se
les concilie. Il s'appuie pour cela sur une tendance
héréditaire très puissante que l'on rencontre, à l'état
libre, chez tous les animaux devenus domestiques, je
veux dire l'instinct de subordination volontaire aux
plus intelligents et aux plus forts. Sauf le chat qui est
resté, en effet, plutôt le commensal que le serviteur de
l'homme, tous, chiens, moutons, chèvres, bœufs,
rennes, chevaux, sangliers, éléphants vivent en troupes
organisées plus ou moins étendues, soumises à un
chef. Retrouvant à un plus haut degré chez leur nou-

veau maître l'ascendant qu'ils étaient disposés à subir de la part de leurs congénères, ils n'ont pas eu de peine à se soumettre à lui. Quand l'homme a eu en sa possession un certain nombre d'entre eux, il est devenu naturellement le chef de leur bande, se substituant ainsi au chef que cette bande eût suivi, ou même obtenant de lui tout le premier une obéissance imitée de tout le troupeau. On ne sait pas jusqu'à quel point l'intimité peut aller entre le gardien d'un troupeau et ses bêtes, soit au sein de notre civilisation, inattentive à ces faits d'ordre inférieur, soit surtout sur les confins de la civilisation et de la barbarie. « Quelle vie est la leur ! dit Brehm (1) des Lapons des fjelds conducteurs de rennes ; ils n'ont point par eux-mêmes de volonté ; ce sont leurs troupeaux qui les mènent. Les rennes vont où ils veulent, les Lapons les suivent. Le lapon des fjelds est un véritable chien. Pendant des mois entiers, il reste presque toute la journée en plein air, souffrant en été des moustiques, en hiver du froid, contre lequel il ne peut se défendre... Souvent il endure la faim, car il s'est plus éloigné qu'il ne le voulait... Il ne se lave jamais ; il se nourrit des aliments les plus grossiers... son genre de vie le rend à moitié animal. » Je me tais sur des pratiques dont la pensée fait horreur, mais qui sont de nos jours fréquentes chez les sauvages de la Nouvelle-Calédonie, comme elles l'ont été chez les anciens juifs (2). Assurément rien n'autorise à croire que de tels faits aient jamais revêtu un caractère normal ; mais ils indiquent au

____

(1) V. II, p. 486.
(2) Jacobs, *l'Océanie*, p. 166 ; Deutéronome, XXVII, 21.

prix de quelle communauté d'existence avec les animaux, l'homme a pu leur faire accepter son empire.
S'il a réussi à gouverner leur société, déjà existante à
côté de la sienne, c'est à la condition d'y entrer lui-
même comme membre prépondérant (1).

Cette explication n'est valable que si les animaux
sont capables de reconnaître en effet la supériorité de
l'homme. Elle devient excellente s'il est établi que ce
qu'il y a de confus dans la représentation de cette supériorité l'accroît encore et revêt celui à qui elle est
attribuée d'un véritable prestige. Or l'animal sauvage,
oiseau ou mammifère, témoigne très nettement, par le
luxe de précautions qu'il prend à notre égard, qu'il
sait le pouvoir de nos armes. Il suffit d'avoir traversé
un fusil à la main des prairies coupées de peupliers et
de saules pour savoir à quel point les pies, les geais, les
pics et les oiseaux de proie de nos contrées sont en
défiance contre ses effets. En revanche, le chien de
chasse qui voit son maître sortir armé manifeste
assez bruyamment ce qu'il attend de cette expédition. Et, à vrai dire, dans la plupart des cas, l'arme
n'est pas tant redoutée que celui qui la porte habituellement. Pour l'animal comme pour le sauvage, l'instrument ne fait qu'un avec celui qui s'en sert; ce n'est
pas l'engin de chasse, c'est le chasseur qui foudroie à
distance. De là, dans certaines contrées de l'Afrique et
de l'Amérique où les Européens seuls portent d'ordinaire des armes à feu, la frayeur causée au loin par
leur présence dans certaines sociétés d'oiseaux, tandis

____

(1) Frédéric Cuvier, cité par Flourens, et Bouley, inspecteur général
des écoles vétérinaires, *Revue scientifique*, 2 mai 1874.

que nul ne se soucie de la présence des indigènes
même armés (1). Les instruments de l'homme primitif
ont certainement produit sur les animaux des impressions analogues; aidés surtout qu'ils étaient par divers
moyens d'intimidation employés sur les animaux en
captivité, comme par exemple le séjour dans l'obscurité, la privation de nourriture, l'immobilité par contrainte. Les corrections d'ailleurs, et d'autre part les
aliments favoris, toujours reçus de cette même main
qui sait châtier, ont imprimé de tout temps dans les
consciences neuves des animaux pris jeunes une empreinte ineffaçable, leur apprenant que l'homme est
un être dont ils peuvent tout craindre et tout espérer,
leur faisant sentir qu'ils sont pour ainsi dire dans sa
main. Qu'on ajoute à cela l'expression de bonté suprême et d'énergie concentrée manifestée si éloquem-
ment dans les gestes, dans les traits, dans la voix de
l'un et de l'autre sexe humain, et l'on comprendra que
l'animal intelligent regarde l'homme comme un être
infiniment supérieur à lui, dont l'association mérite
d'être recherchée par dessus toutes les autres. C'est
ce qui explique les effusions passionnées de tendresse
comme les témoignages d'humilité sans réserve que
prodiguent à leur maître ceux d'entre eux à qui le
don d'expression a été départi en quelque mesure. On
croit trop généralement que le chien est seul capable
de telles manifestations. Le chat, élevé à force de bon-
tés du rang de commensal à celui de compagnon,
étonne parfois par le caractère expressif de ses mou-

(1) Brehm, vol. I, 642; II, 510, 645, 647.

vements. On l'a vu, accroupi sur les genoux d'une
personne, embrasser de droite et de gauche le corps
de cette personne avec ses pattes et, inclinant la tête,
l'en frapper à petits coups. Le singe donne de véritables baisers et enlace de ses bras les genoux de qui le
menace. Le chimpanzé dédaigne les autres singes,
mais témoigne à l'homme un véritable respect (1). A
l'état sauvage, plusieurs simiens ont des gestes de
supplication pour détourner le coup de l'arme à feu qui
les vise. Domptés, les félins les plus féroces se traî-
nent aux pieds de leur vainqueur. Les oiseaux eux-
mêmes se livrent à des gestes analogues. Laissons les
perroquets et les perruches qui sont sous les yeux de
tous; l'œnicdème criard, au témoignage de Naumann,
ne trouve pas pour exprimer l'espèce d'adoration qu'il
ressent pour l'homme d'autres moyens que ceux qui
lui servent au temps des amours pour faire fête à sa
femelle. Il exécute autour de lui une véritable salta-
tion accompagnée de petits cris. La grue en captivité
danse de même avec des inclinations et des battements
d'ailes devant celui qui la nourrit. Que si les sentiments ainsi exprimés obtiennent en retour des témoignages d'affection, ils s'exaltent chez certaines espèces d'une manière extraordinaire. Si au contraire
c'est à d'autres que vont ces témoignages tant désirés,
une jalousie ardente en résulte. Plusieurs chiens ont
mordu cruellement de jeunes enfants à qui l'on don-
nait sous leurs yeux des caresses qu'ils eussent sou-
haité obtenir seuls; d'autres, délaissés pour de petits

____

(1) Brehm, *Revue des Cours scientifiques*, 1874, p. 978

chats, se sont presque laissés mourir de faim ; on raconte mille traits de jalousie des singes ; le chat montre dans les mêmes circonstances une maussaderie morne vraiment comique. Et ces faits sont d'autant plus remarquables que jamais, en dehors des relations sexuelles, les animaux n'ont laissé voir de jalousie à l'égard d'autres animaux. L'homme est donc pour les plus élevés des vivants qui viennent après lui un être à part, vraiment royal et en quelque sorte surnaturel. Il n'est pas surprenant qu'ils acceptent volontiers son joug. En fait, malgré les abus qui signalent le pouvoir dont il dispose sur ses serviteurs, on ne voit guère ceux-ci tenter de révolte, même partielle et isolée. La rage seule, et encore à son dernier période, jette le chien contre son maître ; sa fureur s'exerce longtemps sur les autres chiens avant d'en venir à cette extrémité.

Si l'intelligence des uns assure leur coopération volontaire à notre activité, l'inintelligence des autres explique leur résignation à la servitude. Certes si la claire pensée du sort qui les attend pouvait se présenter aux moutons et aux bœufs de nos prairies, nous pourrions craindre de leur part une insurrection générale qui ne laisserait pas que d'être embarrassante, au moins pendant un instant. Mais si tout animal redoute les coups et surtout la faim, il n'en est point qui redoute vraiment la mort, parce que nul d'entre eux ne sait ce qu'elle est : comment la concevraient-ils quand l'homme primitif n'y réussit que si difficilement ? à plus forte raison les ruminants, qui ne sont pas les plus intelligents des mammifères, ont-ils dû, même à l'origine, avant l'abâtardissement qui suit la domesticité prolongée, comprendre à peine la disparition de leurs compagnons. En tous cas, ils l'ont vite oubliée en présence de la crèche chaque jour bien garnie. Qu'est-ce qu'un mal, fût-ce le dernier de tous, dès qu'on l'ignore? D'ailleurs il n'est pas démontré que quand la domestication de ces espèces a commencé, elle ait eu pour but la possession plutôt de leur chair que de leur lait ou de leur toison (1).

Une objection nous attend ici. Comment se fait-il, si le propre de la société est de procurer à tous ceux qui la contractent un perfectionnement réciproque, que la domestication de certaines espèces ait précipité leur décadence? Remarquons d'abord que nous n'examinons que des sociétés imparfaites, qu'il ne s'agit ici que de mutualité, c'est-à-dire de services réciproques *partiels*. Deux êtres se trouvent exercer deux fonctions non pas semblables, non pas même correspondantes, mais accidentellement convergentes; ils le remarquent et utilisent d'une manière durable

(1) Nous ne parlons pas des sociétés par trop accidentelles formées entre individus de l'animal à l'homme, et qui, loin de dépasser la génération où s'est produit le phénomène, excluent la plupart du temps la reproduction ou en détruisent les fruits. Il n'est pour ainsi dire pas un animal qui ne puisse être dompté et amené soit par la crainte, soit par la douceur, à force d'instance ou de soins, à nous rendre quelque service. L'éléphant est le type de ces animaux. On sait à quels résultats arrivent certains dompteurs pour les bêtes féroces, les charmeurs de serpents et les instructeurs d'oiseaux, et on n'a pas oublié ces puces à qui on avait réussi à enseigner certaines manœuvres. Ces faits isolés ou du moins discontinus ne méritent pas d'être étudiés comme faits sociaux; ils méritent d'être mentionnés comme expliquant les origines de la domestication. Il n'est guère d'espèce intelligente qui n'ait été soumise à de pareils essais, essais poursuivis avec plus ou moins de persévérance suivant le profit espéré et les résultats obtenus.

cette rencontre qui leur rend la lutte pour l'existence plus facile ; il y a là, nous l'avons dit, quelque chose de plus que le commensalisme, mais rien qui soit d'un autre ordre. C'est un commensalisme bilatéral. La communauté de conscience, aussi bien que la communauté d'intérêts reste toujours limitée à l'exercice commun des deux fonctions qui ont donné lieu à l'accord, sans permettre une identification véritable de deux êtres en un seul. Si donc l'une de ces deux fonctions entraîne un certain développement de la vie de relation, comme par exemple celle de pourvoir à la protection et à la nourriture d'autrui, et que l'autre ne mette aucunement en jeu l'activité cérébrale comme est celle de se reproduire et de croître pour servir d'aliment, non seulement la fonction végétative se subordonnera inévitablement à la fonction intelligente, mais encore la différence ira croissant avec le temps, et la mutualité, sans disparaître, dégénérera en servitude. Cependant, par cela même que l'homme est de plus en plus capable de penser, grâce à cette association et aux loisirs qu'elle lui crée, de même, et par la même cause, l'animal qui sert d'aliment est de plus en plus capable de se reproduire et de croître. Les deux fonctions associées se favorisent en effet l'une l'autre. Sur le point précis où il y a eu association, consciente ou non, chacun des deux membres du groupe ainsi constitué a gagné incontestablement. Jamais les bœufs, les moutons ni les porcs, jamais les lapins ni les volailles n'auraient eu comme espèces vivantes, au point de vue physique, les destinées prospères que la civilisation leur a faites, s'ils n'avaient pas été domestiqués. Il est certain aussi qu'ils n'eussent pas varié autant qu'ils l'ont fait. S'ils y ont perdu en intelligence, c'est que ce n'est pas à titre d'êtres intelligents qu'ils sont entrés en association avec l'homme; le chien, sous l'empire de la même loi, devient de plus en plus intelligent, parce que c'est pour cette faculté même que l'homme a fait de lui son allié : et les diverses espèces de chiens sont développées de ce côté dans la mesure où la destination qu'elles ont reçue sollicite leur discernement (1). En résumé la domestication est un fait de mutualité; c'est une société où les services, au lieu d'être unilatéraux comme dans le commensalisme, sont réciproques; mais comme cet échange de services est partiel, ne porte que sur une fonction, comme cette fonction est seule favorisée, l'animal domestiqué n'y gagne que partiellement, à moins que la fonction mise en commun, appartenant des deux parts à la vie de relation, ne nécessite l'emploi des facultés cérébrales plus complexes. Dans ce cas l'organisme y gagne tout entier. Voilà pourquoi nos serviteurs occupent des grades si différents et forment une échelle descendante qui montre à son sommet celui qu'on a appelé l'ami de l'homme, à son dernier échelon cet être qui n'est plus qu'une cuisine vivante, et aux places intermédiaires l'éléphant, le cheval, l'âne, le renne, la chèvre, le mouton, le lapin, les oiseaux de basse-cour, etc. Voilà pourquoi les uns sont de-

(1) Dans les îles Polynésiennes et en Chine, où le chien est élevé pour servir de nourriture, on le signale comme un animal fort stupide. Darwin, *Variation des animaux et des plantes*, trad., vol. II, p. 233.

venus plus parfaits, tandis que les autres ont dégénéré (1).

Une société ne peut s'organiser que grâce à une direction d'une part, à une subordination de l'autre. Aussi hors de l'humanité les cas de mutualisme véritable sont-ils rares. Le parasitisme ne requiert que la moindre des actions réflexes ; se jeter sur la proie à son passage et s'y tenir accroché tant qu'elle n'est pas dévorée. Le commensalisme suppose déjà quelque complexité de représentation. Cependant les dangers

---

(1) Animaux associés à l'homme pour le convictus et l'ornement;	singe, chien de salon, cabiai, chat. oiseaux familiers : paon, pie, corbeau, cigogne, grue, perroquet. oiseaux chanteurs : serin, pinson, sansonnet, merle, etc. insectes phosphorescents.
pour la chasse et pour la pêche;	chien, furet, loutre. cheval, éléphant. faucon, cormoran.
pour la garde des troupeaux;	chien, grue, agami.
pour la locomotion;	chien lapon. renne, cheval, âne, bœuf. dromadaire, chameau, vigogne, lama, éléphant.
pour les produits (soie, cuir, toison, lait, viande)	lapin, porc, vache, mouton, chèvre, cheval (lait de jument). poule, pintade, canard, oie, dinde, faisan, pigeon, casoar. ver à soie, abeilles.

Nous donnons cette liste incomplète et qui n'a rien de systématique, comme un aperçu sommaire des motifs qui ont déterminé de la part de l'homme la domestication des espèces alliées et par conséquent des fonctions développées par lui chez ces différentes espèces. Les exceptions à la règle que nous venons de poser, celle du cabiai par exemple, s'expliquent facilement.

signalés par l'avertisseur ne sont pas de toute nécessité clairement représentés dans l'esprit de celui
qui entend son signal et le voit fuir. C'est en quelque
sorte machinalement, c'est-à dire en vertu de mouvements peu éloignés des reflexes, quoique compliqués,
que celui qui voit fuir se trouve entraîné à fuir à son
tour. L'impulsion résulte de la représentation seule
du fait imité, comme nous ne pouvons plonger notre
regard au fond d'un précipice sans éprouver le ver-
tige qui nous y attire. De là chez les foules la soudai-
neté des explosions de sentiment. L'émotion s'y répand par l'oreille et la vue avant que les motifs en
puissent être connus. C'est ce qui se passe la plupart
du temps dans les bandes d'oiseaux d'espèces différentes et dans tous les groupes que nous avons signalés. On les voit agitées de mouvements soudains; le
moindre coup d'aile, le moindre bond y dégénère en
panique. Des facultés plus hautes sont la condition de
la mutualité organisée, ou domestication. Elle suppose, chez celui qui la provoque, la représentation
d'avantages futurs plus ou moins éloignés, et la conception des moyens plus ou moins complexes par
lesquels peut être assurée la possession de ces avantages. Cette opération intellectuelle, qui consiste à
réunir en un groupe les faits passés de façon à ce
qu'ils contiennent les faits à venir, cette combinaison
de moyens en vue d'une fin médiate mérite un nom
nouveau ; ce ne sont plus des mouvements réflexes,
mais des pensées réfléchies. Voilà sans doute la cause
de la rareté des faits de domestication dans l'animalité. Mais ce qui est extraordinaire ; ce qui touche à la

merveille, c'est que le seul cas qu'il nous ait été possible de recueillir se rencontre à un degré fort inférieur de l'échelle animale, en dehors des vertébrés, chez les insectes! Oui, ce fait qui exige, comme nous venons de le voir, les facultés tout humaines de réflexion et de combinaison, ne se rencontre hors de l'humanité que chez les fourmis. Avec nous, seules entre tous les êtres vivants, elles ont domestiqué d'autres animaux : elles élèvent des pucerons dans leurs nids! Comment expliquer ce fait vraiment extraordinaire?

Reconnaissons d'abord que les explications données jusqu'ici ne peuvent s'appliquer à ce nouveau cas. Quand nous disions que les antilopes, les gazelles, les zèbres se plaisent à voir au milieu d'eux l'autruche au long cou dont les yeux perçants surveillent pour eux les alentours, nous leur attribuions un mode de penser qui appartient à l'homme, mais que le lecteur leur a sans aucun doute concédé facilement. Beaucoup de faits de la vie mentale des mammifères et des oiseaux s'expliquent très naturellement si on leur accorde une intelligence comme la nôtre, quoique moins étendue, si on leur prête notre esprit, diminué. Les opérations intellectuelles sur lesquelles se fonde le mutualisme ordinaire ne semblent en aucune façon, suivant le même point de vue, dépasser la capacité de l'animal. Il n'en est pas de même de celle que suppose la mutualité organisée, ou domestication. Attribuer à l'animal, même au mammifère, une prévision aussi étendue et des combinaisons de moyens aussi délicates, serait déjà contraire aux opinions les plus généralement admises sur la puissance de son intelligence. Qu'est-ce donc quand il s'agit, non plus d'un mammifère, mais d'un insecte ! Il serait téméraire d'investir ce cerveau microscopique de fonctions semblables à celles qu'accomplit le nôtre.

Essayons de résoudre ce malaisé problème ; mais auparavant efforçons-nous d'en bien poser les termes.

Le fait ne se montre pas brusquement à son moment le plus accompli. Cela serait contraire à ce que nous savons de la marche générale des phénomènes, réglée partout et toujours par le principe de continuité. Il est précédé, au témoignage de Huber, par une série de faits analogues, beaucoup moins étonnants, qui nous conduisent pas à pas au dernier stade. La fourmi est, dans certains cas, la simple commensale des pucerons. Errant sur les rameaux des plantes à la recherche d'une nourriture, elle rencontre des pucerons dont l'abdomen distille une goutte de liquide épais ; sucer ce liquide, y revenir parce qu'il a été trouvé agréable, prendre l'habitude de cet acte de génération en génération, tandis que le puceron éprouve de plus le besoin d'être débarrassé par elle d'une sécrétion devenue plus abondante, ce sont là des phénomènes étroitement liés, qui sortent naturellement les uns des autres et qui nous conduisent pas à pas à la limite où le commensalisme finit, où la mutualité commence. Maintenant voici un cas plus surprenant. « Je découvris un jour, dit Huber, un tithymale qui supportait au milieu de sa tige une petite sphère à laquelle il servait d'axe ; c'était une case que les fourmis avaient construite avec de la terre. Elles sortaient par une ouverture fort étroite pratiquée dans le bas, descendaient le long de la branche et pas-

saient dans la fourmilière voisine. Je démolis une partie
de ce pavillon construit presque en l'air, afin d'en étudier l'intérieur ; c'était une petite salle dont les parois,
en forme de voûte, étaient lisses et unies ; les fourmis
avaient profité de la forme de cette plante pour soutenir leur édifice ; la tige passait donc au centre de
l'appartement, et des feuilles en composaient toute la
charpente. Cette retraite renfermait une nombreuse
famille de pucerons auprès desquels les fourmis venaient paisiblement faire leur récolte à l'abri de la
pluie, du soleil et des fourmis étrangères. » Huber a
vu une autre de ces étables sur une petite branche de
peuplier, à cinq pieds au-dessus du sol ; mais la hauteur n'a ici que peu d'importance. Comment rattacher
ce fait à ceux qui précèdent et dont il diffère déjà sensi-
blement ? Le patient observateur nous l'indique lui-
même. Les fourmis étrangères, c'est-à-dire habitant
des nids plus éloignés, venaient, elles aussi, recueillir
la miellée au grand mécontentement de celles-ci, qui,
habitant au pied de la plante, rattachées à la colonie
de pucerons par une file non interrompue d'allantes et
de venantes, pouvaient la considérer comme leur propriété. Il fallait donc la protéger contre les incursions
des étrangères. Un moyen se présentait, déjà à demi
exécuté sans doute ; les fourmis ont coutume de conduire leurs galeries aussi loin qu'elles vont elles-
mêmes, partout du moins où elles ont établi des
communications régulières permanentes. Ces galeries
venaient sans doute jusqu'au pied de la plante ; peu à
peu elles ont été conduites jusqu'à l'endroit où
vivaient les pucerons. La transformation de la gale-

rie en une chambre aérienne a pu se faire insensiblement, sous l'action spontanée de tant de travailleurs obéissant à cette même pensée : mettre à l'abri
les bêtes nourricières. Maintenant si la tige est un
peu haute, les fourmis, sollicitées par un beau soleil,
pourront apporter leurs larves dans la chambre aux
pucerons ; le nid sera en partie transporté en l'air ;
c'est ce qu'a vu Huber, sur une tige de chardons. Mais
si la tige n'est pas élevée, ou si la pluie menace de
détruire le frêle édifice, ou si on redoute une attaque,
quoi de plus simple que de prendre en même temps
que les œufs ces précieux auxiliaires et de les transporter au nid souterrain? Cependant cela n'est pas
toujours nécessaire, les pucerons se rapprochant d'eux-
mêmes dans certains cas des orifices du souterrain qu'il
suffit alors de voûter. « Il est encore des fourmis, dit
Huber, qui trouvent leur nourriture auprès des pucerons du plantin vulgaire ; ils sont fixés ordinairement
au-dessous de sa fleur ; mais lorsqu'elle vient à passer
et que sa tige se dessèche, ce qui lui arrive à la fin
d'août, les pucerons se retirent sous les feuilles radi-
cales de la plante ; les fourmis les y suivent et s'enfer-
ment alors avec eux, en murant avec de la terre humide
tous les vides qui se trouvent entre le sol et les bords
de ces feuilles ; elles creusent ensuite le terrain en
dessous, afin de se donner plus d'espace pour approcher de leurs pucerons et peuvent aller de là jusqu'à
leur habitation par des galeries couvertes. » N'oublions
pas que les pucerons, loin d'éviter les fourmis, les
recherchent ; que ceux qui ont des ailes et peuvent fuir
restent volontairement au milieu d'elles. Si donc ces

espaces libres à fleur du sol de la prairie sont traversés par les racines des plantes herbacées, ils trouveront sur ces racines d'excellentes conditions d'existence et y demeureront volontiers. C'est ce qui arrive en effet. Huber se demandait de quoi vivent les fourmis qu'on ne voit jamais sortir à la provende. « Un jour, ayant retourné la terre dont leur habitation était composée, je trouvai, dit-il, les pucerons dans leur nid; j'en vis sur toutes les racines des gramens dont la fourmilière était ombragée; ils y étaient rassemblés en familles assez nombreuses et de différentes espèces... Je ne tardai pas à voir que les fourmis jaunes étaient fort jalouses de leurs pucerons; elles les prenaient souvent à la bouche et les emportaient au fond du nid ; d'autres fois elles les réunissaient au milieu d'elles ou les suivaient avec sollicitude. » Nous touchons enfin à l'acte caractéristique de la domestication, l'élevage. Les pucerons, vivipares en été, sont ovipares en automne. Les œufs déposés dans la fourmilière y deviennent l'objet de soins en tout semblables à ceux que les fourmis donnent à leurs propres œufs. Comme les leurs, elles les descendent dans les profondeurs de la fourmilière, quand le dessus est découvert; comme les leurs, elles les vernissent et les humectent de leur salive. Voilà la domestication complète. On le voit, nous y sommes conduits par une série de faits voisins les uns des autres, dont chacun demande un certain effort d'intelligence, mais moindre assurément que si le dernier de tous, le plus extraordinaire, devait être accompli en une fois. Est-ce ainsi que les choses se sont passées dans la réalité ? Nous ne le prétendons pas, quoique les fourmis

qui élèvent les œufs de pucerons soient précisément
ces mêmes fourmis jaunes qui tiennent vers la fin de
la mauvaise saison les pucerons rassemblés dans leur
nid, quoique chaque saison voie le passage de l'un de
ces faits à l'autre se renouveler, c'est-à-dire des fourmis tenir leurs nourriciers au pied des plantes voisines
de la fourmilière dans le prolongement de leurs couloirs, puis les emporter au fond de l'habitation, les y
réunir et y recueillir leurs œufs. Nous ne le prétendons
pas, parce qu'il n'y aurait aucun moyen de contrôler
notre assertion; nous voulions seulement montrer que
rien ne répugne à ce que les observations d'Huber
soient placées dans un ordre satisfaisant pour l'esprit,
et par là préparer l'explication psychologique que nous
allons en tenter.

Darwin attribuerait l'évolution précédemment décrite
à la sélection naturelle. Celles des fourmis qui disposent le plus à leur gré des pucerons, qui en savent
réunir le plus grand nombre dans leur nid auraient
été par là favorisées d'un avantage considérable,
n'ayant plus à courir les chemins pour y conquérir une
proie incertaine, et auraient d'abord prospéré, tandis
que celles de leurs congénères, qui n'auraient point su
inventer la même industrie, auraient d'abord dépéri et
finalement succombé. C'est ainsi que Darwin explique
les instincts esclavagistes des fourmis (1). Mais cette
théorie souffre des objections diverses. D'abord on ne
voit pas que des fourmilières où l'élevage des pucerons
n'a pas lieu aient dû périr faute de cette industrie; car

____

(1) *Origine des espèces*, trad. de M. Clém. Royer, p. 277 — Voir plus bas.

elles ont pu en développer d'autres, comme l'escla-
vage, la chasse aux insectes ou l'emmagasinement des
graines, qui ne les eût pas moins favorisées. De fait, il
n'y a guère que quatre ou cinq espèces qui se livrent à
l'élevage des pucerons. Ensuite, la sélection étant
admise rencontrerait de grandes difficultés dans les
premiers commencements du phénomène. Un puceron emporté par une fourmi dans l'intérieur de la fourmilière constituait pour elle un bien chétif avantage ; cet
avantage pouvait à ce moment-là même être compensé
par une multitude d'inconvénients venant d'autre part
et l'évolution être ainsi arrêtée dans son germe. Je
sais bien que la nature procède par actions lentes et
insensibles ; mais encore faut-il montrer la raison de
leur persistance et de leur conservation : les esprits les
moins prévenus répugnent à tenir compte des influences infiniment petites, presque négligeables à force
d'être minimes, quand on ne leur explique pas pourquoi ces influences, au lieu d'être combattues par
d'autres variations en sens contraire, comme il y a
mille chances que cela arrive, ont été pour ainsi dire
précieusement recueillies et patiemment confirmées.
Or de ce qu'*une* fourmi *neutre* a *une* fois emporté un
puceron dans la demeure commune, s'ensuivra-t-il
une tendance chez les fourmis *neutres* de la génération
suivante à renouveler cette tentative, et cette tendance
ira-t-elle se confirmant de génération en génération ?
C'est, on l'avouera, une inférence qui n'est pas d'une
nécessité absolue. En tous cas, — et c'est là le point
décisif de l'objection, — le fait initial lui-même demande à être expliqué : emporter un puceron dans les

galeries souterraines, recueillir surtout ses œufs et les
soigner pendant un hiver, voilà le fait sur lequel repose
la théorie, fait dont la sélection explique ou n'explique
pas la répétition habituelle et héréditaire, mais qu'elle
n'explique assurément pas en lui-même. Toute accumulation d'instincts en vertu de la survivance des plus
aptes suppose un premier acte d'initiative et de discernement qu'il faut lui-même qualifier d'instinctif,
puisqu'il n'est pas explicable par les procédés connus
de notre propre intelligence. L'élément avec lequel on
construit cette théorie de l'instinct renferme donc l'instinct lui-même, c'est-à-dire le mode d'intelligence dont
la théorie a pour but d'expliquer la genèse. C'est là, si
nous ne nous trompons, un véritable cercle où la question sert de solution à la question même. Pour ces
raisons, il nous semble préférable de chercher ailleurs
l'explication désirée ; c'est à ce fait initial de discernement qu'il faut nous attacher; c'est ce mode spécial
d'intelligence qu'il faut tâcher de définir. Cet éclair-
cissement obtenu, nous verrons peut-être l'évolution
tout entière de l'institution sociale qui nous occupe en
sortir par voie de progrès continu, en vertu des mêmes
principes qui en expliquent le germe.

Il est évident qu'un mode d'intelligence, quel qu'il
soit, ne peut être compris de nous que si nous en
trouvons l'analogue dans notre propre intelligence.
C'est là une condition de la psychologie animale qu'il
faut accepter résolûment. Ou la conscience animale
ne nous est pas accessible, ou si elle l'est, elle ne nous
est connue qu'en fonction de la nôtre. En fait de conscience, plus encore qu'en tout ordre de connaissance,

4

ce que nous ne sommes pas, nous n'avons aucun moyen de le connaître; en d'autres termes, ici connaissance et conscience c'est la même chose. Si donc nous prétendons expliquer les faits exposés tout à l'heure, dans leur sens psychologique, ce ne peut être que pour les avoir rencontrés dans l'intelligence humaine. Or, nous croyons que le mode de penser employé ici par la fourmi est en effet fréquent chez l'homme, bien qu'inaperçu. Les psychologues se font à l'égard de nos opérations intellectuelles une singulière illusion. Depuis qu'Aristote a analysé le raisonnement, ils ont pris le syllogisme pour la forme exclusive, pour le type unique de nos connexions d'idées concluantes, et ont semblé ignorer qu'elles en puissent revêtir aucune autre. Cependant, dès le dix-septième siècle, nous voyons des doutes s'élever à l'endroit de ce préjugé scolastique. D'après Descartes, la vérité ne s'obtenait que par « ces longues chaînes de raisons toutes simples et toutes faciles » qui s'entresuivent à partir d'un principe unique. Pascal comprit que les hommes se convainquent eux-mêmes et persuadent les autres plus facilement sans ces longues chaînes de raisonnement que par elles, et il reconnut l'instantanéité de chacune de nos inférences, du moins au moment où elles sont conçues. Ce n'est pas seulement au terme d'une longue suite de répercussions sur une série de miroirs convenablement disposés que la lumière de la vérité nous arrive, elle illumine soudainement l'esprit à chacun de ses actes et à chaque fois par un principe nouveau. Souvent même ces principes épars projettent sur nos pensées une lueur dont la source nous reste in-

connue ; et ce qui nous détermine à croire, ce ne sont
pas les pensées que nous voyons, mais d'autres qui sont
situées plus profondément et que nous ne voyons pas.
Les conclusions n'en sont pas moins légitimes. Cette
pénétrante analyse de notre mode le plus ordinaire de
penser n'eut pas de continuateurs en France. Mais
récemment elle vient d'être reprise en Angleterre.
M. Spencer a bien vu que le syllogisme, avec ses propositions explicites multipliées, n'est usité le plus
souvent que pour vérifier une inférence acquise, que
cette inférence est même déjà impliquée dans la découverte du moyen terme, enfin que l'esprit omet
presque toujours la proposition générale qui semble
le nœud de tout syllogisme, et même passe directement du particulier au particulier. Les faits nous paraissent confirmer cette vue nouvelle. Il ne faut pas
oublier que la pensée a toujours pour fin une action
en qui elle se vérifie. Tout ce qui s'interpose entre
l'observation d'un mouvement extérieur et le mouvement volontaire correspondant, généralisation, classification, induction, syllogisme, n'a d'autre raison d'être
que de préparer pour l'avenir des actions mieux appropriées quand le même phénomène réapparaîtra, et
de nous permettre des combinaisons de moyens plus
étendues, plus exactes, plus variées : la spéculation
n'est pas sa fin à elle-même. Maintenant, quelques
ressources que ces opérations de synthèse et d'analyse
communiquent à l'activité, tant que l'action reste relativement simple, elles ne lui sont pas indispensables :
leur défaut n'empêche pas l'adaptation; les combinaisons
qui l'obtiennent sont seulement plus courtes, plus hé-

sitantes et plus restreintes en nombre. C'est le spectacle que nous offre l'intelligence de l'enfant. Dénué d'idées générales, il sait néanmoins combiner ses mouvements en raison des circonstances pour maintenir son équilibre, pour saisir sa nourriture, pour tendre les bras à qui le caresse, pour obtenir ce qu'il souhaite, pour écarter ce qui le contrarie ou ce qui le blesse (1). A chaque sollicitation du monde extérieur, il correspond dans tous ces cas par une série de mouvements convenables, d'une façon immédiate, sans passer par des réflexions dont il est incapable encore. C'est le spectacle que nous offre de même l'art primitif de l'humanité. Croit-on que le levier, le javelot, les pratiques comme celles de se laver et de laver les aliments, de cuire ceux-ci, de fendre les os, de dépecer la viande avec des cailloux, qu'en un mot les découvertes les plus humbles et les plus essentielles aient été dues à des raisonnements fondés sur des idées générales ? Si nous ne nous trompons, la théorie mécanique du boomerang, cet instrument de chasse qui revient, après avoir touché le but, vers celui qui l'a lancé, embarrasserait nos savants actuels. Il a fallu de longs efforts pour expliquer théoriquement les procédés chimiques dont l'humanité se sert depuis des temps immémoriaux dans la préparation des métaux, du vin, du laitage, etc. ; l'horticulture a précédé la botanique,

____

(1) Nous avons vu un enfant de trois mois dont on approchait une lumière tandis qu'il était couché dans son berceau, blessé sans doute du trop vif éclat de cette lumière, tirer peu à peu sa couverture par des mouvements mal concertés jusque sur ses yeux, et s'en cacher entièrement.

et c'est aux éleveurs que Darwin a emprunté l'idée de
la sélection, loin que ceux-ci la tiennent de lui. La
pratique partout a devancé la théorie. En d'autres termes, l'action s'est partout adaptée aux circonstances
sans le secours de la pensée abstraite. La combinaison
de moyens concrets particuliers en vue de fins également concrètes et spéciales est donc possible; elle
domine la vie sauvage et compte encore pour une
bonne part dans la vie civilisée. Il y a des inférences
qui se font sans concepts généraux, il y a un mode de
conclusion qui se passe de la raison, du moins dans les
cas simples et pour les combinaisons courtes. Mais
la raison, c'est-à-dire l'ensemble de ces opérations
abstraites dont nous parlions tout à l'heure, c'est la
condition de la conscience, et en un sens, c'est la conscience même. L'homme peut donc penser utilement
sans conscience, ou plutôt avec un très faible degré de
conscience. La plus grande partie de sa vie, la plus
inaperçue naturellement, appartient à l'instinct.

Une prévision, même assez éloignée, n'est pas exclue
par ce mode d'action. Il n'est pas nécessaire, pour pré-
voir même à distance, de se guider d'après une règle générale. Laissons de côté les pressentiments; ce qui nous
est arrivé une fois dans certaines circonstances, nous
le redoutons ou l'espérons quand les mêmes circonstances réapparaissent. Mais, même en l'absence de ces
circonstances, par là même que nous l'avons éprouvé
une fois, nous l'attendons ou le redoutons encore,
même en dépit des raisonnements explicites qui nous
en démontrent l'impossibilité. A plus forte raison quand
nous ne raisonnons pas clairement et nous abandon-

nons à nos impulsions. Il suffit dans ce cas qu'un fait ait été représenté confusément comme possible pour qu'il devienne l'objet d'une attente ou d'un effroi persistants. Inévitablement, cette anticipation suggère des actes destinés à provoquer ou à conjurer son apparition. Et ces trois phénomènes, représentation confuse d'un fait agréable ou redouté, attente de son apparition, activité déployée pour y correspondre ne feront pour ainsi dire qu'un seul et même fait dont les différentes parties seront liées par une sorte d'immédiation organique. On peut même aller plus loin et soutenir qu'une attente est provoquée parfois et des actes correspondants suggérés en l'absence de toute représentation d'un fait possible. Est-ce que l'expérimentateur dans son laboratoire ne tourmente pas la matière de mille façons sans toujours savoir ce qu'il attend de ses expériences? Est-ce que plusieurs des plus importantes découvertes ne résultent pas de ces tentatives qui ont été faites *pour voir*? Est-ce que l'enfant et le sauvage n'exécutent pas sur-le-champ toutes les combinaisons de mouvements qui sollicitent leur fantaisie? Ne sait-on pas quelle surveillance est nécessaire pour prévenir les effets des idées bizarres qui peuvent passer par la tête des enfants dans nos demeures pleines de substances et d'instruments dangereux? Il se dépense dans ces deux états de l'humanité une somme inouïe de forces en tâtonnements multipliés dirigés à la fois dans tous les sens. Que si ces tâtonnements réussissent, comme cela arrive, il ne faut pas en faire honneur au hasard seul. Une raison cachée détermine ces succès. C'est l'idée très indéterminée qu'il y a un parti à tirer des phénomènes de ce monde, idée née de trouvailles antérieures. Il n'est pas besoin que cette idée ait été formulée en une règle; toute confuse et obscure qu'elle est, elle explique ces reconnaissances désordonnées poussées incessamment par les activités ignorantes d'elles-mêmes dans toutes les voies qui leur sont ouvertes et même dans le champ de l'avenir où nulle route n'est frayée.

Supposons que l'une de ces mille et mille tentatives ait été suivie de succès. L'acte agréable sera répété ; il n'est pas besoin de raisonnement pour cela. Nous répétons sans raison apparente les actes même indifférents. Sommes-nous entrés une fois dans un magasin, sommes-nous descendus à un hôtel, de deux routes indifférentes avons-nous suivi l'une, c'est assez pour nous déterminer à y revenir de préférence au prochain besoin que nous en aurons. A plus forte raison les actes agréables seront-ils réitérés et de plus en plus nécessairement. Mais s'ils sont réitérés par un seul sans raisonnement, sans plus de raisonnement ils seront imités par les autres. Nous avons remarqué que la seule vue d'un acte entraîne un commencement d'exécution de cet acte, parce que nous ne pouvons nous le représenter sans le refaire, pour ainsi dire, en nousmêmes. De là l'inévitable extension, au sein d'un groupe quelconque d'êtres humains, du mode d'action inauguré par l'initiative inconsciente d'un individu. Et si plusieurs l'imitent, chacun d'eux sera entraîné par l'impulsion signalée tout à l'heure, c'est-à-dire par une attente vague d'un avantage inconnu, à le varier de mille manières, jusqu'à ce que l'activité ainsi dépensée soit mieux adaptée aux circonstances où elle se développe. Par cela même qu'il sera imité, l'acte en question sera donc peu à peu corrigé, précisé, étendu, ramifié de proche en proche en opérations partielles, perfectionné en un mot. La raison expresse syllogistique est si peu nécessaire à un tel progrès que le langage lui-même n'y semble pas indispensable. En fait, dans les origines de l'humanité, comme chez les sauvages actuels, des améliorations semblables ont été réalisées par des hommes dont le langage était incapable d'exprimer les connexions rigoureuses, logiques de la pensée. Viennent ensuite l'habitude et l'hérédité; elles consolident ces modes d'action nouveaux dans l'individu, puis dans la race, sans qu'il soit nécessaire d'invoquer le secours ni de la fatalité sélective, ni de la liberté rationnelle; l'instinct étant, de l'aveu de tous, intermédiaire entre le mécanisme aveugle et la claire intelligence.

En résumé, il y a dans l'homme, si les faits que nous avons cités sont exacts et bien interprétés, un mode d'intelligence inconscient, capable d'adapter nos actes à des circonstances, même en quelque degré complexes et éloignées. C'est ce mode d'intelligence que nous croyons pouvoir attribuer à l'animal dans la plupart des cas. C'est une solution grossière du problème de l'instinct que de le présenter sans plus d'explication, comme un moindre degré d'intelligence. Comme, en effet, on a toujours devant les yeux, quand on parle de l'intelligence humaine, l'intelligence explicite ou la raison, on réunit ainsi deux conceptions contradictoires, car un moindre degré de raison suppose toujours la pleine conscience qui accompagne la raison, tandis que ce qui caractérise l'activité de l'animal, c'est précisément l'absence de conscience. C'est dire que l'animal réfléchit alors qu'évidemment il ne réfléchit point. De là le facile triomphe de ceux qui veulent maintenir une séparation radicale entre son mode de penser et le nôtre. Si, au contraire, il était reconnu, comme nous le demandons, qu'il y a dans l'homme même une sorte d'intelligence différente de l'intelligence rationnelle et qui, tout en étant un moindre degré de compréhension, est en même temps une forme inférieure de compréhension, la difficulté serait levée et l'adversaire réduit dans son dernier retranchement. Rien ne s'opposerait à ce que cette sorte d'intelligence soit attribuée à l'animal, même inférieur, même doué d'organes très imparfaits, car si nous avons un cerveau si développé, c'est surtout pour des fonctions de réflexion et d'expression sans lesquelles la vie, quoique moins énergique et moins variée, serait encore possible dans ses fonctions essentielles. Bref l'humanité accomplit ses premiers stades d'évolution, — dans l'individu et dans l'espèce, — invente et perfectionne ses premiers arts sans manifester la raison sous sa forme analytique et explicite; pourquoi l'animal ne ferait-il pas de même pendant son évolution tout entière?

Il semble qu'après cela le fait de domestication que nous nous proposions d'expliquer soit beaucoup moins extraordinaire. Otons à la fourmi toutes les facultés de réflexion et d'expression par lesquelles l'humanité est caractérisée à un si haut point; il pourra lui rester des facultés d'adaptation et de correspondance par rapport

aux circonstances extérieures qui ressembleront aux
nôtres dans leur mode le plus humble et dans leurs
résultats les plus modestes. Ces actes successifs, dans
lesquels se résout le fait total de la domestication des
pucerons, ne sont-ils pas, chacun pris à part, à la portée d'une intelligence des moins développées ? Quand
la fourmi ne dispose que d'un seul moyen de défense
ou de protection permanente, à savoir construire un
mur de terre, qu'y a-t-il d'étonnant à ce qu'elle l'emploie pour mettre en sûreté les pucerons, d'abord sur
la branche, ensuite sous les feuilles de plantin ? Quand
elle transporte chaque jour ses œufs et ses nymphes
d'un endroit à l'autre de la fourmilière, qu'y a-t-il
d'étonnant à ce qu'elle ait l'idée de transporter les
pucerons dans ses galeries au moment où elle s'y
retire elle-même ? Quand elle soigne ses propres œufs
dans ces galeries, qu'y a-t-il d'étonnant à ce qu'elle
s'avise de rendre les mêmes soins aux œufs des pucerons *pour voir* et qu'ayant réussi elle continue cette
industrie en la perfectionnant ; si bien que peu à peu
ils soient réunis en une sorte de couvoir commun ?
Il faut songer que l'intelligence dépensée ici n'est pas
celle d'une fourmi individuelle, mais celle d'une multitude considérable qui vient s'ajouter dans le détail des
actes aux efforts de chacune, multipliant les tâtonnements, accumulant les corrections, ne laissant rien
perdre de tout ce qui réussit et l'imitant aussitôt pour
l'améliorer (1). Il faut se dire que tout cela se passe

(1) Des fourmis que j'ai observées (*Formica emarginata*), en allant à la
découverte comme elles le font sans cesse sur les plantes d'une petite
cour, se sont aperçues que les sépales d'un *Geranium macrorrhizon* sécré-

probablement comme dans un rêve, sans une conscience plus nette que la promenade d'un somnambule
au bord d'un toit, et que cependant cela touche au būt
par le même motif, à savoir qu'il n'est pas besoin de
syllogismes à la faculté mentale pour adapter les mouvements aux exigences du besoin. Il n'est pas inutile
enfin de rappeler que les pucerons vont, pour ainsi
dire, au-devant de la servitude, et que les circonstances
sont aussi favorables, j'allais dire aussi tentantes que
possible ; d'autres espèces les eussent rencontrées,
elles en eussent sans doute profité, pourvu toutefois
qu'elles fussent sociales elles-mêmes ; car, assurément,
l'intelligence individuelle n'eût pas suffi à de pareils
effets.

Nous en avons fini avec les groupes composés d'animaux d'espèces différentes. Nous remarquerons seulement, avant de clore ce chapitre, que les trois sortes
de groupes étudiés ici ont des limites flottantes dont
nous reconnaissons le caractère incertain. Nous avons
dû cependant forcer les lignes, comme il arrive à tous
ceux qui font des classifications. Qu'il soit donc bien
entendu que le parasitisme et le commensalisme, le
commensalisme et la mutualité sont, de notre aveu, en
certains cas intermédiaires, très difficiles à distinguer
les uns des autres ; la difficulté nous paraît cependant

---

taient une liqueur douce et sont venues en foule boire ce liquide et
même brouter le bord des sépales. Pendant plusieurs jours le geranium
avait été en fleurs avant qu'elles ne s'avisassent de cette trouvaille. Un
autre geranium de la même espèce, dans un jardin très vaste, ne recevait aucune visite de ce genre. Un cactus en fleurs fut aussi, au bout de
quelques jours, visité de même pour le liquide que contenait sa corolle
profonde. Ni l'un ni l'autre n'avaient, bien entendu, été toujours dans
cette cour. L'instinct avait donc ici dû commencer.

devoir être moins grande, si l'on veut bien nous suivre et adopter les définitions précises que nous avons essayé d'en donner.

Nous allons maintenant étudier les sociétés normales. Nous retrouverons les fourmis à leur place dans l'échelle des animaux sociables; ce n'est pas sans dessein que nous nous sommes étendu, à propos de la domestication des pucerons, sur la question de l'instinct; nous espérons que le lecteur se rappellera ces quelques pages et qu'il appliquera ce point de vue au jugement des faits du même ordre qu'il rencontrera en grand nombre dans le.cours de cette étude.

CHAPITRE II

SOCIÉTÉS NORMALES ENTRE ANIMAUX DE MÊME ESPÈCE :

Infusoires, Zoophytes, Tuniciers, Vers.

FONCTION DE NUTRITION

Sociétés normales, leur définition. Il y en a de deux sortes. De celles
qui ont pour but l'accomplissement en commun de la fonction de
nutrition ; leur caractère. — Question préalable : où commence le
domaine de la sociologie ? limites qui la séparent de la biologie. —
§ 1er. Sociétés de nutrition sans communications vasculaires ; les
Infusoires ; nature et cause de ces groupements. — § 2. Sociétés de
nutrition présentant une communication vasculaire. A, les Polypes ;
B, les Molluscoïdes ; C, les Vers. Interprétation de ces diverses
structures au point de vue sociologique. — De la Zygose et de la
concrescence ; passage aux sociétés de reproduction.

Nous appelons normales des sociétés telles que leurs
membres ne peuvent, à la rigueur, exister sans l'aide
les uns des autres. Le concours est ici réciproque à ce
point que les êtres conspirants développent à vrai dire
une seule vie à plusieurs. L'hôte du parasite se pas-
serait de son importun visiteur ; et le parasite vivrait
sans son hôte, puisqu'il en change. Les commensaux
peuvent sans inconvénient grave se séparer, et pourvu

que la transition soit ménagée, la mutualité serait
rompue sans entraîner la perte des contractants. Au
contraire, dès que deux êtres de la même espèce exécutent en commun l'une des fonctions vitales essentielles, ils deviennent indispensables l'un à l'autre. La
chair et le sang les unissent : de tels liens sont indissolubles.

Les fonctions essentielles à l'existence sont la nutrition et la reproduction. C'est quand une société est
fondée sur le partage de ces fonctions, quel que soit
son perfectionnement ultérieur, qu'elle mérite le nom
de normale. A ce titre, il semble que le commensalisme et la mutualité puissent rentrer dans cette catégorie, puisque dans de pareilles associations l'alimentation est souvent assurée par le concours des êtres
qui les composent. Mais la distinction établie garde
toute la netteté désirable, si l'on prend le mot de nutrition dans son sens exact, c'est-à-dire si l'on voit en
elle non la recherche des aliments, mais leur assimilation, leur élaboration interne. Dans une société normale, composée d'êtres de la même espèce, il y a
toujours, au moins à un certain moment, soit compé-
nétration des tissus, soit communication des cavités
vasculaires et transfusion des liquides nourriciers
entre les êtres vivants qui y prennent part. Comme
on va le voir tout à l'heure, les polypes d'un même
polypier reçoivent d'un même système de vaisseaux
les liquides nécessaires à leur entretien. De même,
quoique pour un temps moins long, les jeunes issus
d'un couple sexué doivent toujours tenir de leur
mère, tout élaborés, les premiers aliments nécessaires

au développement de leur vie, tandis qu'ils tiennent
d'une autre sécrétion du mâle l'impulsion vitale non
moins nécessaire à ce développement. De là, la nécessité d'un concours organique des deux parents eux-
mêmes dans la production des jeunes. La nutrition et la
reproduction exercées en commun sont donc vraiment
les traits distinctifs d'un groupe de faits sociaux, et ils
ont pour conséquence nécessaire la dépendance réciproque absolue des êtres associés. C'est ce mode de
groupement vraiment organique, c'est-à-dire reposant
sur une communauté ou correspondance d'organes qui
est pour nous normale, tandis que les modes de groupements étudiés jusqu'ici sont plus ou moins accidentels.

Les sociétés normales ainsi caractérisées, on peut
les diviser en deux groupes. Ou les êtres associés pour
une fonction essentielle se trouvent en naissant unis
organiquement et mis en communication soit par
leurs tissus, soit par leurs cavités, — ou bien cette
union ne se fait que plus tard, et la communication
des tissus ou des cavités ne s'établit que postérieurement à la naissance. Nous sommes par là autorisés
à classer les sociétés normales en sociétés primitives
ou natives et en sociétés consécutives ou adventives.
Disons tout de suite que les sociétés natives sont précisément celles où généralement la fonction exercée
en commun est l'une des fonctions de nutrition, tandis
que la fonction de reproduction sert en général de lien
aux sociétés adventives, qu'on peut à ce point de vue
appeler aussi électives, en raison du choix qui intervient nécessairement en quelque degré dans leur formation.

Nous ne nous dissimulons pas ce qu'ont d'abstrait ces premiers linéaments de notre classification, et nous allons nous hâter de leur donner un corps, en entrant dans le détail des sociétés concrètes qu'ils renferment. Mais nous sommes arrêtés par une difficulté préalable qu'il faut écarter avant de passer outre. Où devons-nous faire commencer l'étude des sociétés? La question est délicate, comme on va le voir.

Si nous examinons le point le plus élevé où l'on ait placé la limite inférieure du domaine sociologique, nous rencontrons l'opinion de M. Guarin de Vitry qui n'est que celle de M. Spencer, plus vigoureusement accentuée. Selon cet auteur, la société humaine mérite seule le nom de société. La sociologie a essentiellement l'humanité pour objet. Les manifestations de la vie sociale qui se rencontrent chez l'animal (troupeaux, vols, meutes, ruches, fourmilières) ne peuvent donner lieu qu'à une étude préliminaire ou *présociologie*. Le principe de cette délimitation est exprimé dans la phrase suivante : « Bien qu'au fond il n'y ait que de simples différences de degrés dans les diverses manifestations de la vie, nous devons, pour acquérir la connaissance scientifique de chacune d'elles et de leur ensemble, considérer chaque ordre de phénomènes à son maximum de développement, et l'étudier dans la catégorie où il se produit avec le plus d'ampleur et d'intensité (1). » Nous ne nions pas que l'ordre indiqué ici ne soit avantageux, mais à une condition, c'est que les clartés recueillies dans l'examen des formes parfaites

(1) *Revue de philosophie positive*, mai-juin 1875.

soient appliquées ensuite à l'étude des formes transitoires par lesquelles celles-là sont préparées, car enfin une forme inférieure ne cesse pas, pour être telle, de mériter une place dans la science. Il y a ici deux extrêmes à éviter. Il serait fâcheux de prendre en un sens exclusif le beau précepte d'Aristote, opposé à celui-là : « Etudier les phénomènes de la vie en commençant par les rudiments premiers, c'est suivre, en politique comme dans toutes les sciences, la meilleure méthode. » Rien de plus juste que ce principe, si l'on veut y voir un des moments essentiels de la méthode; rien de plus faux, si l'on veut réduire à ce moment la méthode tout entière. L'objet de la science, c'est l'évolution totale de chaque groupe de phénomènes, à partir de l'instant où il devient perceptible, jusqu'à l'instant où il cesse de l'être. Or, les faits sociaux sont trop notables dès le règne animal pour qu'on n'y cherche pas les premières phases de l'évolution sociologique. Il serait tout à fait arbitraire de les exclure sous prétexte qu'ils ne sont qu'un rudiment, comme aussi il serait arbitraire d'exclure de la science sociale les nations civilisées pour ne s'occuper que des sociétés primitives. Mais, dit M. Guarin de Vitry, les sociétés animales ne se distinguent ni du monde extérieur ni des autres sociétés; elles n'ont pas d'elles-mêmes une conscience définie, qui leur permette de s'opposer nettement à ce qui n'est pas elles. — D'abord, exiger qu'une société ait une conscience distincte pour étendre jusqu'à elle les limites de la science, c'est exclure de la science les sociétés de sauvages ; ensuite, est-il nécessaire que la conscience sociale aille jusqu'à se donner un nom et à se conser-

5

ver dans une tradition pour exister ? La conscience
collective n'est-elle pas, comme la conscience individuelle, susceptible de degrés ? Cesse-t-elle d'exister
pour être obscurcie, et si elle subsiste là où elle s'oublie, pourquoi renoncerait-on à l'étudier là où elle se
cherche ? Il nous semble donc que l'étude des sociétés
animales forme non pas un chapitre préliminaire, mais
le premier chapitre de la sociologie.

C'est en vain que l'auteur assure que si la limite qu'il
offre n'est pas acceptée, il nous faudra descendre jusqu'aux sociétés de plantes et jusqu'aux sociétés d'astres. Que si un observateur exact réussissait à montrer
dans les rapports des plantes entre elles ou dans les
rapports des parties d'une même plante des faits
sociaux, nous ne verrions aucune difficulté à ce que
ces études entrent dans le corps même de la science
sociale, et nous ne doutons pas qu'on n'y trouve appli-
qués les principes généraux de cette science (1). Les
astres ne sont pas des êtres vivants. Masses de matière
inorganique, aucune réciprocité de fonctions ne peut
les unir; à moins qu'on n'abuse du langage jusqu'à
appeler de ce nom la gravitation universelle.

La sociologie comprend donc, à titre de moments
divers d'une même évolution, les faits sociaux manifestés par l'animal comme ceux manifestés par l'homme.
De même que l'on doit comprendre dans l'étude biologique de l'être humain la vie fœtale, sans que la
démarcation entre cette phase de la vie et les autres
cesse d'être nettement tranchée ; de même, sans cesser

(1) M. de Quatrefages, *Métamorphoses de l'homme et des animaux*, p. 299
et suiv.

de voir dans la société humaine l'épanouissement de
la vie sociale, on doit en étudier les rudiments dans les
sociétés inférieures.

Faut-il aller plus loin ? Faut-il comprendre dans la
sociologie les phénomènes de groupement permanent
qui nous sont offerts par les éléments organiques con-
stituant l'individu? Nous le croyons encore. Si la
netteté de la conscience, si l'opposition de soi au monde,
si la mémoire et la prévision sont les caractères distinctifs de la société dans la cité humaine, pourquoi ces
mêmes attributs seraient-ils exclusifs de l'association
dans l'individu humain ? Et de fait, nous sommes composés de millions de petits êtres dont le concours a été
comparé par les plus illustres physiologistes (1) au travail des ouvriers dans une vaste usine, des habitants
dans une ville immense, les artères étant comme les
routes et les canaux qui portent les aliments aux différents quartiers, tandis que les nerfs ressemblent aux
fils télégraphiques qui transmettent les informations et
les impulsions des parties au centre, du centre aux parties. Aucun fait biologique n'est mieux établi que la
composition de l'individu.

Les objections sérieuses ne peuvent venir que du
côté de la psychologie. Il semble, en effet, que le nom
d'individu implique l'existence d'atomes spirituels,
d'êtres absolument simples. Sans parler de l'individua-

---

(1) Hœkel, *Histoire naturelle de la création*, p. 292. — Virchow, *Pa-
thologie cellulaire*, chap. xv: vie des éléments, migration et mobilisation
des cellules, voracité, etc., p. 319 et suiv. — C. Bernard, *Revue des cours
scientifiques*, 1864, 1ᵉʳ sept., et 1875, p. 778. — Robin, *Des éléments anatomiques*, p. 2, etc. — Milne Edwards, *Leçons de physiologie*, vol. VIII,
p. 440. — Bert, *Conférence* faite à Auxerre, citée par Gaëtan Delaunay,
Programme de sociologie.

lité humaine qui reste en dehors de notre sujet, que faut-il penser de l'individualité animale? Assurément, elle n'a rien d'absolu; elle est relative aux différents états du sujet, aux différentes phases de son existence. Pendant le sommeil elle est beaucoup moins décidée qu'à l'état de veille; dans le jeune âge, mais surtout avant la naissance, elle est toute virtuelle, au point que le fœtus peut devenir un monstre double où la conscience est partagée comme le sont les fonctions vitales. Que penser de la simplicité de la conscience chez un chien empoisonné par le curare, sur lequel on pratique la respiration artificielle? Qu'on arrête le mécanisme qui entretient la respiration, les fonctions cessent de concourir, s'isolent en quelque sorte l'une après l'autre; le chien va mourir : qu'on maintienne ce mécanisme en activité, le chien vivra, grâce au rétablissement progressif de leur concours. Dans l'un et l'autre cas, c'est aussi sa conscience qui se disperse et se ressaisit avec sa vie. Par la section des diverses parties de l'encéphale, on peut diminuer à volonté la concentration de la conscience. Que l'animal soit sacrifié, une partie de son corps greffée sur un autre corps entrera dans la sphère de la conscience de ce nouvel hôte, en sorte qu'elle aura participé successivement à deux consciences; chose impossible, si la conscience est indivisible. Qu'y a-t-il de commun, qu'y a-t-il de distinct entre la conscience de la mère et celle du fœtus chez les mammifères? Question fort embarrassante encore si le principe qui anime chacun d'eux est un atome psychique. Enfin, la même question sera posée au sujet des animaux qui, dans l'échelle zoologique,

occupent un rang inférieur, précisément parce que
leur système nerveux (et partant leur conscience) est
formé de centres épars dont chacun se suffit, comme
par exemple les lombrics et d'autres annélides. Il est
donc plus conforme aux données de l'expérience de
considérer la conscience animale comme un tout de
coalition que comme une chose absolument simple.
Dans ce qu'on appelle ordinairement l'individu animal,
comme dans la société composée d'individus, l'individualité est susceptible de degrés, et partant suppose
partout l'association dont elle est, en un sens, la cause,
en un sens le résultat. A ce point de vue encore, l'individu, simple en apparence, rentre, en tant que
constitué lui-même par d'autres individus, dans le
cadre de la sociologie.

Certaines considérations morphologiques, c'est-à-
dire tirées de l'aspect des êtres vivants, jouent un rôle
prépondérant dans notre conception de l'individu. Nous
nous prenons nous-mêmes comme types de l'individualité et la refusons à tout être qui s'écarte de ce type.
Dès qu'un vivant cesse d'offrir des contours définis et
de jouir du mouvement indépendant, il cesse de nous
paraître *un* comme nous le sommes. Cependant il n'y
a aucune raison de croire que nous soyons la mesure
absolue des choses. L'homme même ne cesse pas
d'être individuel, quand sa forme extérieure vient à
être mutilée et sa faculté locomotrice suspendue. Un
cul-de-jatte idiot est encore un individu, quoique à un
moindre degré. Un animal greffé sur un autre, comme
le mâle de certains crustacés parasites l'est sur sa
femelle, est encore individuel; il l'est moins seulement

què d'autres animaux à forme plus définie et à mouvements plus indépendants. Un fragment de ténia ou de Myrianide à bandes offre ces mêmes caractères encore atténués. Nous arrivons ainsi jusqu'au polype qui est fixe, qu'on peut, dans certains cas, couper et retourner de mille manières sans que sa chétive unité vitale cesse de subsister; jusqu'à l'éponge, jusqu'à l'amibe. Il ne faut donc pas dire que telle forme déterminée, tel degré de motilité indépendante est le type absolu de l'individualité. Mieux vaut reconnaître que ces deux caractères sont susceptibles de degrés infiniment nombreux, et placer l'individualité commençante là où l'un ou l'autre commencent à se montrer. Or, c'est la cellule simple, mobile ou non mobile, qui est le plus bas degré d'unité organique, comme peut-être d'unité psychique. C'est donc aux premiers groupements de cellules que la sociologie doit commencer. Or tout individu est un groupement de cellules ou autres éléments organiques ; par là l'individu est un genre particulier de société qui relève de la sociologie.

Le cadre de cette science comprendrait donc d'abord les sociétés à conscience définie et à traditions constantes, c'est-à-dire les sociétés humaines supérieures, puis, soit dans le règne humain, soit dans le règne animal, les sociétés à conscience confuse et à traditions éphémères, enfin la série tout entière des individus, depuis ceux où le concours des éléments organiques constitue une individualité faible jusqu'à ceux qui sont capables de conscience et de réflexion. Mais cette conception souffre une objection nouvelle. Ne semble-t-il pas en effet qu'ainsi comprise la sociologie se confonde dans les régions inférieures de son domaine avec la biologie? Cette dernière science n'apparaît-elle pas, depuis quelques années, comme l'étude des formes et des fonctions des organismes élémentaires, en d'autres termes l'histologie n'y prend-elle pas une place de plus en plus prépondérante? Les lois qui régissent le groupement de ces éléments vitaux irréductibles ne sont-elles pas l'objet de ses plus actives recherches, et dire que la sociologie a aussi ces lois pour objet, n'est-ce pas lui proposer un empiétement aussi téméraire qu'inutile?

Nous répondrons à cette objection d'abord que les sciences supérieures se forment toujours, comme on l'a dit, d'un *résidu* de la science plus vaste et plus simple qui les a logiquement précédées. La biologie, constituée avant la sociologie, ne peut être achevée sans son secours. Elle constate en effet les groupements des organismes élémentaires et même elle en fixe les lois partielles ; mais jusqu'ici elle a été impuissante à trouver la loi générale qui les explique. Quand les plus éminents biologistes comparent, comme nous l'avons vu tout à l'heure, l'association de ces organismes à une colonie, à une usine, à une cité, ils obéissent au besoin de trouver une formule plus haute qui coordonne les faits biologiques en les embrassant tous; et leur accord spontané dans le choix de cette similitude permet de lui attribuer la valeur d'un rapprochement scientifique. Dès 1827, M. Milne Edwards l'entendait ainsi. Seulement, tout en admettant que certaines lois de la société humaine se trouvent observées dans le groupement des éléments organiques, on ne

voyait pas par quel passage ces deux mondes pouvaient
être unis. Depuis Comte, on le comprend mieux. Les
sociétés animales forment le lien entre les sommités
de la sociologie et la biologie proprement dite, celle-ci
offrant à l'état de linéaments les phénomènes que l'a-
nimalité d'abord, puis l'humanité, nous montrent sous
une forme plus achevée. Il n'est donc pas étonnant que
les comparaisons citées se rencontrent si naturellement
sous la plume des biologistes; mais, dès lors, il faut
reconnaître qu'elles confirment nos vues, et que plus
elles sont justes, plus elles ouvrent à la sociologie de
jour sur la science de la vie. Non que le détail des
phénomènes et des lois biologiques appartienne à la
science sociale : la connaissance humaine veut des
limites entre ses différentes provinces, quelque incertaines qu'en soient souvent les frontières naturelles.
Mais on comprend que sans se confondre ces deux
sciences puissent s'accompagner quelque temps, l'une
sortant de l'autre, comme une branche latérale quelque temps parallèle au rameau qu'elle doit dépasser.

D'ailleurs, si la sociologie étudie certains groupes de
faits concurremment avec la biologie, c'est à un point
de vue tout différent. Plusieurs propriétés appartiennent aux corps organisés. La nutrition et la reproduction sont les plus importantes. La sociologie n'étudie
ni l'une ni l'autre; elle ne s'attache qu'à une propriété
spéciale, celle de se grouper pour concourir à l'une ou
à l'autre de ces actions, ce qui lui assigne un rôle spécial dans l'étude des phénomènes mêmes où elle se
rencontre avec la science de la vie. On verra bientôt
d'une manière plus précise dans quelles limites cette

étude est circonscrite : elle ne peut, en effet, comprendre que ce que les phénomènes de groupements
offrent de plus général, sans quoi elle entrerait dans
l'économie des fonctions vitales elles-mêmes et sorti-
rait de son domaine. C'est par la pratique des sciences
plus que par des considérations abstraites que ces
questions de frontières, toujours délicates, veulent être
tranchées.

Nous allons donc commencer l'examen des sociétés
normales par celles où des éléments organiques simples
se trouvent assemblés. Nous considérons ces derniers,
d'après les raisons exposées ci-dessus, comme étant les
vrais individus, les seuls qui méritent ce nom dans toute
sa rigueur. M. Robin a nettement établi ce caractère.
Entre la matière organisée et le molécule inorganique,
il y a, suivant lui, les différences suivantes. D'abord la
matière organisée se coagule et ne se cristallise jamais.
Ensuite elle donne naissance à des éléments anatomiques dont chacun possède une individualité, en ce sens
qu'il a ses caractères propres par lesquels il se distingue de tous ceux de son espèce. Tous les cristaux
qui se forment dans un composé chimique ont les an-
gles égaux, tandis qu'aucun des éléments anatomiques appartenant à un même tissu n'est identique aux
autres. Enfin, l'élément anatomique est le résultat d'un
mode particulier d'association entre des principes
chimiques appartenant à trois groupes distincts, tem-
porairement indissolubles. C'est à ce mode d'association que la notion d'organisation peut être réduite. Il
ne suffit pas, en effet, que ces trois principes soient
réunis, il faut qu'ils soient unis, associés d'une certaine

façon pour que le composé qu'ils forment soit organique. Ainsi, dans le véritable individu organique, l'analyse ne peut rien trouver de plus simple qui soit de la même sorte ; elle en obtïent quand elle le détruit, non d'autres vivants dont il serait composé, mais des principes chimiques incapables dans l'état actuel de revêtir spontanément les propriétés qui lui sont inhérentes. Il est donc bien l'atome biologique, l'élément vital au-dessous duquel le domaine de la biologie finit et celui de la chimie commence. Qu'on l'appelle élément anatomique, cellule, organisme élémentaire, organite, plastide ou d'autres noms, peu importe, son caractère irréductible, primitif, n'est nié par personne. Le domaine de la sociologie commence donc à ses premiers groupements.

Mais, — il y a encore cette difficulté, — est-ce que cet organite existe quelque part non groupé, hors d'un corps vivant? Commence-t-il donc par nous apparaître à l'état libre? Assurément; car la cellule par laquelle tout individu composé se manifeste d'abord, l'utricule primordiale d'où sort tout être vivant est un organite et n'est que cela. Quelque innombrables que deviennent les organites qui constituent l'un des animaux supérieurs, ils sont tous engendrés par ce premier germe. Ce fait, qui est universel, suffit pour nous autoriser à rapprocher les organites engagés dans un organisme quelconque des cellules libres qui vivent dans les eaux pour la plupart, et portent le nom d'Infusoires. Bien qu'en effet les animalcules des deux sortes n'aient pas les mêmes destinées, ils sont de la même nature au point de vue sociologique comme au point

de vue biologique. Ils naissent également au sein du
protoplasma, ils s'accroissent et se multiplient suivant
certains modes semblables (ex. : la Segmentation). Il
n'y a donc pas lieu de faire dans notre étude une place
à part à ce que l'on désigne d'ordinaire sous le nom
d'individus : ce sont des organismes polycellulaires, et
ils doivent être rapprochés des groupements de cellules beaucoup moins parfaits qui ont lieu dans les derniers rangs du règne animal. Nous ne prétendons pas
qu'une filiation directe existe des plus humbles aux
plus élevés, cette question étant étrangère à notre
sujet; nous soutenons seulement que ces divers groupements sont de même nature et s'expliquent par les
mêmes lois générales.

M. Giard (1) voudrait que l'on réservât le nom d'individu pour les êtres composés d'organes, lesquels à leur
tour seraient composés d'éléments histologiques (plastides). Ce système de dénomination a l'avantage de
rester d'accord à la fois avec le langage commun, et
cet avantage n'est pas à dédaigner. Mais il nous paraît
impossible de rester d'accord à la fois avec les faits et
avec le langage commun. La logique veut qu'on aille et
plus haut et plus bas que cette limite idéale. La nation,
d'une part, est un individu. D'autre part, à l'autre extrémité de l'échelle, l'élément histologique jouit vraiment
d'une individualité propre, bien que le langage la lui refuse; et cette autonomie atteint, comme nous venons de
le voir, un haut degré dans tous les êtres vivants, si l'on
considère le moment décisif de la première naissance·

____

(1) *Des synascidies*, p. 92.

A ce moment, la cellule primitive n'est pas une partie composante ; elle est un tout, un animal dans toute la force du terme, et cet animal est monocellulaire. Pourquoi dès lors ne le mettrait-on pas sur le même rang que les autres animaux monocellulaires ? Nous savons que MM. Claparède et Lachmann répugnent à voir dans les infusoires de simples cellules. La plupart sont, suivant eux, trop compliqués dans leur structure pour se prêter à cette assimilation. Des cellules qui sont munies d'une bouche, d'un pharynx, d'une cavité digestive, d'un anus, des cellules qui nagent, qui rampent et qui courent, quoi de plus bizarre, disent-ils. Ils refusent d'assimiler à la cellule simple même les *Amœba*, car ce qu'on appelle nucléus au centre de l'amibe n'a rien de commun à leurs yeux avec le nucléus de la cellule ; ce n'est pas autre chose qu'une glande sexuelle, embryogène ; de plus, l'amibe a, comme tous les infusoires, cette tache claire qui se contracte à intervalles à peu près égaux et qui est, suivant les vues de ces auteurs, l'analogue du cœur chez les organismes plus élevés. « La vésicule contractile est un organe bien embarrassant à loger dans une simple cellule (1). » Nous laissons débattre aux micrographes la question de savoir si le nucléus de toute cellule ne pourrait être assimilé, comme celui des amibes, à une glande embryogène. Mais nous pouvons remarquer, avec MM. Claparède et Lachmann eux-mêmes, que la solution du débat sur la monocellularité des infusoires dépend en effet de la définition qu'on donne de la cellule. Pour

______

(1) *Des infusoires,* p. 430.

nous, nous nous bornons à appeler de ce nom tout organisme dans lequel aucun élément défini plus simple n'est saisissable. Or, ils reconnaissent eux-mêmes qu'avec les moyens d'observation dont nous disposons aucun élément histologique plus simple ne peut être saisi chez les infusoires. Quand un infusoire disparaît sous l'action d'un acide, il ne se divise pas en éléments figurés, il se dissout véritablement. Dans l'état actuel de la science, l'infusoire est donc bien l'analogue des éléments histologiques qui constituent les organismes polycellulaires ; comme eux il est un atome biologique, c'est-à-dire au-dessous duquel il n'y a rien que la substance chimique, privée des attributs de la vie. Nous n'attribuons donc pas à ce mot de cellule un sens trop rigoureux ; nous l'employons faute d'autre, et nous reconnaissons que la cellule est susceptible d'offrir, tout en gardant son caractère d'élément vital irréductible, des configurations et des degrés d'organisation très divers. Ce que nous avançons se réduit à ceci : c'est que les éléments histologiques des corps hautement organisés nous offrent, comme les organismes élémentaires irréductibles à l'état libre, un point de départ défini pour l'étude des groupements ultérieurs ; c'est que les infusoires simples peuvent être placés au point de vue sociologique sur le même rang que la vésicule germinative et que les spermatozoaires par où commence l'évolution de tout individu composé. Nous ne prétendons pas donner à cette limite un caractère absolu. Si l'observation venait à découvrir dans les infusoires et dans la vésicule germinative des éléments vitaux définis plus simples encore ; eh bien, la sociolo-

gie étendrait jusqu'à eux son domaine ; mais jusqu'à
présent, elle ne peut dépasser ce que M. Milne Edwards appelle l'organite, que cet organite d'ailleurs
soit libre ou engagé dans un tissu. Si le véritable individu physiologique est celui qui se suffit à lui-même
pour l'accomplissement des fonctions vitales essentielles, c'est ici que se réalise pour la première fois
dans cette sphère le type de l'individualité.

Sociétés de nutrition. — Nous avons vu que les
sociétés de nutrition ont ce caractère commun que les
individus qui les composent, attachés les uns aux autres d'une manière permanente sont ainsi attachés dès
leur naissance et n'ont jamais vécu libres. C'est le fait
même de leur mode de naissance qui les constitue en
sociétés. Dujardin a le premier établi cette loi, qui a
reçu depuis des corrections légères, mais n'a pas été
infirmée. Voici les paroles de Dujardin (1) : « Entre des
animaux primitivement séparés, on n'a point observé
d'une manière positive de soudure organique. Je crois
que les soudures des polypes sont le résultat de la gemmation, et non le produit de la réunion de plusieurs
animaux. Si les jeunes ascidies composées qu'on a
vues nager librement ne sont pas déjà des réunions de
plusieurs jeunes animaux, je n'en conclus pas cependant que des animaux primitivement séparés se soient
soudés pour former des amas, mais bien plutôt que ces
amas proviennent d'une gemmation continuelle, puisqu'on trouve toujours dans la même masse des in-

____

(1) *Infusoires* (1841), p. 28, en note.

dividus de tous les âges. » Et il ne perd pas une occasion de combattre les vues de ceux qui veulent élever au rang de fait normal les réunions d'infusoires.
Selon lui, cette juxtaposition est toujours fortuite et
n'intéresse jamais l'intimité des tissus. Ici, son affir-
mation est trop étendue, comme nous le verrons à la
fin de ce chapitre ; mais nous pouvons dire avec lui
que dans l'immense majorité des cas les sociétés de
nutrition sont composées non d'individus primitivement séparés, mais d'individus nés ensemble ou successivement d'une même masse ou sur une même
souche.

§ I". *Sociétés de nutrition sans communication vasculaire, ou par accrescence.* — L'individualité est le
caractère dominant dans les derniers rangs du règne
animal, l'individualité en quelque sorte absolue. Des
êtres d'espèces multiples, et dont le nombre est prodigieux, vivent dans les eaux, sur la terre et sur les autres animaux à l'état d'isolement complet. Les Fora-
minifères, dont les carapaces ont formé des continents, sont isolés physiologiquement. De tels êtres
sont faibles, non seulement parce qu'ils sont petits,
mais encore parce qu'ils sont seuls. Cependant, dès
les premiers degrés de l'échelle de la vie, l'association
apparaît. Elle se montre encore dès la première phase
de la croissance individuelle chez tous les animaux
supérieurs.

Les infusoires se reproduisent de plusieurs manières. Le plus simple est le fractionnement ; le plus souvent, le fractionnement opéré, la cellule qui en résulte

s'éloigne et mène une vie indépendante. D'autres fois, et le cas est relativement rare, la cellule engendrée reste attachée à la cellule mère et le fractionnement continuant, un groupe de cellules juxtaposées ne tarde pas à se former. Ce groupe, simple agglomération muriforme, se revêt ailleurs de cils qui lui permettent de se mouvoir. Telles sont les Synamibes de Hœkel (Monadiens agrégés de Dujardin). « A l'ile de Eis-oe, près de Bergen, dit le naturaliste allemand (1), je trouvai nageant à la surface de la mer des petites sphères très élégantes composées de trente à quarante cellules piriformes et ciliées, se réunissant toutes en étoiles par leur extrémité amincie au centre de la sphère. Au bout d'un certain temps, la masse se désagrége ; les cellules vaguent isolément dans l'eau à la manière de certains infusoires ciliés. Elles coulent ensuite au fond, et peu à peu prennent la forme d'une amibe rampante. Elles se revêtent ensuite d'une membrane, puis, par une scission réitérée, elles se divisent en un grand nombre de cellules, tout à fait comme l'ovule se segmente. » Ce mode de développement appartient à toute la famille des Volvocinés (2). Mais déjà ici, un certain perfectionnement s'est opéré. Presque toujours la division des cellules s'accomplit à l'abri d'une enveloppe commune ou Kyste. C'est le cas, du moins chez les *Stephanosphæra*. « Chaque *Stephanosphæra* se compose normalement de huit individus associés en famille dans une enveloppe glutineuse commune. Une triple division binaire (2, 4, 8) s'effectue chez chaque individu,

____

(1) *Histoire de la création*, trad. française, p. 380.
(2) Claparède et Lachmann, 2e mémoire, p. 52.

de manière à ce que l'enveloppe commune se trouve renfermer huit groupes de chacun huit individus. Chacun de ces groupes sort par une déchirure de l'enveloppe commune et forme une nouvelle famille. Parfois aussi les individus quittent isolément la famille et mènent chacun pour son compte une vie errante (1). » « Les Euglènes s'enkystent dans une capsule incolore, résistante. Dans ce kyste s'opère une multiplication fissipare suivant la série 2, 4, 8, 16, 32, etc. (2). » Le Volvox proprement dit présente les mêmes faits. Il est composé par un agrégat de cellules dont l'union est constante. « Parfois certains individus d'une famille deviennent excessivement gros... Bientôt ces sphères s'entourent d'une substance gélatineuse, présentant des pointes coniques diversement découpées... (3). » La famille parente meurt alors et le kyste passe immobile au fond des eaux l'hiver ou la saison sèche pour se résoudre ensuite en individus qui deviendront des familles. Les jeunes Grégarines s'enkystent de même dans le corps des mollusques, où elles vivent en parasites (4). Chez les Radiolaires sociaux l'enveloppe commune atteint la solidité d'une carapace (5).

Ce fractionnement d'une cellule mère en un nombre considérable de cellules se présente à l'origine de tous les animaux supérieurs; il est connu sous le nom de segmentation. Comme les infusoires que nous avons cités, l'animal supérieur, avant d'apparaître même à

(1) Claparède et Lachmann, loc. cit.
(2) Id., p. 47.
(3) Id., p. 50.
(4) Van Beneden, *Parasites et commensaux*, p. 145.
(5) Hœckel, p. 389.

l'état d'embryon, offre l'aspect d'une mûre ou d'une framboise, c'est-à-dire d'une sphère garnie de mammelonnements d'abord mal définis, mais qui revêtent de plus en plus les caractères de la cellule. Les insectes, les araignées et quelques crustacés sont les seuls chez lesquels la segmentation n'ait pas lieu ou se produise avec un caractère beaucoup moins décidé (1).

Nous n'avons vu jusqu'ici que des groupements par simple juxtaposition. Des groupements où chaque individu composant serait porté par un pédoncule distinct et rattaché ainsi aux autres membres de la société, dénoteraient une organisation un peu plus élevée. La forme générale qui en résulterait serait soit rameuse, soit sphérique. La forme rameuse est en effet réalisée chez les Vorticelles, désignées par MM. Claparède et Lachmann sous les noms de *Dendrosomes*, d'*Epistylis*, de *Carchesium* et de *Zoothamnium* (2). « L'arbre d'Epistylis présente toujours des ramifications dichotomiques parfaitement régulières. Celles-ci croissent toutes avec la même rapidité et les individus sont par suite tous et toujours portés à la même hauteur, de façon à se trouver dans un même plan horizontal. Il résulte de là qu'une famille d'Epistylis présente une forme comparable à ce qu'on appelle en botanique une *inflorescence en corymbe* (3). » Les tiges sont vivantes comme les corps, s'accroissent avec eux et se contractent toutes ou isolément quand la colonie

---

(1) M. Edwards, *Physiologie*, vol. VIII, p. 401.
(2) Pages 141, 151-153, 160 (2ᵉ mémoire).
(3) Fait général chez les Zoothamnium (1ᵉʳ mémoire, p. 103).

est menacée (1). Les Vorticelles, bien qu'immobiles, sont placées, sans conteste, au premier rang des infusoires. Aucun animal ne semble reproduire cette forme rameuse dans son développement primitif. La forme sphérique est nettement accusée par les Volvox adultes. Des cordons distincts partant de chaque individu lient ensemble tous les membres de la famille, qui nagent de conserve au moyen de cils appartenant à chacun d'eux (2).

Chez les Gonium, ces cordons sont produits par des prolongements en pointe de chaque individu (3). Cela les rapprocherait des Synamibes qui sont, comme on l'a vu, réunis par leur extrémité amincie au centre de la sphère, et prennent également, en raison de cette structure, une apparence étoilée, si les Gonium ne présentaient une disposition qui les place, au point de vue social, au-dessus des Volvox eux-mêmes. En effet, leur accrescence est tabulaire et non sphérique. « Un Gonium se compose de seize individus réunis en famille sous une forme tabulaire dans une enveloppe gélatineuse (4). » Le tout est doué de mouvement comme les Volvox. Nous pensons que ce type de disposition sur un plan est supérieur aux autres, parce qu'il se rapproche de la disposition linéaire dont nous chercherons bientôt à établir la supériorité sur tous les autres types. « On voit les Gonium se balancer avec grâce, pirouetter, se tourner en avant, en arrière, se

(1) Voir, pour ce qui concerne la famille des Vorticellines, ce premier mémoire, à partir de la page 94.
(2) Clap. et Lach., p. 57.
(3) Loc. cit., p. 57.
(4) Id., p. 54.

ployer majestueusement; ils forment une chaîne qui se promène en décrivant toutes sortes de figures (1). »

Maintenant en quoi consiste l'unité sociale de ces différents groupes d'individus élémentaires? Il faut le reconnaître, le concours qu'ils se prêtent mutuellement est à peine discernable. Ils gagnent sans doute par leur association un plus gros volume, avantage appréciable dans ce monde des infusoires où la voracité des appétits condamne les plus petits à être dévorés ; ils gagnent une enveloppe plus ou moins résistante, autre moyen de protection. Ils gagnent, grâce aux cils qui garnissent chez les Synamibes les cellules extérieures, une motilité plus vigoureuse et plus variée peut-être; et quant aux Vorticelles, comme il est probable que la proie digérée par un individu profite à tous les autres, c'est un avantage encore pour elle que d'occuper un espace plus grand et que d'étendre ainsi l'aire d'embuscades commune. Néanmoins, combien ce concours est encore faible et mal défini ! Il ne peut en être autrement là où la division du travail physiologique est aussi peu avancée. Tous les membres de ces sociétés rudimentaires n'ont-ils pas ou peu s'en faut le même emploi? Voilà pourquoi l'unité collective peut être presque dans tous ces cas rompue impunément quand les individus se séparent pour se reproduire. La soudure organique, le lien matériel qui les attache ne saurait fonder une société quelque peu relevée tant que les individus composants ne sont pas physiologiquement solidaires.

(1) Turpin cité par Cl. et L., 2ᵉ mémoire, p. 55.

Si l'unité du tout est faible, l'individualité des parties ne l'est pas moins ; l'une est en raison directe de l'autre. En effet, par cela même que chacune des parties peut se suffire à elle-même, ce qui paraît en un sens le plus haut degré d'individualité, elle ne se distingue des autres par aucun caractère propre, ce qui en est le plus bas degré à un autre point de vue. Pour rester indépendantes toutes restent à peu près similaires ; c'est l'individualité du grain de sable.

Quelle peut être la cause de ces groupements au plus bas degré de l'animalité ? Nous sommes ici réduits à des conjectures. En somme, ce qu'il s'agit de découvrir, c'est ce qui détermine la partie d'une cellule qui va se détacher d'elle par scissiparité à rester unie avec la partie mère, et cela non pas seulement une fois, mais autant de fois qu'il y a de membres dans l'agrégat. Certes, si l'on admet que cette duplication répétée est avantageuse, la sélection tendra à la conserver : ici, en effet, la sélection naturelle jouera un rôle indispensable en l'absence de tout discernement. Mais ici encore si la sélection peut expliquer la fixation de l'habitude sociale, elle ne peut en expliquer la naissance. Faut-il admettre que dans certains cas, sous l'influence des circonstances, la scission des cellules a été retardée en quelque sorte par hasard et que pendant le peu de temps qu'a duré cette union, les avantages en ont pu se manifester ? Cela est douteux. Faut-il croire qu'au contraire la prolifération a été, toujours en un cas fortuit, tellement rapide qu'elle a prévenu les effets de la scissiparité et que dès lors l'avantage obtenu a assuré la survivance de la colonie ? Le champ reste ouvert

aux hypothèses. La sociologie naît en ce moment ;
nous croyons mieux servir la science nouvelle en signalant ce problème qu'en le déclarant prématurément
résolu.

Quant à la forme de ces sociétés, elle semble suffisamment justifiée par l'absence de raisons qui en déter-
mineraient une autre. Les Synamibes et les Volvox
sont sphériques parce que les cellules qui les composent se disposent ainsi nécessairement dans leur fractionnement successif. Et si chacune de ces cellules
s'étoile, c'est en se pressant comme cela est inévitable
contre ses voisines. Les grains de raisin serrés l'un
contre l'autre sur une grappe bien fournie prennent
la même apparence. Mais pourquoi les Vorticelles ont-
ils adopté la forme rameuse ? Peut-être en verrons-
nous une raison suffisante dans ce fait que les individus
de cette famille sont pourvus d'une bouche et d'un
anus, vivent de proie, et ont par conséquent une activité
nutritive assez intense, ce qui les force à être quelque
peu éloignés les uns des autres. De là la naissance du
pédoncule. Chez les Synamibes, au contraire, et les
Volvox, les individus se nourrissent par imbibition et
ne se nuisent pas par leur proximité.

§ 2. *Sociétés de nutrition présentant une communication vasculaire. — A. Les Polypes.* — Nous voici
donc en présence d'une première sorte d'individus
composés. Si nous supposons que ces individus s'a-
grégent à leur tour et forment un tout permanent, nous
concevrons la possibilité d'une individualité d'espèce
nouvelle, à savoir composée d'individus déjà composés,

bref, d'un second degré de composition sociale. Tel est,
en effet, le mode d'association réalisé par les Polypes.

La loi posée par Dujardin s'applique encore à ce
groupe d'animaux agrégés. Ils naissent tels, et leur ex-
pansion la plus large a toujours pour point de départ
non des animaux multiples qui se seraient agglomérés,
mais un seul germe (larve née d'un œuf ou bourgeon)
qui s'est accru de proche en proche. Cette loi est de la
plus haute importance ; nous la verrons se traduire en
une loi analogue dans l'étude des faits de reproduction.

Entre les Infusoires et les Polypes, entre les sociétés
du premier et celles du second degré de composition,
il n'y a pas de transition à signaler parmi les animaux
complétement développés. Seuls les spongiaires semblent en offrir une ; mais leur développement étant
encore mal connu (1), nous nous bornerons à les mentionner. Il faut donc recourir aux formes larvaires des
polypes pour trouver le passage exigé par le principe
de continuité. Qu'une cavité se creuse dans la syna-
mibe, qu'une ouverture se fasse à l'une de ses extrémités, que l'outre ainsi formée prenne une forme
ovale et se fixe par l'extrémité opposée à l'ouverture ;
qu'enfin des cils naissent à la surface des cellules
internes, nous obtenons le polype simple. Il ne nous
restera plus pour concevoir la forme typique des
polypes agrégés qu'à imaginer que le premier polype
se scinde à demi en deux parties dont chacune s'ouvre
sur une cavité commune (2). Le procédé différent du

____

(1) *Revue des cours scientifiques*, 3 juillet 1875.
(2) Milne Edwards, *Coralliaires*, vol. I, p. 14.

bourgeonnement aboutit au même résultat. La seconde forme d'association est donc constituée par l'agrégation d'individus composés, qui sont unis non seulement par la juxtaposition de leurs éléments et la soudure de leurs tissus, mais encore par l'abouchement permanent de leurs cavités. Le vrai lien social est ici par conséquent le liquide qui va de l'un à l'autre, chargé d'éléments organiques ou cellules à l'état libre, dont la fonction est d'accroître et de renouveler sans cesse les éléments de chaque individu composé (1).

Dans aucun des trois ordres déterminés par M. Milne Edwards, Acalèphes, Zoanthaires et Coralliaires, quel que soit le nombre des polypes, quelle que soit la forme des polypiers, il n'est dérogé à ce principe. Nous ne nous étendrons pas sur les différentes modifications du type essentiel ; elles sont suffisamment connues ; c'est là, du reste, une tâche qui appartient à la biologie. Contentons-nous de déterminer la signification sociologique des matériaux que cette science nous livre.

Si nous cherchons d'abord quelle est de toutes ces sociétés de même ordre la plus parfaite, nous verrons

(1) « Supposons qu'à un moment donné de la croissance d'un polype primitivement simple, deux centres d'activité vitale viennent à s'établir l'un à côté de l'autre au milieu du disque tentaculifère et continuent à déployer parallèlement des forces égales : l'individu primitivement unique sera bientôt partagé en deux moitiés tout à fait semblables entre elles. Chacune de ces portions tendra à se compléter comme individu, et si elles se séparaient elles constitueraient deux polypes complétement distincts ; mais la séparation ne se fait jamais chez les coralliaires suivant toute la longueur de l'animal, et la fissiparité donne toujours lieu à un coralliaire composé dont les divers polypes sont réunis au moins par la base et ont un pied commun. » (M. Edwards, *Corall.*, I, p. 75.)

du premier coup d'œil que les éponges doivent être
placées au dernier rang, quel que puisse être d'ailleurs
le résultat des investigations dont elles sont maintenant
l'objet. Les polypes qui les composent ressemblent aux
infusoires pour la pauvreté de leur organisation et la
transparence de leurs tissus. Aucune autre division du
travail ne s'observe dans leur groupement que celle
qui s'établit entre les parties munies de cils ; les unes
attirent l'eau de mer dans les pores de l'éponge, les autres l'en expulsent, sans que du reste les courants
aient rien de régulier. La circulation qui s'ensuit est,
comme on le voit, assez étrange ; ce n'est pas celle
d'un liquide propre à l'animal, préparé dans ses cavités et contenu par elles ; c'est celle d'un liquide
étranger et elle n'a pas d'autre but que d'amener les
aliments à la portée des membres de la colonie. En
somme, l'unité collective est problématique parce
que les individualités partielles sont à peine définies :
on pourrait discuter longtemps sur la question de savoir si cette unité est individuelle ou non, sans aboutir
à aucun résultat. Il en est tout autrement des Acalèphes sociaux dont le Physophore sera pour nous le
type. Celui-ci présente une division du travail assez
notable. Les colonies qu'il compose sont formées de
trois sortes de parties distinctes ; les unes qui se
nourrissent, les autres qui attaquent, les autres enfin
qui propagent l'espèce, celles-ci doubles déjà. De
plus le ruban auquel ces diverses parties sont attachées est le siége d'une circulation à laquelle les fils
individuels participent, et la colonie tout entière est
suspendue au sein des eaux par l'action d'une outre

gonflée d'air située en tête de la rangée, tandis que des cloches natatoires lui servent à se diriger. Chez les Prayas, cette division du travail vraiment remarquable est encore soumise à une organisation plus parfaite ; les fils reproducteurs et les fils urticants, au lieu d'être disséminés sur le ruban principal, se trouvent joints aux individus nourriciers et sont placés en quelque sorte sous leur dépendance ; chaque groupe enfin a sa vessie natatoire et s'abrite sous une plaque protectrice spéciale. Ce sont là des caractères assez relevés. Les coralliaires cependant, surtout les coralliaires à polypier (Sclérodermes, M. Edwards), bien que fixés au sol et n'offrant qu'une seule espèce d'individus sans organes sexuels extérieurs, soutiennent la comparaison grâce à trois avantages considérables : 1° le support pierreux qui les protége ; 2° l'aspect défini de leurs éléments histologiques ; 3° et surtout la haute organisation de leur système circulatoire. Le corail algérien ne nous paraît pas avoir de rivaux sous ce rapport dans l'ordre des polypes tout entier, du moins parmi les polypes sociaux. Chez les seuls Alcyonnaires en effet (dont le corail fait partie), se rencontre cette tunique de vaisseaux réguliers environnant l'arbre pierreux et servant à son développement en même temps qu'à la circulation générale, et ce lacis capillaire de petits vaisseaux irréguliers dont les branches, se répandant partout dans la substance du tissu mou, y vont porter de toutes parts le fluide nourricier.

Insistons ici sur deux considérations qui, comme on va le voir, ont une portée assez étendue.

On regarde trop souvent la faculté de se mouvoir

librement comme conférant à ceux qui en sont doués
une supériorité décisive sur ceux qui en sont dépourvus. Un des plus curieux exemples de cette opinion
se rencontre dans les ouvrages de M. Paul de Jou-
vencel. Racontant le développement de l'éponge, il ne
peut constater qu'elle se fixe après avoir voyagé, sans
se sentir pris de pitié pour elle. « Cette destinée des
spongiaires, dit-il, inspire une sorte de terreur. En
eux les choses marchent à rebours. A peine l'être doué
de mouvement a-t-il manifesté la supériorité de son
type animal qu'une catastrophe subite le frappe d'immobilité ; et aussitôt ce corps est en proie à un travail
de dégradation proportionnel à son développement. Il
retombe bien au-dessous de la plante. Il ressemble à
un paquet de filasse embrouillée, reste de la décom-
position d'un végétal mort. Dans sa chute qui se
continue il descend encore plus bas ; il tend à devenir
pierre, il s'incruste de chaux, de silice pas même cris-
tallisée. C'est effrayant ! » Apparemment le sort du
corail n'inspirerait pas à l'auteur d'autres sentiments
que celui de l'éponge. Et pourtant ni l'un ni l'autre ne
méritent tant de pitié. Il est vrai que la perfection
vitale semble en raison directe du mouvement déployé ;
mais le mouvement est susceptible d'applications
diverses, et la seule manière de l'exercer n'est pas le
changement de lieu. Un organisme sédentaire peut
dépenser autant de mouvement qu'un organisme mobile. Seulement, dans ce cas, le mouvement sera interne
et l'organisation gagnera ce que la faculté locomotrice
aura perdu. Les êtres sociaux surtout ne paraissent
pouvoir que difficilement se constituer hors des condi-

tions de la vie sédentaire. Il y a précisément dans la formation d'un tout social un travail d'organisation qui attire à l'intérieur toutes les forces de la masse agrégée et ne souffre pas qu'aucune partie en soit distraite pour tout ce qui n'est pas directement nécessaire à cette formation. C'est du moins ce qui arrive pour la plupart des polypes. On ne sait pas encore les lois de cette transformation des mouvements, mais le fait même ne paraît pas douteux. Il suffit pour nous autoriser à regarder les Coralliaires, bien que fixés, comme supérieurs aux Acalèphes flottants. Si l'on veut apprécier d'ailleurs ce principe d'après lequel une colonie sédentaire serait inférieure dans tous les cas à une colonie errante, on n'a qu'à le transporter des sociétés animales rudimentaires aux sociétés humaines : est-ce que les tribus voyageuses qui parcourent de vastes territoires de chasse sont supérieures par ce fait seul aux populations fixées ?

Il est un autre point sur lequel une méprise est à redouter au sujet de l'économie organique des coralliaires. Le critérium de la perfection vitale accepté généralement par les physiologistes anglais c'est le degré où a été poussée dans chaque être la division du travail ou la spécialisation des fonctions. M. Spencer lui-même a cru d'abord que ce fait était le fait essentiel de toute évolution vitale (1). A ce titre les Acalèphes et le Physophore en particulier devraient être placés assez haut dans l'échelle des sociétés, car, au témoignage de Hœckel, ils offrent « une division du

____

(1) *Premiers principes*, trad. Cazelles, p. 359.

travail réellement prodigieuse. » Mais ce passage du simple au composé ne résume pas à lui seul le progrès vital. M. Spencer l'a compris en y réfléchissant davantage, et à cette première condition il en a ajouté une seconde qu'il appelle le passage d'une homogénéité indéfinie, incohérente, à une hétérogénéité définie, cohérente. En d'autres termes la cohésion, l'unité, la concentration organique lui paraissent devoir accompagner la différenciation des parties. L'exemple présent est une preuve de la nécessité de cette correction. Supposons que le Physophore ait encore des parties plus hautement différenciées, si ces parties restent presque indépendantes les unes des autres, si l'organe spécial chargé d'en rapporter l'action à une fin unique reste le siége d'une activité faible, l'unité de l'ensemble sera mal définie et la société entière vivra d'une vie dispersive, incohérente. Le coralliaire au contraire est constitué essentiellement par un arbre solide, enveloppé d'un tissu qui le fabrique ; ce tissu est le siége d'une circulation active et les polypes particuliers y prennent naissance. « A côté de la vie propre individuelle des polypes, il en est une autre, indépendante de l'individualité de chaque habitant de la colonie, et qui appartient à tout le zoanthodème qu'on peut regarder alors comme un seul être… Comment ne pas voir que l'individu isolé perd ses droits devant ceux de la communauté, quand il lui a fourni sa part d'action (1) ? » Là est à notre avis la supériorité des coralliaires, et particulièrement des Alcyonnaires sur les

____

(1) M. Lacaze Duthiers, *Le Corail*, p. 81.

Acalèphes. On peut dire il est vrai qu'elle n'est obtenue que par une différenciation nouvelle ; mais le point sur lequel porte la division du travail n'est pas indifférent. Eût-il porté sur les individus comme chez le physophore, le résultat social eût été mince. C'est parce qu'il porte ici sur l'organe central qu'il place la société à un échelon supérieur. Et si l'on y regarde de près, on verra que cet organe composé, non de polypes eux-mêmes composés, mais de cellules simples, d'éléments histologiques directement agrégés en une masse continue, est en un sens un individu lui aussi, auquel les autres sont subordonnés, puisque leur vie dépend de lui plus que la sienne ne dépend de chacun d'eux. En effet le zoanthodème peut se passer d'un nombre considérable de polypes ; aucun polype ne peut se passer du zoanthodème duquel ils reçoivent le liquide nourricier. Et l'individualité de la société tout entière est précisément en raison directe de celle de l'organe central qui la représente, j'allais dire qui la personnifie. En sorte que ce qu'il faut considérer, si l'on veut apprécier ici le degré de perfection vitale (ou le degré de perfection sociale), c'est moins la somme de la division du travail que le sens, la direction de cette division. Il y a une complexité organique qui est une déchéance, il y en a une autre qui est un progrès. Disons donc que si le corail est intéressant à considérer comme société, c'est qu'il offre une délégation ou concentration du travail vital pour l'accomplissement d'une fonction essentielle à la vie, et qu'il présente ainsi les premiers linéaments de l'individualité collective. Si nous suivions cette délégation du travail vital dans toute l'étendue du domaine sociologique, nous le verrions s'accentuer à mesure qu'on monte dans l'échelle des sociétés. Son dernier terme dans l'ordre des sociétés que nous étudions en ce moment, à savoir les sociétés de nutrition, c'est le cerveau des mammifères supérieurs.

Nous avons dû accorder quelque attention à la forme des sociétés d'infusoires; la forme des polypiers en mérite beaucoup moins. C'est ici la fonction exercée en commun qui peut donner lieu à une classification des communautés, non la forme revêtue par elles. La forme dépend du mode. de multiplication (1). « Les différences, dit M. Milne Edwards, qui existent entre les deux modes de multiplication (fissiparité et bourgeonnement), se trouvent en quelque sorte traduites d'une manière générale dans l'aspect des polypiers composés qu'ils produisent. » Laissant donc de côté. leur forme, qui a été supérieurement étudiée suivant ce principe par le naturaliste que nous venons de citer, et ne considérant que la fonction centralisante, nous pouvons à ce point de vue les réunir tous en une seule famille ; car la fonction qui les unit, la même chez tous, n'offre de l'une à l'autre société que des différences de degré quant à la perfection de son économie.

B. *Les Molluscoïdes.* — Les Bryozoaires et les Tuniciers nous semblent appartenir au même groupe social que les polypes, bien qu'une partie d'entre les Tuniciers offre, avec des arrangements spéciaux, le

(1) M. Milne Edwards, *Coralliaires,* p. 77.

plus haut degré de complication dont ce type de société soit susceptible. Le lien commun qui unit les individus partiels est encore la circulation vasculaire, c'est-à-dire la communication de cavités où circule un même liquide nourricier. Ici encore, sauf le cas que nous venons de signaler, la composition sociale existe à deux degrés ; elle comprend premièrement les éléments histologiques réunis en touts jusqu'à un certain point distincts, auxquels la fonction de digestion est dévolue, secondement ces touts eux-mêmes, réunis en un ensemble organique plus vaste auquel est déléguée la fonction circulatoire. Comme chez les polypes, c'est l'agrégation qui est la règle et l'isolement l'exception. Il faut remarquer enfin que comme chez les polypes qui donnent naissance aux méduses libres, certains molluscoïdes (les Salpes, par exemple) ne vivent en société que pendant un temps, puis se dispersent pour se reproduire sous la forme sexuée. Cette interruption de la société qui est, nous l'avons vu, normale chez les infusoires agrégés, ne se présentera plus désormais dans toute la série que nous parcourons en ce moment, c'est-à-dire dans les sociétés dont le lien est la fonction de nutrition, et qui sont unies par la continuité des tissus et des cavités. A mesure qu'on monte dans l'échelle, la cohésion des individus est plus forte parce que la part de travail organique déléguée est plus considérable.

Chez les Bryozoaires les individus partiels sont plus parfaits que ceux du polypier. L'économie de leurs sociétés doit donc être plus parfaite aussi, si la loi posée par M. Spencer est vraie, à savoir « que la

nature de l'agrégat est déterminée par les caractères
des unités qui les composent. » Et en effet deux caractères distinguent cet agrégat : 1° la dépendance des
mouvements des parties par rapport à ce qu'on pourrait
appeler métaphoriquement la volonté totale de l'animal composé ; 2° la régularité de la circulation. La
Flustra avicularia porte, comme son nom le rappelle,
des appendices qui accompagnent chaque individu,
mais dont le mouvement ne dépend que de la colonie.
« Je n'ai pas le moindre doute, dit Darwin dans son
Voyage (1), que dans toutes leurs fonctions ces appendices ne soient plutôt liés à l'ensemble des branches
qu'aux polypes qui occupent les cellules. Chacune des
têtes de vautour se meut d'ordinaire indépendamment
des autres ; mais quelquefois celles d'un côté seulement
se meuvent successivement chacune après sa voisine. »
Et Dumortier (2) décrit ainsi les mouvements du sang
chez les mêmes animaux : « En examinant au microscope un Bryozoaire bien développé, on voit le sang
monter dans la cavité individuelle, se porter vers les
bras et redescendre de l'autre côté, tandis qu'une partie entrè dans les bras, s'y met en contact avec le système respiratoire, s'y oxigène et redescend ensuite
dans le torrent de la circulation. » M. Lacaze Duthiers
qui a observé si minutieusement le corail n'y a rien
découvert de semblable.

Les Tuniciers agrégés offrent à la Sociologie un
sujet d'étude des plus intéressants, mais difficile. Les

(1) Page 217.
(2) *Bulletin de l'Académie de Bruxelles*, tôme II, p. 435, cité d'après
M. Milne Edwards.

Salpes sont généralement connues ; les Synascidies le sont moins. On ne se représente pas sans peine ces animaux quand on ne les a jamais vus et les figures en donnent une insuffisante idée. Disons seulement qu'ils sont constitués par une enveloppe plus ou moins dure en forme de cône plus ou moins allongé, sur laquelle se dressent de petits cylindres en nombre variable percés de bouches en collerettes, et dans laquelle s'ouvrent un ou plusieurs orifices excréteurs servant à toute la colonie. Les Botrylles paraissent être les plus parfaits des Synascidies (1).

Ces sociétés se forment par épigénèse ; c'est-à-dire que leur accroissement est successif à partir d'une larve qui se fixe tôt et croît rapidement. Quelques observateurs avaient même cru voir les rudiments des animaux composants jusque dans l'œuf, sous forme radiée. Les choses ne se passent pas ainsi. Quand le bourgeonnement commence dès l'œuf, les individus qui naissent ainsi, au lieu d'être également développés, accusent par l'inégalité de leur croissance leur apparition successive. Un premier animal en produit immédiatement deux autres par bourgeonnement direct, puis le phénomène se répète pour chacun d'eux, mais d'un seul côté, en même temps que se développe la membrane commune. Dans la cavité circonscrite par cette membrane chacun des individus composants envoie un tube excréteur ; des canaux entrecroisés les unissent et sont le siége d'une circulation oscillatoire c'est-à-dire suivant alternativement l'un et l'autre

---

(1) La thèse de M. Giard et ses très obligeantes communications ont été nos guides dans cette partie de notre tâche (thèse de 1872).

sens. Tantôt les individus composants sont nombreux et irrégulièrement disposés, tantôt ils le sont moins et se placent alors régulièrement ; mais quelle que soit l'abondance et la direction de cette prolifération gemmipare, elle a toujours lieu dans le même ordre successif par épigénèse. Il est exceptionnel (si même cela arrive jamais), que des individus nés de larves se rencontrent dans un système. Ceux donc qui sont ainsi conjugués tiennent pour ainsi dire à une seule souche mère et n'ont jamais cessé d'y être attachés. C'est leur naissance qui les appelle à la vie sociale. Cela est important à remarquer, d'abord parce que cela établit nettement la parenté des Synascidies avec les sociétés que nous appelons de Nutrition, ensuite parce que c'est l'application d'une loi que nous formulerons plus tard (1).

Les individus composants une fois nés, l'individu composé n'est encore qu'en puissance ; il faut qu'il soit leur œuvre. Ils commencent donc la plupart du temps par s'unir, en soudant leurs parties similaires ; puis comme en certains points de l'enveloppe commune une ou deux ouvertures cloacales ont dû se former, ils semblent subir une sorte d'attraction de ce côté, et les plus voisins ne tardent pas à envoyer vers ses bords des languettes anales convergentes, munies de filets nerveux. L'ensemble ainsi formé a reçu le nom de *Cormus*.

Voici comment se développe et s'achève l'individualité centrale ainsi constituée. Les animaux composants

____

(1) Voir notre conclusion.

ont déjà, on l'a vu, en commun, la circulation et la station, mais une série de besoins collectifs va faire surgir des organes collectifs correspondants. Pour parer au danger d'être déchirée ou arrachée de son support la membrane commune se durcit au moyen de spicules. Mais cette armure protectrice a l'inconvénient d'empêcher les mouvements du cloaque ; les détritus ne peuvent donc pas être toujours facilement expulsés, surtout quand un accident a changé la colonie de situation. De plus les parasites assiégent la cavité ainsi ouverte. Le seul recours qu'aient les Synascidies à peau dure contre ce dernier danger consiste à rétrécir l'ouverture cloacale ; mais ce remède contre un mal ne fait qu'empirer l'autre. Un autre type d'association avait plus de chances de succès. Dans celui-ci l'enveloppe reste flexible ; seulement les individus se rapprochent de l'orifice excréteur. En se rapprochant, ils doivent nécessairement diminuer de nombre, à mesure que le cercle se restreint. Par cela même leur disposition devient plus régulière. C'est ainsi que se forme l'étoile des Botrylles. Ainsi rapprochés, ils envoient au centre des filaments nerveux et des fibres musculaires plus énergiques ; en sorte que non seulement le cloaque est doué de mouvements plus forts pour l'excrétion et peut se fermer dès qu'il n'est plus nécessaire qu'il soit ouvert, mais qu'encore il devient sensible au toucher et de plus capable de communiquer l'impression à tous les membres du système. Si donc un parasite tente l'entrée, le moindre attouchement entraîne l'occlusion de toutes les ouvertures. En fait, les Botrylles sont les moins infestés de ces hôtes dangereux. Nous obser-

vons ici, porté à un plus haut degré, le processus que
nous avons observé chez les coralliaires. Un appareil
central se forme non pas seulement par division, mais
par délégation du travail organique. Ici plus encore que
dans tous les cas étudiés antérieurement, la solidarité
des éléments sociaux s'établit par leur incorporation
en un représentant central qui prend tous les caractères
d'un individu.

Qu'on juge, en effet, combien en présence de tels
phénomènes nos distinctions verbales deviennent
flottantes ! Les individus composants, réduits à un rôle
surbordonné par rapport au cormus, mis dans l'impossibilité de vivre sans le cloaque central auquel ils sont
intimement unis plus encore par les nécessités fonctionnelles que par leur adhésion organique, prennent
l'aspect de simples organes. Et d'autre part, le cloaque
qui n'était qu'un organe collectif, environné maintenant d'un appareil nerveux qui commande le mouvement à toute la communauté, revêt l'aspect d'un individu, mais d'un individu dont les animaux composants
ne seraient que les parties. Supposons que l'organisation dont nous sommes ici témoins se fasse non plus
autour d'un cloaque, mais autour d'une bouche, et
nous comprendrons comment une société de nutrition
devient un individu unique dans le sens ordinaire du
mot. C'est ce que nous verrons tout à l'heure dans un
autre ordre de sociétés.

Chez les Synascidies le processus sociogénique ne va
pas plus loin. Les systèmes étoilés qui ont reçu le nom
de *Cœnobiums* envoient des stolons à quelque distance
et ceux-ci forment des cœnobiums nouveaux soumis à

la même loi de naissance épigénétique. Les différents cloaques du Cormus ainsi formé cherchent bien à se réunir par des canaux comme cela a lieu chez les Botrylloïdes, mais nul centre d'attraction ne surgit pour coordonner ces différents systèmes.

Telles sont les circonstances sous l'empire desquelles l'unité collective des synascidies se constitue et se confirme. Les mêmes circonstances ou du moins des circonstances nuisibles comme celles-là, mais à un plus haut degré, la désagrégent. Si, en effet, l'on plonge un cormus dans la liqueur d'Owen, les animalcules se disjoignent. De même si des communautés s'établissent sur des algues frêles vivement agitées par les flots, l'excès de l'agitation devient enfin nuisible et empêche comme chez les Circinalium la cohésion, d'abord des cœnobiums, puis des individus eux-mêmes. Cependant cette même agitation modérée exerce sur les Botrylles une sélection progressive. On peut donc dire que l'hostilité du milieu poussée jusqu'à un certain degré favorise la cohésion sociale en suscitant des efforts convergents plus énergiques, mais qu'elle a, au delà de ce degré, des effets destructeurs.

Jusqu'à quel point l'intelligence intervient-elle dans la formation de ces sociétés? Que la forme des cœnobiums et des cormus soit le résultat du mode de bourgeonnement des individus composants, c'est ce qui n'est vrai que partiellement, car, comme on vient de le voir, la nature du lien social dépend à la fois des circonstances extérieures et des améliorations inventées en quelque sorte par les animaux sous la pression de ces circonstances. La nécessité qui les détermine ici serait donc une nécessité sentie, acceptée, non plus extérieure ou mécanique, mais intérieure ou psychique. Il est aussi difficile de nier le caractère psychique de ces phénomènes que de l'établir. D'une part, en effet, un système nerveux aussi rudimentaire ne peut être l'instrument de combinaisons bien variées ; d'autre part, la présence même d'un rudiment de système nerveux permet d'admettre l'existence d'une pensée correspondante, si humble qu'elle soit. La question se réduirait, si l'on s'en tenait à cette seconde hypothèse, à savoir si la pensée a besoin d'être réfléchie pour adapter les mouvements aux sollicitations des circonstances. Car évidemment, dans le Botrylle, elle n'est pas réfléchie. Nous serions portés à répondre par l'affirmative. Quand on se promène au bord de la mer à marée basse, il arrive que le pied fasse jaillir entre les rochers des fusées d'eau de mer en pressant sur des corps mous. Ce sont des actinies qui, en prévision du long temps pendant lequel elles sont exposées à l'air et au soleil, se sont pourvues d'une certaine quantité de liquide. Comment expliquer ce fait de prévision sans une certaine intelligence immanente préexistant même à toute trace de système nerveux ? Nous ne pouvons nous empêcher de croire, sans obliger personne à partager notre croyance, puisque nous manquons de preuves, que la concentration des ascidies en un individu collectif est un fait d'intelligence du même ordre, quoique déjà supérieur.

C. *Les Vers.* — Revenons à la structure essentielle du Polype : il est constitué, avons-nous dit, par une poche formée d'éléments anatomiques juxtaposés, et offrant une ou deux ouvertures. Nous avons vu les polypes et les molluscoïdes qui sont construits sur ce type s'agréger pour former des sociétés permanentes dont les cavités communiquent. Mais tandis que ces sociétés se forment et subissent dans leur évolution une différenciation et une coordination progressives, les individus qui les composent subissent des modifications semblables, c'est-à-dire que leurs éléments histologiques cellulaires se distinguent les uns des autres et se groupent entre eux suivant les mêmes lois. C'est ce qui a lieu chez les Echinodermes et les Mollusques. On n'est plus fondé à nous objecter maintenant que les parties constitutives des Mollusques et des Echinodermes ne sont pas des individus, mais des organes. Car nous savons que l'organe et l'individu ne sont que deux degrés d'une même puissance. Un organe est un groupe d'éléments histologiques suffisamment différenciés accomplissant une seule fonction ; quand cette fonction est celle par laquelle la nutrition commence (préhension et ingestion des aliments), nous sommes portés à donner le nom d'individu au groupe qui l'exerce ; nous nous prenons, nous et les mammifères supérieurs, comme types absolus et jugeons de ce que nous sommes des individus céphalés que tout ce qui a une tête est individuel. Mais nous avons vu le rôle d'individu, c'est-à-dire d'organisme central et directeur, dévolu à des groupes vitaux tout différents, particulièrement chez les Ascidies ; en sorte que notre appréciation de l'individualité est devenue beaucoup plus libre. Que si nous jugeons l'individualité d'après les formes, nous avons remarqué que des parties à formes définies, isolées, comme les organes urticants et les organes reproducteurs des physophores ne sont pas aussi individuelles qu'elles le paraissent. Nouvelle raison pour nous inviter à un emploi beaucoup plus large de cette dénomination. Nous dirons donc que dans la constitution de l'Echinoderme et du Mollusque, la nature fait absolument le même travail que dans la formation du zoanthodème et du cormus ; d'autant plus que certaines parties de l'échinoderme jouissent d'une existence hautement individuelle ; les rayons de l'étoile des astéries en sont un exemple. La concentration se fait ici autour d'une bouche au lieu de se faire autour d'un cloaque, voilà toute la différence. Nous aurions, par conséquent, à examiner **au** point de vue sociologique, les rapports des divers organes dans l'unité vitale des animaux dont nous venons de parler, si cette étude n'était déjà faite par les biologistes. La physiologie de M. Milne Edwards contient les traits essentiels de ce tableau.

On sait que ces deux classes n'offrent aucun exemple de ce que je voudrais pouvoir appeler un *blastodème*, c'est-à-dire une société deux fois composée, dont la fonction de nutrition est le lien. Des individus du second degré, une fois formés, se suffisent à eux-mêmes pour l'accomplissement de cette fonction; la fonction de reproduction seule les sollicite (et pas universellement) à se rencontrer. Pourquoi un mode de composition organique si fréquent dans les régions inférieures cesse-t-il dès ce moment de se montrer? C'est ce qu'il est difficile de dire avec certitude. On pourrait expliquer cette différence chez les mollusques par la présence des coquilles, qui empêche toute communication vasculaire entre les divers individus. Mais il y a des mollusques nus, et ils ne s'unissent pas de la sorte. Ce qu'il y a de plus vraisemblable à alléguer, c'est que la division du travail organique est poussée dès lors trop loin pour que la fissiparité soit possible, et que les forces vitales, absorbées par ce travail, ne laissent pas assez d'excédant, même pour la gemmiparité. La blastogénèse, en effet, semble être en raison inverse de la perfection organique. Mais ces considérations ne sont pas assez certaines pour servir de fondement à l'explication dont nous avons besoin.

Quoi qu'il en soit, les Entomozoaires sont eux-mêmes des blastodèmes, ou sociétés de nutrition à deux degrés. Tous les articulés sont composés d'anneaux qui sont pourvus d'un certain nombre d'organes essentiels et peuvent, ceux du moins des genres inférieurs, pourvu qu'ils soient groupés en petit nombre, se suffire à eux-mêmes. Chacun de ces anneaux ou groupe d'anneaux a reçu le nom de Zoonite. Mais quand nous parlons d'anneaux nous supposons une chaîne dont ils puissent faire partie. En effet, la forme linéaire est le type morphologique de tout cet embranchement. Examinons les conséquences de ce fait au point de vue de la science sociale. –

Dans une série d'anneaux, il y en a toujours deux qui diffèrent essentiellement des autres par leur position, ce sont les deux extrêmes. Les conditions de leur vie, s'il s'agit d'une chaîne vivante, sont toutes spéciales. D'abord ils sont l'un et l'autre l'une

des extrémités de la cavité commune servant à la
nutrition; à ce titre ils doivent renfermer les organes nécessaires à l'occlusion et à l'ouverture des orifices. L'une des deux, celle par où entre l'aliment,
devra être capable de le saisir, de le saisir de vive
force, si l'aliment est une proie. De plus la même extrémité se trouvant dans la nécessité d'agir en pareil
cas pour toute la communauté devra posséder les appareils nécessaires au discernement des objets et des
circonstances favorables ou défavorables. Ajoutons que
tant qu'il n'existe pas d'organes pour la marche attachés aux anneaux médians, les deux extrêmes doivent
encore pourvoir à cette fonction. Que si l'animal ne
marche pas et demeure fixé, l'appareil protecteur qu'il
sera amené à se construire ne pourra être l'œuvre que
de l'une des mêmes extrémités. Combien seront-elles
toutes deux, mais l'une surtout, plus occupées que les
autres parties du blastodème! Que la nature se soit
chargée de leur donner en une fois les appareils nécessaires à leurs fonctions, ou bien qu'elles aient dû
les acquérir elles-mêmes lentement sous la pression des
circonstances, par accumulation héréditaire, c'est ce
qui ne nous importe que fort indirectement; toujours
est-il qu'elles les ont, et que cela donne à la première,
à celle qui se saisit des aliments, une dignité vitale
bien plus haute qu'aux autres anneaux. En effet sans
elle ceux-ci ne peuvent exister, à moins qu'ils ne la
remplacent en érigeant l'un d'eux à la même dignité.
Ils lui sont subordonnés, et ils ont beau garder par
devers eux un cœur, un cerveau ou ganglion nerveux,
un tube digestif muni de deux orifices distants, il y a

quelque chose qui leur manque, ce sont les fonctions
de préhension et de discernement sans lesquelles ces
organes n'ont qu'une vitalité virtuelle, conditionnelle.
En revanche, sauf en des cas exceptionnels, le premier
anneau ne peut se passer des autres. Il y a donc entre
eux tous une solidarité, un concours étroit, traits caractéristiques de la société. Seulement, ce concours
ne les laisse pas sur un même plan pour ainsi dire,
ils sont solidaires dans et par l'anneau céphalique; et
leur cohésion sociale repose sur la délégation confiée
à l'individu qui en est le symbole, qui en résume en
lui toute l'unité.

Cette solidarité ne détruit pas la distinction des anneaux, elle la suppose au contraire. Plus l'article antérieur sera individuel à l'origine, plus il se prêtera facilement à la spécialisation que sa situation requiert.
Plus les autres seront individuels, eux aussi, plus ils
laisseront le premier à ses fonctions propres, étant euxmêmes plus propres à accomplir les leurs. Il arrivera
nécessairement qu'ils se coaliseront pour atteindre ce
but. Une sorte d'attraction s'exercera dans certains
groupes autour d'un point qui deviendra un centre
d'activité; et il y aura là des délégations partielles.
Mais elles ne feront que mieux assurer l'hégémonie de
la délégation première. De la sorte, des individualités
mieux prononcées s'établiront, loin que celles qui
existaient à l'origine puissent s'affaiblir. Il est vrai que
l'interdépendance croîtra dans toute la chaîne; on ne
pourra plus, dès lors, séparer impunément les différents individus ni même les différents groupes; mais
nous l'avons déjà vu, l'indépendance prise dans le

sens de l'aptitude à l'isolement absolu n'est pas la même chose que l'individualité ; c'en est le caractère inférieur. L'individualité supérieure est riche en fonctions, c'est un foyer d'activité vitale énergique, et par cela même elle soutient des rapports nombreux nécessaires avec d'autres foyers de vie, d'autres individualités. Ce n'est pas une déchéance, c'est un progrès pour un individu de devenir organe par rapport à un tout vivant plus étendu.

La forme linéaire se prête merveilleusement à la vie de relation. Elle est éminemment transitive. Tandis que chez les sociétés polypoïdales l'immobilité est la règle et le mouvement l'exception, c'est le contraire qui a lieu pour les articulés. Au lieu de venir s'éteindre au sein d'une masse sphérique ou rameuse, les impulsions fournies par chaque élément prennent ici une direction déterminée et c'est la première articulation qui est appelée à la tracer. Pour cela il faut qu'elle explore incessamment les localités variées à travers lesquelles l'agitation inquiète de la communauté la pousse. De là une multiplication des sensations et des représentations qui ne peut qu'augmenter encore l'importance du ganglion céphalique. De là, comme on le verra, une signification nouvelle, d'une portée sociale considérable, donnée aux rapports sexuels des êtres de la même espèce et la naissance de tout un ordre nouveau de phènomènes d'agrégation.

La conscience est comme la vie. Ici elle est multiple comme elle, et comme elle ne cesse pas pour cela d'être une. On sait qu'on peut couper en plusieurs morceaux les Annélides et les Helminthes sans abolir la vie des fragments ; mais ce qu'il faut remarquer, c'est que chacun de ces fragments a dès lors une conscience unique, comme l'animal total dont il faisait partie. Si, chez une sangsue, on coupe ou on lie en avant et en arrière d'un ganglion les cordons qui l'unissent avec ses deux voisins, le zoonite de ce ganglion conserve sa sensibilité ; mais on a donné naissance à un animal isolé, placé entre deux animaux multiples : les piqûres que l'on fait éprouver à cet animal ne sont senties que par lui seul. On ne peut démontrer d'une manière plus évidente l'individualité psychique de chaque zoonite. Des expériences analogues ont été faites chez les insectes, sur la Mante par exemple, et ont abouti à des résultats tout aussi frappants. Ainsi à l'état normal, quand l'individu est complet, chaque zoonite est le siége d'une conscience distincte ; mais cela n'empêche pas l'animal entier d'avoir la sienne qui embrasse les consciences partielles en tant qu'elle est composée en grande partie d'impressions que celles-ci lui envoient. Cela est vrai de l'immense quantité des invertébrés ; en sorte qu'il est visible que si l'on regarde la nature dans son ensemble, la conscience morcelée y a plus de place que la conscience qui se croit simple. Mais non seulement l'unité psychique générale n'exclut pas les centres partiels ; elle les suppose : et on peut dire que plus les consciences partielles sont développées, plus les zoonites divers sont capables de sensations et de mouvements propres, plus la conscience directrice est elle-même riche d'attributions, pourvu que le groupement et les relations des consciences partielles s'établissent dans l'ordre convenable.

L'usage du monde extérieur commence à ce degré
d'organisation sociale. Il n'y a pas d'industrie proprement dite chez le polype ; on ne peut donner ce nom
sans confondre les termes à l'acte par lequel les éléments histologiques des Coralliaires, des Bryozoaires
et des Tuniciers se construisent un appui ou un abri
dans l'intimité des tissus ; les seuls actes qui méritent
ce nom sont ceux par lesquels un blastodème édifie
extérieurement quelque portion de matière à son
usage, par un mouvement non chimique, mais mécanique auquel toute la communauté prendpart. Plusieurs annélides (ex.: *Terebella conchilega*) et une
grande quantité de crustacés et d'insectes sont capables d'industrie. Citons seulement les demeures des
Tubicoles. Les autres cas liés pour la plupart à la
fonction de reproduction trouveront leur place dans
les chapitres prochains. Quelle est la quantité d'intelligence qui intervient dans l'acte des tubicoles? Nous
ne possédons pas de mesure qui puisse la déterminer ;
mais à coup sûr elle est notable. Choisir des matériaux convenables, les disposer en leur place suivant
leur forme, c'est là une œuvre qui demande sans
aucun doute du discernement, et beaucoup plus que
la formation des spicules, même si l'on remarque
qu'elle se fait chez le polype en des points et suivant
un ordre déterminé. L'intelligence des annélides tubicoles n'est pas de nature purement réflexe et uniforme
dans ses effets ; des combinaisons multiples s'offrent
inévitablement à ces animaux dans l'exécution de leur
œuvre ; il faut qu'ils décident entre ces diverges représentations ou suggestions : la pensée s'élève ici au-

dessus de la nécessité nue dont elle semblait n'être jusqu'ici que la traduction intérieure.

Là où la blastogénèse s'exerce encore dans l'embranchement des articulés, c'est-à-dire chez les annélides et les helminthes, il ne peut y avoir aucune société entre les différentes parties ainsi produites. Car de deux choses l'une : ou la série d'anneaux produits sera trop étendue et elle se séparera de la souche mère, ou elle pourra continuer à lui rester unie et elle soutiendra avec elle les mêmes relations que les autres séries d'anneaux. C'est le cas de la Myrianide. Jusqu'à leur séparation les zoonites issus du bourgeonnement ressemblent aux autres ; après, ils sont absolument séparés de la mère. Les articulés ne forment donc pas de sociétés à double composition comme les Tuniciers ; c'est-à-dire que chez eux le cœnobium ne s'élève jamais jusqu'au cormus, ou plutôt que les deux restent toujours équivalents.

Chez certaines espèces plusieurs articles se réunissent pour former un zoonite composé et les ganglions de chaque article se soudent en un seul. C'est un fait à remarquer que ces zoonites composés rudimentaires sont détruits par la déchéance parasitaire chez les Helminthes et certains Arthropodes. Le parasitisme est donc contraire à la vie sociale et provoque une désagrégation des parties. Il semble résulter de là que la vie libre, dans un milieu varié, avec l'activité incessante qui en est la condition, soit un des plus puissants aiguillons de la vie sociale. Il ne serait pas bon pour une société d'être dispensée des soins qui entraînent la recherche des aliments et la défense de la vie ; car ce sont ces soins qui provoquent en elle, avec la différenciation et la coordination des organes, le véritable perfectionnement organique.

Nous nous arrêterons aux frontières du règne des Vertébrés, que les entomozoaires annoncent par la symétrie bilatérale de leurs formes et la disposition linéaire de leurs parties. Nous ne voulons pas compromettre les résultats acquis jusqu'ici en essayant de les étendre plus loin. Faut-il considérer le corps des poissons, des reptiles, des oiseaux et des mammifères comme un blastodème métamérique, c'est-à-dire comme une société composée de zoonites très différenciés et très intimement unis, lesquels à leur tour seraient composés d'organes et ceux-ci d'éléments histologiques ou plastides? Nous laissons à la science zoologique le soin de répondre ultérieurement à cette question dont la solution n'est pas mûre. Nous nous bornerons à citer le passage suivant de M. Carpenter sur l'animal qui occupe le dernier degré de l'échelle des vertébrés, l'Amphioxus.

« Un fait, dit M. Carpenter, qui n'est pas d'un médiocre intérêt, c'est que l'axe cranio-spinal qui représente chez les animaux vertébrés le système nerveux des invertébrés... se rencontre dépourvu de tout couronnement chez le plus bas de tous les vertébrés connus, et y suffit à l'exercice de toutes les fonctions, nous voulons parler du curieux *Amphioxus*, petit poisson qui n'offre pas le moindre vestige de cerveau ni de cervelet et chez lequel les ganglions sensoriaux eux-mêmes ainsi que les organes des sens spéciaux sont purement rudimentaires ; *chez lequel, enfin, la moelle épinière se compose d'une série de ganglions véritablement distincts bien que très rapprochés les uns des autres* (1). »

Mais quelque opinion que l'on adopte sur ce sujet, nous n'en avons pas moins le droit de conclure en ce qui concerne les invertébrés qu'ils sont et ceux qu'on appelle des colonies (2), et ceux qu'on appelle des individus, de véritables sociétés. Les colonies sont individuelles comme les animaux qui sont réputés simples ; seulement leur individualité est composée à plusieurs degrés : les animaux simples d'autre part — les infusoires non sociaux exceptés — sont aussi des colonies, seulement leur association est moins complexe et leurs parties composantes sont mieux fondues en une seule unité vitale. Toutes ces sociétés ont cela de commun qu'elles reposent sur la participation de plusieurs groupes d'éléments histologiques à une même circulation ; mais les plus hautes joignent à l'exercice collectif de cette première fonction une solidarité plus étroite, celle du système nerveux, c'est-à-dire des informations et des mouvements. Nous venons de voir s'évanouir peu à peu devant nous le caractère absolu accordé trop souvent à ce terme jusqu'ici mystérieux d'individu ; et nous nous sommes convaincu que sa valeur varie en degré selon la concentration de l'ensemble organique auquel on l'applique. Il désigne un mode de l'existence plutôt qu'un être, une qualité variable plutôt qu'une entité *sui generis* sans plus ni moins. Ce mode,

---

(1) *Principles of human physiology,* 7ᵉ édit., p. 514.

(2) Nous employons ce mot à cause de l'usage fréquent qu'on en a fait ; nous le restreindrons plus tard à sa véritable signification.

celte qualité, c'est la participation de plusieurs éléments
vitaux à une même fonction essentielle ; c'est le concours biologique. On le réserve à tort pour les cas où
ce concours paraît s'opérer dans les mêmes conditions
qu'au sein de notre propre organisme : il y a un individu partout où il y a un groupe d'êtres vivants solidaires ; mais par cela même, partout où il y a un individu, il y a une société. Les cas ne diffèrent que par le
mode de groupement des parties. La conscience qui résulte de ce concours est aussi la même en nature chez la
société et chez l'individu dans tout l'ordre des faits que
nous venons de parcourir. Comme l'individualité, elle
est essentiellement multiple et suppose une pluralité
d'impressions ramenée à l'unité par l'identité du but.
Quant aux lois qui président au développement de
l'une et de l'autre, nous les avons signalées chemin
faisant. Mais les faits étudiés ne sont pas encore assez
nombreux pour que nous puissions dès ce chapitre les
formuler avec certitude ; nous le ferons à la fin de cette
revue, quand notre base expérimentale sera assez
élargie.

Maintenant nous pouvons passer à l'étude des sociétés formées par l'union des individus déjà composés
dont nous venons de retracer la structure. Cette union
qui constitue un degré supérieur d'association se fait
sous l'impulsion de l'attrait sexuel. Elle entraîne encore, comme nous allons le voir, dès qu'elle atteint
ses conditions normales, une communication des cavités, cette fois momentanée, entre les parents. Mais
la fonction sur laquelle elle ne cesse pas de reposer se
subordonne, à mesure qu'on monte dans l'échelle, à

d'autres fonctions de nature plus relevée, en sorte
que l'association familiale finit par entraîner la réciprocité d'action des cerveaux, de même que la société de
nutrition finit par entraîner la solidarité des centres
nerveux partiels.

Nous devons cependant, avant d'aborder cette étude,
signaler un passage préparé par la nature entre le premier groupe de faits et le second. Quelques-uns des organismes passés en revue dans le présent chapitre ont
l'étonnante faculté de s'unir après avoir vécu séparés
et forment une société de nutrition sans être nés sur la
même souche. C'est là l'exception que nous avons signalée tout d'abord à la loi de Dujardin. Ainsi les infusoires s'incorporent pour ainsi dire les uns dans les
autres, « au point, disent MM. Claparède et Lachman,
que la cavité du corps de l'un des individus communique directement avec celle de l'autre et qu'il n'y a
plus, en réalité, qu'une seule cavité (1). » A ce moment, ils ne forment plus qu'un seul animal, du moins
Kœlliker assure qu'il a suivi l'embrassement de deux
infusoires jusqu'au moment où ils n'ont plus été qu'un
seul individu, plus gros du double que ses deux composants. On appelle ce phénomène Conjugaison ou Zygose.
La zygose n'est point fortuite ; elle est bien volontaire,
car deux individus portés sur un pédoncule doivent
quelquefois prendre une position tout à fait anor-
male pour l'exécuter, et ne l'exécutent pas moins (2).
Les Vorticelles qui sont, comme on l'a vu, pédonculées,

(1) Deuxième mémoire, p. 225.
(2) Loc. cit., p. 229.

ont été de la part de MM. Claparède et Lachman le sujet d'observations très précises qui ne laissent pas le moindre doute sur le caractère volontaire de ce phénomène. Chez elles, quand la conjugaison est achevée, le zygozoïte se détache et jouit d'une existence indépendante. Quelquefois ce n'est pas seulement deux individus qui s'accouplent ainsi, mais trois, quatre, et même sept ! Un phénomène analogue s'observe chez les polypes. On rencontre des soudures d'abord entre deux branches d'un même polypier, ensuite entre deux polypiers de la même espèce. Il y a lutte pour l'existence entre deux zoanthodèmes d'espèces différentes, l'une ou l'autre doit périr. Il n'en est plus de même entre deux zoanthodèmes spécifiquement semblables. « Quand deux zoanthodèmes de corail viennent à se rencontrer, dit M. Lacaze Duthiers, ils se soudent et se confondent absolument comme le font les branches d'un même individu. Il y a greffe par approche comme dans un végétal. » M. Giard a enfin signalé le même fait chez les synascidies et il y a trouvé un sûr moyen de reconnaître les espèces, car deux synascidies d'espèces différentes vivent côte à côte sans que leurs tissus se soudent ni que leurs cavités s'abouchent. Ce même observateur a donné à un tel phénomène le nom de concrescence : il tend à lui accorder une importance considérable, puisqu'il remarque que chez le *Cirinalium concrescens*, quand plusieurs oozoïtes de la forme simple se fixent côte à côte, et se soudent en grandissant, leur union forme un cœnobium et constitue une espèce nouvelle d'ascidies sociales. Cependant il ne semble pas que ce fait ait une si grande importance, puisque

en somme M. Giard lui-même le déclare exceptionnel
et maintient la loi générale suivant laquelle le cormus
est formé par épigénèse. Au delà des Ascidies, ni chez
les Mollusques, ni chez les Entomozoaires, on ne le
retrouve. Nous ne verrons donc dans ce fait de la zygose ou concrescence qu'un fait, sinon anormal, du
moins accidentel. Quelle en est la signification ? Il
semble qu'il doive être rapproché de l'union sexuelle,
dont il serait comme la première annonce dans les régions inférieures du règne animal. Mais nous ne serons
pas plus affirmatif à ce sujet que MM. Claparède et
Lachman (1). Il faudrait savoir quels sont les effets de
la greffe par approche chez les coralliaires pour émettre
là-dessus une opinion mieux fondée. Si elle avait pour
résultat de communiquer aux rameaux ainsi confondus
une vitalité plus énergique, et préludait à leur multiplication, les conjectures que Cohn, que MM. Claparède
et Lachman ne sont pas loin d'adopter, revêtiraient
plus de vraisemblance. Il ne paraît pas que des observations aient été faites en ce sens par MM. Milne
Edwards et Lacaze Duthiers.

Si cette conjecture était acceptée, la zygose et la
concrescence, première application de la grande loi
d'attraction du même au même, nous conduiraient
naturellement à l'union sexuelle. Elles seraient un
intermédiaire excellent entre les sociétés de nutrition

____

(1) La question a été tranchée en ce sens même par les observations de
MM. Dallinger et Drysdale, rapportées par Huxley. (*Revue scientifique*
du 8 juillet 1876, p. 30.) Deux *Heteromita* se sont accouplées, confondues,
n'ont formé qu'une seule masse, de laquelle sont sorties des particules
vivantes extrêmement petites. On a suivi le développement de ces particules : c'étaient de jeunes heteromita.

et les sociétés de reproduction. Quelque hypothétique que soit encore cet ordre, nous demandons qu'on nous le concède en faveur du principe cartésien : supposer même de l'ordre entre les objets qui ne se précèdent point nécessairement les uns les autres.

CHAPITRE III

De la Famille : Société conjugale.

Sociétés qui ont pour but la reproduction ; trait distinctif en opposition avec les sociétés du groupe précédent. Trois phases de la société domestique : les sociétés conjugale, maternelle. paternelle. — De la société conjugale. Origine des sexes ; point de vue physiologique, attrait sexuel ; point de vue psychologique. Etude de cinq classes de phénomènes esthétiques destinés à assurer la société conjugale chez les animaux ; nature du couple ainsi formé ; des combats de noces. Insuffisance de ces phénomènes à expliquer la société domestique.

Soient deux animaux formés chacun par une société d'éléments histologiques groupés en organes ; si ces deux animaux sont de sexes différents et s'unissent, leur union constitue une société d'un degré supérieur. C'est cette société que nous allons étudier. Elle se distingue de la précédente en ce que la contiguïté des tissus et l'abouchement des cavités sont momentanés au lieu d'être permanents, première différence ; mais surtout en ce que les êtres ainsi rapprochés ont commencé par être indépendants, seconde différence plus importante encore. Car, tandis qu'il n'est besoin de chercher aucune raison qui explique l'adhérence des polypes à la souche où ils ont crû, il en faudra trouver une pour expliquer la jonction de deux individus de sexe différent. Et comme cette raison ne peut résider qu'en chacun d'eux et implique dans chacun d'eux la connaissance et le discernement de l'autre, la société qu'ils forment se trouve ainsi reposer sur une représentation, c'est-à-dire sur une pensée : elle est psychique en même temps qu'organique. Mais dans la plupart des cas une autre union aura été possible; et il faudra expliquer pourquoi l'un des deux sexes s'est uni à tel individu plutôt qu'à tel autre. La société nouvelle devra être considérée à ce titre, non plus comme native et nécessaire, mais comme élective, puisqu'elle sera née d'un choix réciproque. Enfin si, comme cela arrive souvent, les individus réunis par l'attrait sexuel restent unis par le désir commun d'élever leur progéniture, ou si seulement l'un des deux parents garde avec lui les jeunes, la société domestique ainsi accrue durera et se perpétuera pendant un temps plus ou moins long sans que son unité soit interrompue. Elle sera ainsi, non plus seulement simultanée, mais successive : nouveau caractère qui lui est propre. Telles sont les marques auxquelles on reconnaît la société de reproduction ou famille, et qui établissent sa supériorité dans l'échelle sociale sur la société de nutrition ou blastodème qu'elle se subordonne (1).

(1) Remarquons, toutefois, que le dernier de ces caractères lui est commun en quelque degré avec la société de nutrition. Elle aussi est composée d'individus successifs, puisque les éléments histologiques se rem-

Il y a trois sortes de sociétés domestiques dont chacune, de la première à la troisième, est la condition de la suivante. Deux animaux de sexe différent doivent d'abord ne former physiologiquement qu'un seul être momentané, sans quoi (sauf en des cas rares, limités aux derniers rangs du règne animal, — parthénogénèse) la mère ne peut procréer de jeunes. En second lieu, pour que le père reste en société constante avec la mère, il faut que celle-ci reste elle-même pendant longtemps unie avec ses petits. Il y a donc dans l'animalité des régions où les trois modes de groupement se fondent les uns dans les autres et se superposent. Mais, en général, on peut dire qu'ils se présentent d'abord isolément et successivement dans l'ordre même où nous venons de les énumérer ; c'est celui que nous suivrons pour les décrire.

Chez les êtres inférieurs, les produits nécessaires à la génération par voie sexuée naissent sur ce qu'on est convenu d'appeler un seul individu. Renfermés la plupart du temps dans des enveloppes qui se déchirent au moment opportun, ils se mêlent, soit au dehors de l'individu, soit au dedans de lui, presque au hasard. Quand ces deux groupes si divers d'éléments histologiques se trouvent réunis sur des individus capables de

placent sans cesse les uns les autres, les plus jeunes éliminant les plus anciens. Mais il reste encore cette différence que l'unité vitale du zoanthodème, par exemple, reposant sur la circulation, suppose une communication actuelle, continue de l'individu avec l'organisme commun, tandis que, à mesure qu'on monte dans l'échelle zoologique, même sans sortir des invertébrés, l'unité de la famille embrasse des individus toujours plus distants les uns des autres dans la durée.

mouvement et renfermés dans des organes spéciaux, il arrive un moment où la distinction même des organes de l'une et de l'autre sorte s'oppose à la rencontre des produits. Des individus hermaphrodites sont ainsi amenés à s'unir, l'organe mâle de l'un avec l'organe femelle de l'autre, et réciproquement. Dans ce cas ils ne forment bien réellement qu'un seul vivant, puisque leurs organes sont le siége d'une circulation double comme les organes du blastodème. Ce qui diffère, c'est la nature des éléments histologiques échangés et la durée de l'échange. Pour tout le reste, le phénomène est analogue à une circulation. Mais supposons que le même individu ne puisse jouer le rôle du mâle vis-à-vis de celui pour qui lui-même est femelle; un troisième animal devra jouer ce rôle ; ainsi se formera une chaîne d'animaux dont chacun sera mâle pour son voisin de droite par exemple, et femelle pour son voisin de gauche. C'est ce qui a lieu chez les Limnées, différant en cela des colimaçons ordinaires, qui sont simples androgynes. Allons plus loin et admettons (comme cela se présente en effet chez certains mollusques) que chez le même individu les organes des deux sexes ne deviennent actifs que l'un après l'autre; il y aura une époque de l'année où l'animal ne sera que femelle, une autre époque où il ne sera que mâle. « De là à la séparation complète des sexes, il n'y a qu'un pas à faire (1). » Comment ce pas a-t-il été franchi historiquement, c'est ce que nous n'avons pas à rechercher ; il nous suffit de savoir que la séparation des sexes n'est

____

(1) Milne Edwards, *Physiologie*, tome VIII, p. 370.

théoriquement intelligible qu'à partir de leur union par un simple progrès de la division du travail. Leur attrait s'explique donc ainsi bien naturellement. Chacun est en toute rigueur une moitié virtuelle de l'autre et tend vers cette seconde partie de soi par un penchant organique. Chacun appelle l'autre comme la condition absolue de son existence spécifique, disons mieux, comme la condition de sa pleine existence actuelle. Dans l'un et dans l'autre, les fonctions de nutrition s'accomplissent entièrement, mais ni dans l'un ni dans l'autre, la fonction de reproduction (sans laquelle nul être ne remplit les conditions essentielles de la vie) ne saurait s'achever. Ils n'ont donc qu'une seule vie à deux dans toute la précision de ces termes.

Nous n'insisterons pas sur les preuves physiologiques de cette unité vitale embrassant un double organisme. Nous nous bornerons à signaler dans toute l'étendue du règne animal sexué la correspondance vraiment merveilleuse des organes, la communication des cavités et le passage des éléments fécondants qui en résultent, la corrélation des mouvements réflexes nécessaires, enfin la subordination de toutes les fonctions individuelles à la fonction reproductrice chez l'un et l'autre sexe au moment où entre en activité la vie spécifique. On sait que sous l'empire des sentiments qu'elle développe certains animaux négligent le soin de leur conservation et méconnaissent le danger, que d'autres oublient de se nourrir, qu'enfin d'autres sont entièrement dépourvus, durant la dernière de leurs métamorphoses, des organes nécessaires à la préhension des aliments.

Il est vrai que cette union n'est pas aussi intime à tous les degrés de l'échelle zoologique. Mais elle est plus généralement nécessaire qu'on ne le croit. On vient de voir ce qu'elle est chez la plupart des mollusques céphalés. Les annélides et les vers s'accouplent aussi, bien qu'androgynes, et demeurent plusieurs heures enroulés. Les insectes ont des organes sexuels plus compliqués que ceux de certains vertébrés. Parmi les poissons eux-mêmes, les Plagiostomes et quelques-uns des poissons osseux s'unissent pour une fécondation intérieure. Les Plagiostomes et les Chimères sont même doués d'organes préhenseurs que l'on a comparés à une paire de grandes tenailles. Il est vrai que chez la majorité des poissons la fécondation de l'œuf se fait à l'extérieur; mais l'absence de copulation n'empêche pas le rapprochement. D'après les expériences de M. Coste, les œufs déposés par les femelles des poissons seraient perdus s'ils n'étaient fécondés moins de cinq minutes après la ponte ; et d'autre part, la vitalité des corpuscules fécondateurs ne persiste dans l'eau, leur véhicule naturel, que durant quelques minutes (1). Il faut donc que le mâle suive la femelle de très près et nage avec elle de conserve pendant tout le temps de la ponte. Un observateur exact des mœurs des animaux (2) nous a raconté le rapprochement des brochets dont il a été témoin. Debout sur le tronc incliné d'un saule, au-dessus d'une mince lame d'eau courant sur les prairies inondées, il a vu, en avril, un matin, une femelle de brochet appeler par quelques

(1) M. Blanchard, *Poissons des eaux douces de la France*, p. 110 et suiv.
(2) M. Bertrand Antonin, de Saint-Florentin.

coups de queue vigoureux trois ou quatre prétendants cachés jusque-là dans l'eau profonde, puis ceux-ci s'approcher, se frotter contre la femelle, la presser par dessous en s'agitant tumultueusement et montrer même à plusieurs reprises dans ces évolutions, destinées sans doute à lancer la liqueur sur les œufs à leur passage, les écailles blanches de leur ventre. Quant aux autres animaux, leur mode de rapprochement est trop connu pour qu'il soit besoin de le rappeler ici. Tout le monde sait que chez les batraciens les sexes s'unissent étroitement, bien que la fécondation ait lieu hors du corps de la femelle, et que chez les reptiles ils forment un couple où les deux individus sont entortillés et se regardent nez à nez.

Mais bien que le rapprochement matériel soit la condition première de la société domestique chez les animaux, il n'en est pas le lien le plus énergique. En effet s'il en était ainsi, les sociétés les plus étroites seraient celles où les sexes resteraient le plus profondément et le plus longtemps unis ; et les hermaphrodites qui s'accouplent mériteraient à cet égard le premier rang. L'absurdité de cette conséquence réfute suffisamment le principe. Ce qui fait la solidité de l'union domestique, même à ne considérer que les rapports sexuels des parents, ce sont les phénomènes psychiques qui la préparent, et qui la renouvellent si des causes mécaniques la rompent. Il y a plus : ce sont ces phénomènes mêmes qui la créent la plupart du temps ; car sans eux elle serait exposée au hasard des rencontres : combien peu de chances lui resteraient de jamais se former ? Nous allons donc examiner les causes toutes psychiques qui provoquent et consolident cette union en développant chez les individus des deux sexes des représentations, et partant, des désirs corrélatifs, de manière à ce qu'ils participent à une même conscience en même temps qu'à une même vie.

S'il est juste de dire que les deux sexes se désirent, il ne l'est pas autant de dire qu'ils se cherchent, du moins ostensiblement. Le mâle seul, dans la grande majorité des cas, semble chercher la femelle. D'abord cette nécessité lui est imposée par le grand nombre de rivaux dont il lui faut soutenir la concurrence pendant un temps restreint. Ensuite, il peut seul, dans plusieurs cas, se livrer à la poursuite, étant seul pourvu d'organes de locomotion. On ne connaît chez les insectes aucun mâle qui soit aptère, tandis que sa femelle est ailée, mais le contraire arrive assez souvent. Enfin, à mesure qu'on s'élève dans la série animale, la femelle semble de plus en plus animée de deux désirs contraires : celui de recevoir le mâle et celui de l'écarter. Le premier désir ne se manifeste qu'à de certains moments avec lesquels la recherche de l'autre sexe ne coïncide pas toujours ; mais même en ces moments favorables, les refus sont fréquents et persistants. Cette disposition, si contraire en apparence au vœu de la nature, n'a point reçu jusqu'ici d'explication suffisante. Chez les insectes, la mort est souvent le prix de la maternité ; on pourrait alléguer, pour justifier ici les hésitations de la femelle, une prévision de cette fatalité ; mais aucune preuve ne viendrait à l'appui de cette hypothèse, d'ailleurs inapplicable aux autres animaux. Peut-être trouverait-on une justification plus plausible du fait dans l'embarras où se trouve une intelligence bornée de prendre une décision quelconque dans un cas dont la gravité est obscurément sentie. De violents désirs font attendre à la femelle du mâle qu'elle acceptera, certaines qualités, certains avantages : nous en donnerons la preuve tout à l'heure en décrivant les efforts tentés par l'autre sexe pour réaliser ces conditions. N'est-il pas naturel qu'au moment de se livrer, toute pressée qu'elle est par le penchant organique, elle hésite anxieusement, ne les trouvant pas remplies à son gré? C'est une chose remarquable que le sentiment du refus est d'autant plus vif en chaque espèce que les charmes déployés sont plus apparents. Ainsi, les Lépidoptères sont bien connus pour la longueur de leurs préliminaires, et ce sont ceux qui, dans toute la classe des insectes, sont le plus évidemment parés en vue de la séduction. Les oiseaux chanteurs et les oiseaux dansants, les mammifères les plus brillamment ornés et les plus capables de démonstrations amoureuses, sont précisément l'objet des dédains les plus obstinés de la part de leurs femelles. Du reste, sans ces refus, les aptitudes séductrices n'auraient ni le temps de se manifester ni l'occasion de naître. Il y a donc dans la conscience de la femelle chez les animaux supérieurs, et même chez certains invertébrés, une sorte d'idéal que le mâle ne lui semble jamais réaliser assez complétement, et dont la recherche tient en suspens son propre choix. La mouche de nos appartements, qui est au bas de l'échelle des insectes, n'y met pas tant de façons, parce qu'elle n'est pas capable de représentation : celle qui ne choisit pas n'hé-

site pas et ne saurait se refuser. Il faut ajouter une autre raison à celle-ci. Il est impossible que la poursuite
du mâle ne soit pas accompagnée chez la femelle d'une
représentation plus ou moins confuse de l'union
sexuelle qu'elle tend à provoquer. Cette poursuite est
donc déjà par elle seule un plaisir, et nous ne manquons pas dans le règne animal d'exemples de plaisirs
volontairement prolongés et même suspendus pour
laisser place à une attente savoureuse. On sait comment le chat joue avec la souris, la loutre, le cormo-
ran avec le poisson. S'ils renouvellent volontairement
la poursuite de la proie, c'est qu'elle leur semble au
moins pendant quelques instants aussi agréable que la
déglutition même de cette proie. Pour la même raison
la femelle repousse le mâle partout où elle est capable
de sentir le plaisir d'être recherchée et de souhaiter
la prolongation de ce plaisir. On peut donc dire qu'ici
la pudeur touche de près à la coquetterie, pourvu
qu'on entende ce dernier mot dans un sens sérieux et
qu'on y reconnaisse l'une des voies les plus actives de
la sélection. Comme on va le voir en effet, si la femelle
se refuse pour qu'on la recherche, cette recherche
éveille chez les mâles une multitude de facultés qui
seraient restées sans ces refus à jamais endormies.
Tout ce processus est gouverné par des nécessités
harmonieuses. Au point de vue social particulièrement, avec quelle puissance l'image des deux sexes
n'est-elle pas gravée dans la conscience de l'un et de
l'autre par la longueur de la poursuite et l'exaspéra-
tion des désirs !

Cinq classes de phénomènes servent à préparer l'union sexuelle, et partant la société domestique ; premièrement des attouchements excitateurs, les plus humbles de tous ces phénomènes, c'est-à-dire cêux qui se rapprochent le plus de l'ordre physiologique ; secondement, les odeurs ; troisièmement, les couleurs et les formes ; quatrièmement, les bruits et les sons ; cinquièmement, les jeux ou mouvements de toutes sortes.

1° *Des attouchements excitateurs.* — Nous ne voulons point parler des organes par lesquels l'animal saisit et maintient sa femelle ; nous nous bornerons à signaler ces mouvements par lesquels il excite ses ardeurs d'une manière en quelque sorte mécanique, directe. Les colimaçons sont munis d'une sorte de dard ou appendice calcaire rigide que les deux hermaphrodites se fichent dans la peau près de la vulve avant leur double accouplement. Le dard reste souvent dans les tissus et y détermine l'excitation que l'imagination seule suffit à produire chez les animaux plus élevés. Sans entrer dans le détail quant aux autres embranchements, mentionnons les pelotes formées par certains reptiles et certains batraciens, les passades des poissons au moment du frai, les caresses enfin que se prodiguent certains vertébrés supérieurs ; les oiseaux tels que les perruches, les Donacoles, les Loxigelles, les Panures, les Hédydipnes, les Colaptes, les pigeons, les Spatules, les Aïx de la Caroline, et beaucoup de mammifères.

2° *Des odeurs.* — L'odeur joue certainement un rôle important dans le rapprochement d'un grand nombre d'insectes. C'est par l'odeur que sont guidés

ces multitudes de lépidoptères mâles qui se rassemblent par moments autour d'une ou de plusieurs femelles. L'expérience est facile à faire avec une femelle de
Bombyx. Placée au centre d'une ville les mâles viennent la rejoindre en grand nombre. M. Trimen, dit
Darwin, exposa dans l'ile de Wight une boîte où une
femelle de *Lasiocampa* avait été enfermée la veille, et
bientôt cinq mâles tentèrent d'y pénétrer. M. Verreaux
en Australie, ayant placé la femelle d'un Bombyx de
petite taille dans une boîte et la boîte dans sa poche, fut
suivi par une multitude de mâles telle que 200 environ
entrèrent avec lui dans la maison. Plusieurs autres
sortes d'insectes exhalent des odeurs qui nous sont
perceptibles, mais auxquelles on ne sait si la même
destination doit être attribuée.

Il ne paraît pas que l'odorat ait le moindre rôle à
jouer dans le rapprochement des sexes chez les
oiseaux ; mais il n'en est pas de même chez les mammifères dont les narines presque toujours molles sont
capables de perceptions délicates. On peut dire que
tous ont une odeur caractéristique ; et il n'est pas douteux que cette odeur développée surtout au temps des
amours ne prête aux deux sexes, dans la grande généralité des cas, uu moyen de correspondre l'un avec
l'autre. Les chiens qui sont le plus fréquemment soumis à notre observation offriront à quiconque voudra
considérer attentivement leurs mœurs la matière de
curieuses remarques. On est surpris de les voir répandre leurs excrétions à chaque instant partout où leur
odorat leur révèle l'existence d'excrétions précédemment répandues par leurs semblables : cette habitude

n'a pas d'autre but que de semer leur route de traces reconnaissables pour les individus de l'autre sexe, le flair de ces traces étant accompagné sans aucun doute d'une excitation. Les ânes et les chevaux ont des habitudes analogues. Le fait suivant donne une idée de la finesse de leur odorat : « Pendant mon séjour au Texas, dit Houzeau, le cheval d'un de mes voisins qui paissait devant sa porte, les pieds embarrassés dans des entraves, disparut soudainement. Nous le cherchâmes pendant plusieurs heures sans pouvoir le retrouver. L'horizon était libre jusqu'à plusieurs kilomètres de distance et nous étions certains qu'il n'était point passé de troupeaux de chevaux. En parcourant les environs nous découvrîmes enfin l'animal auprès d'une jument en rut, à 4400 mètres de l'habitation (1). » Nous avons vu nous-même en Corse trois ânes s'arrêter subitement sur une route maculée par le passage d'un autre âne, lever la tête en l'air, retrousser les lèvres, et ouvrir les yeux tout grands avec une expression des plus comiques, puis se mettre à braire dans un état d'exaltation indescriptible. « En Amérique, les chevaux sauvages, dit Brehm, cherchent les routes pour y déposer leurs excréments ; et, comme tous les chevaux ont l'habitude de flairer les crottins de leurs semblables et d'y ajouter les leurs, les tas qui résultent de cette habitude forment souvent de véritables monticules (2)... Les guanacos, écrit-il ailleurs, ont la curieuse habitude de déposer toujours leurs excréments en un tas, et quand

(1) Houzeau, *Etudes sur les facuités mentales des animaux comparées à celles de l'homme* (Mons, 1872), tome I, p. 279.
(2) Brehm, vol. II, p. 312.

ce tas est trop grand, ils en font un autre à côté (1). »
Chez d'autres mammifères la division du travail organique a provoqué la formation de glandes spéciales
très proches d'ordinaire des organes de la génération
et renfermant des substances à odeur très forte. Les
castors d'une localité répandent tous en un même
endroit le castoréum et leur urine ; les Moschidés s'appellent de fort loin par leurs émanations. Les Blacto-
cères des pampas mâles exhalent à l'époque du rut
une odeur que l'homme distingue à un quart de lieue ;
et Audubon a vu quatre cerfs de Virginie passer successivement par la même piste, à des intervalles de 15
à 30 minutes. L'odeur ainsi développée acquiert chez
certaines espèces un tel degré d'intensité que, sans
cesser d'être un moyen d'appel pour les sexes différents, elle a pu devenir un sérieux instrument de
défense contre les autres animaux. Les chevaux, les
chiens, l'homme même sont forcés de s'écarter des
Mouffettes et des autres Viverridés sous peine d'être
suffoqués. Cependant la même odeur infecte plaît aux
femelles puisqu'elle est plus developpée chez les mâles.
Quant aux quadrumanes, ils ne paraissent présenter
qu'à un faible degré les mêmes phénomènes ; c'est
surtout la vue et l'ouïe qui prêtent chez eux un langage aux individus de l'un et l'autre sexe.

Si maintenant nous cherchons la signification sociologique des faits que nous venons de mentionner, nous
trouverons que les émanations des deux sexes déterminent chez l'un et chez l'autre des émotions profondes

____

(1) Brehm, vol. II, p. 454.

et provoquent dans tout leur organisme de puissantes excitations. Par là ils sont intimement attachés l'un à l'autre, leur conscience, toute occupée de cette impression mutuelle, entre en correspondance étroite, plus peut-être que les différents individus d'un polypier qui participent à la même circulation ; c'est en vain que la distance les sépare et que l'obligation leur est imposée de pourvoir isolément à leur nourriture : il y a un moment où ils ne font qu'un, attachés qu'ils sont l'un à l'autre à travers l'espace par les subtiles exhalaisons que le vent leur amène.

3° *Des couleurs et des formes.* — Là où manque ce moyen de communication, mais souvent aussi là même où il est développé, les animaux des deux sexes sont rapprochés par l'image visible qu'ils présentent les uns aux autres et surtout par certaines particularités de couleur et de forme. Les insectes qui forment un monde à part et qui ont poussé très loin le progrès organique malgré l'imperfection de leur type, nous montrent de remarquables exemples d'ornements qui ont évidemment pour but l'attraction sexuelle. On se refuse à croire que les brillantes couleurs dont se parent les Lépidoptères et les Coléoptères soient sans but. Les fleurs elles-mêmes ne sont si brillantes que pour attirer les insectes, c'est un fait maintenant certain. Ce fait prouve et que l'éclat des couleurs a sa raison d'être dans les productions de la nature, et que les insectes en particulier sont capables de les discerner. Il est vrai que certains animaux inférieurs sont peints des teintes les plus vives et qu'on ne sau-

rait rattacher ce cas à la même cause, puisque les
sexes chez de tels animaux sont ou absents ou réunis
sur le même sujet. Mais nous ne prétendons pas que
tous les tissus colorés le soient en vue de la reproduction ; nous disons seulement que parmi les causes
diverses de la coloration des tissus la sélection sexuelle
a une place importante dès que les sexes apparaissent.
Ce qui le prouve c'est que souvent l'un des sexes seul
porte cet ornement. « Aucun langage, dit Darwin, ne
peut décrire la splendeur des mâles de quelques espèces de lépidoptères tropicaux. » Il en est de même de
papillons européens (*Apatura iris* et *Anthocaris car-
damines*). Les Morphos de la Guyane, qui servent d'ornement depuis quelques années à la coiffure des dames,
offrent la même différence ; les femelles sont à peine
connues, elles ne quittent presque jamais le haut des
arbres et sont d'une couleur fauve qui n'approche en
rien de la parure de leurs splendides époux. Dans de
tels cas la couleur nous paraît hautement significative.
Il en est de même chez certains Névroptères énumérés
par Darwin, parmi lesquels les Agrionides méritent
surtout d'être cités. Parmi les hyménoptères les mâles
des Ichneumons et des abeilles sont aussi bien plus
brillamment colorés que les femelles. Parfois c'est le
contraire qui a lieu, mais avec une signification semblable, comme chez certaines libellules, et parmi les
coléoptères, chez quelques Prionides exotiques. Les
poissons mâles sont en grand nombre mieux parés que
les femelles, soit en tout temps, soit surtout au temps
des amours. Parmi les poissons d'eau douce on peut
citer les Vairons, les Epinoches, les Perches, les

Roches et les Rotengles, les Bouvières, les Brêmes et les Saumons. On sait que le Saumon ne revêt sa livrée brillante qu'à partir de l'époque où il commence à frayer; jusque-là les deux sexes sont semblables. Ajoutons les Cyprins des fleuves de l'Inde, les Cyprino- dontes et les Chromides de l'Amérique du Sud. Parmi les poissons de mer, le Labre est le plus remarquable sous ce rapport; mais il n'est pas le seul qui ait donné lieu à de semblables observations, bien que le milieu les rende particulièrement difficiles. Darwin cite le *Collionymus lyra,* le *Cottus scorpius* auxquels il faut joindre les poissons labyrinthiformes observés par M. Carbonnier. A la saison des amours, le mâle est superbement rayé de bandes assez larges alternative- ment rouge et azur; les rayons extérieurs de ses nageoires abdominales sont vivement colorés. La femelle est également rayée; mais ses couleurs sont uniformément rayées de brun et excessivement ternes par rapport à celles du mâle. Cependant elles s'avivent beaucoup, surtout sur les bords des nageoires quand arrive l'époque de la ponte. Le mâle se montre très empressé auprès de la femelle, lui fait une véritable cour, étale devant elle avec complaisance son énorme nageoire caudale et frémit alors comme un paon qui fait la roue. On sait que les Anglais appellent le Labre poisson paon. Il n'y a là du reste rien de plus extraor- dinaire que ce qu'on peut observer chez l'épinoche commune et chez le vairon de nos ruisseaux. Ce qui rend de tels faits dignes d'intérêt, c'est précisément qu'ils n'ont rien d'exceptionnel. Mieux connus ils ces- seront d'étonner, chez les poissons comme chez les oiseaux. Est-il en effet besoin d'insister sur cette loi si générale que l'oiseau mâle est plus brillamment orné que la femelle et que la naissance de sa livrée est contemporaine de ses amours? Cette loi ne se vérifie-t-elle pas chez les mammifères?. En sorte que nous pouvons dire avec certitude que les couleurs dans tout le règne animal sexué jouent un rôle capital comme moyen d'attrait entre les sexes, mais qu'à mesure qu'on s'élève dans l'échelle, le mâle en est plus exclusivement paré. C'est dire qu'à mesure aussi la condition de plaire aux yeux lui est imposée plus sévèrement et que le désir, c'est-à-dire un ensemble de phénomènes de conscience est le lien de plus en plus fort qui rapproche les membres de la société domestique.

Ce qui établit, du reste, le caractère psychique de ces phénomènes, non seulement chez les femelles qui les voient, mais chez les mâles qui les manifestent, c'est la liaison découverte par M. Pouchet entre les phénomènes de coloration qui ont la protection pour but et l'action des centres nerveux volontaires. Une puissante analogie nous engage à considérer les phénomènes de coloration servant d'attraits sexuels comme dépendant de la même action et rentrant par là dans la sphère de la conscience.

Un grand nombre de Lépidoptères et de Coléoptères mâles diffèrent des femelles sous le rapport de la forme, non seulement en ce qu'ils sont quelquefois plus petits, mais encore en ce qu'ils portent des appendices dont celles-ci sont dépourvues. Plusieurs papillons femelles sont optères, les *Hétérogynis*, les Orgyes, certaines phalènes (genres *Hibernia*, *Larentia* et *Nyssia*);

quant aux coléoptères, tantôt, comme chez les Oryctes
et les Lucanes, les mâles portent des cornes ou des
mandibules que les femelles ne montrent qu'à l'état
rudimentaire, tantôt, comme chez les Longicornes, la
différence ne consiste que dans la longueur des antennes : celles du mâle paraissent démesurées. Darwin a
signalé chez les poissons des appendices de nature
analogue — *Callionymus lyra, Cottus scorpius, Xipho-
phorus Hellerii, Plecostomus barbatus, Monacanthus
scopas, Chimæra monstrosa* — qui n'ont évidemment
pas d'autre rôle que d'attirer l'attention et de décider
les préférences de la femelle. La bouvière de nos eaux
douces, que nous avons vue si brillamment colorée au
moment des amours, se pare encore de plus en ce
moment de bourrelets de chair au nombre de 8 à 12,
qui s'élèvent de chaque côté de la mâchoire inférieure,
et disparaissent quand la saison du frai est terminée.
Nous n'avons rien à ajouter aux faits cités par Darwin
en ce qui concerne les Reptiles, les Oiseaux et les
Mammifères ; ces appendices de toutes sortes (proémi-
nences, crêtes, jabots, huppes, plumes, cornes, crinières, barbes, etc.) sont si bizarres qu'ils échappent
à toute description ; nous aimons mieux renvoyer le
lecteur aux figures que le naturaliste anglais en a données dans son livre sur la sélection sexuelle. Du reste,
les animaux supérieurs sont mieux connus sous ce
rapport. On pourrait croire seulement que ces ornements ne sont pas des attributs sexuels ; mais une
expérience a été faite qui ne laisse subsister aucun
doute sur leur véritable rôle ; les cerfs châtrés n'ont
pas de bois. Nous en savons assez pour conclure que

dans presque tout le règne animal les formes du mâle
se modifient en vue de frapper l'imagination de la
femelle, ce qui établit que la conscience de l'une et de
l'autre est le théâtre de représentations correspondantes. Cette représentation réciproque a une haute
importance selon notre sentiment dans la validité des
affections conjugales des animaux supérieurs. Pour
que deux oiseaux, comme l'aigle à tête blanche et sa
femelle, s'attachent l'un à l'autre, il faut qu'ils aient
présente à la conscience l'image l'un de l'autre. Si cela
était vrai, le degré d'aptitude représentative corres-
pondrait au degré de sociabilité. Telle est, en effet, la
loi qui semble présider aux rapports sexuels des animaux. Ce serait pour cette raison que des mammifères
stupides, comme le Tatou, seraient incapables d'affection et par conséquent de société. « Le mâle et la
femelle, dit Brehm du Tatou, se rencontrent par hasard,
se flairent mutuellement, s'accouplent et se séparent
ensuite avec la plus grande indifférence. » Le rapport
entre l'intelligence et la sociabilité est donc général;
mais il est modifié par d'autres rapports qui masquent
la loi. Par exemple, les instincts carnassiers, quand ils
sont hautement développés, peuvent combattre les
effets de la représentation réciproque, et, dans ce cas,
des animaux même intelligents peuvent être incapables
d'affection sexuelle. Telles sont les araignées dont les
mâles ont tant à redouter de la voracité des femelles.
Ici, comme chez beaucoup d'autres espèces, la représentation de l'autre sexe est tenue en échec dans ses
résultats favorables à la société par la représentation
des dangers encourus d'une part, des attraits de la

proie vivante d'autre part. Nous reviendrons sur cette considération en étudiant les rapports des parents avec les jeunes.

4° *Des bruits et des sons.* — La représentation de l'odeur et de l'image visible est très souvent accompagnée de celle des sons produits par l'animal de sexe différent. Ici l'intelligence inventive joue un rôle considérable dans l'acquisition de la faculté de produire des sons. La plupart du temps, il est vrai, cette faculté tient à la possession d'organes que l'individu ne peut créer de toutes pièces, mais le développement de cette faculté et le perfectionnement des organes correspondants sont dus, même dans ce cas, en grande partie à l'exercice répété de la fonction, et peuvent passer par conséquent, jusqu'à un certain point, pour volontaires. Souvent enfin ce n'est pas un organe préexistant qui est approprié à cet usage spécial, c'est un corps étranger dont la sonorité a été remarquée, qui sert à produire le bruit et dont l'animal se fait volontairement un instrument comme nous nous servons du tambour et de nos autres instruments de musique. La variété des moyens employés à cette destination est presque incroyable ; elle montre que la production des sons n'est pas due à ce qu'on appelle un plan de la nature qui impliquerait l'emploi des mêmes moyens en vue d'un même effet dans tout le règne animal ; mais qu'elle a pour cause immédiate le besoin plus ou moins clairement senti par les animaux d'entrer en communication avec leurs semblables de l'autre sexe. Ce but posé, les moyens d'y atteindre ont dû varier suivant les

aptitudes de chacun et suivant le hasard des circonstances. On le voit, nous inclinons encore ici à expliquer les manifestations de la vie animale, non par une
sélection inconsciente, mais par la représentation consciente à quelque degré d'un avantage à obtenir. Il a
fallu, en effet, que les animaux les plus humbles, entendant le bruit produit par leurs organes, sachent obscurément que ce bruit serait entendu de leurs semblables
de l'autre sexe, pour arriver à s'en servir intentionnellement. Et même on pourrait remonter plus haut, car
cela même implique qu'ils avaient remarqué les effets
des bruits extérieurs avantageux ou nuisibles sur leurs
propres organes auditifs, pensée que l'on peut faire
aussi obscure qu'on le voudra, mais qui a été nécessairement le principe déterminant de leur action. La
sélection est intervenue ensuite pour la fixer dans l'espèce et en faire une habitude congénitale.

Commençons par ces bruits produits au moyen d'un
choc sur des corps retentissants. Les insectes qui les
font entendre sont rares ; nous ne pouvons citer que
l'*Anobium* ou vrillette, petits coléoptères appelés presque partout, en raison de ce fait, horloges de la mort,
et la famille du *Moluris striata* du cap de Bonne-Espé-
rance, s'il faut en croire le récit contesté de Lacordaire.
Chez les oiseaux, plusieurs pics choisissent une branche sèche et sonore et la frappent de leur bec pour
appeler leur femelle. Celle-ci est-elle présente, ils
frappent encore pour la charmer. Ce bruit est si bien
lié dans leur esprit à l'idée de la possession de leur
compagne, qu'ils entrent en fureur dès qu'un autre mâle
le fait entendre. Or qu'il s'agisse des insectes dont

nous venons de parler, ou des pics, n'est-il pas évident que dans l'un et l'autre cas une intelligence s'est servie de bruits produits soit fortuitement soit pour une autre fin, et les a employés intentionnellement par une destination nouvelle ?

D'autres animaux se servent de différentes parties de leur corps, comme les timbalistes et les violonistes de leur instrument. Il y a des insectes chez lesquels des bruits sont produits par le frottement des cuisses ou des jambes postérieures contre les bords latéraux des élytres ; ce sont les moins communs de tous (*Megacephala chalybea, Euprosopus quadrinotatus, Coxycheila tristis, Cacicus americanus*, et le genre Acridium). D'autres, plus nombreux, produisent des sons semblables en frottant les derniers arceaux supérieurs de leur abdomen contre les élytres (*Trox, Necrophorus, Pœlobius hermani, Copris*, certains *Scarabæas, S. acteon, S. pan, S. philoctetes*, plusieurs Lamillicornes exotiques). Maintenant que l'on imagine que le pédoncule du mésothorax rentre dans le prothorax en frottant contre sa paroi, le frottement produira un bruit analogue aux précédents et dont l'animal pourra songer à se servir comme moyen d'appel. C'est ce qui a lieu en effet chez un grand nombre d'insectes (*Lema, Donacia, Megalopus, Hispa, Reduvius*) (1). Le même effet peut être et est en réalité obtenu par le frottement du premier article de la jambe contre le bord de la cavité où il s'emboîte (Geotrupes). Nous ne poursuivrons pas plus loin cette revue. Darwin a étudié, au point de vue phy-

____

(1) Lacordaire, I, p. 268 et suiv.

siologique, les stridulations des nécrophores, des grillons, des cigales et des sauterelles ; et ses recherches
ne font que confirmer notre vue ; à savoir que l'insecte
quelquefois mâle et femelle, le plus souvent le mâle
seulement, se sert d'un bruit produit accidentellement
par le frottement des parties cornées de son corps les
unes contre les autres pour en faire un signal intentionnel. Ensuite l'exercice répété de la fonction concourt avec la sélection pour perfectionner de génération en génération l'organe stridulateur. D'autres faits
empruntés à des régions plus élevées du règne animal
viennent soutenir l'hypothèse. C'est ainsi que la cigo-
gne s'est fait avec le claquement de son bec tout un
langage, surtout employé par elle au temps des amours
et lors de la construction du nid. C'est ainsi que le butor,
ayant remarqué que sa voix est modifiée par l'eau et y
retentit davantage, y plonge son bec pour faire entendre
sa chanson d'amour (1).

Les bruits et sons produits par les poissons méritent
une attention spéciale. Ils ont été étudiés avec une
sûreté de méthode vraiment remarquable par M. Dufossé. Nous nous bornons à analyser son travail. Il divise les signes acoustiques usités chez les poissons en
deux classes : 1° les bruits, qui sont produits tantôt par
frottement, tantôt par émission de gaz ; 2° les sons, qui
sont produits tantôt par des muscles indépendants de
la vessie, tantôt par un appareil vésico-pneumatique. De
simples bruits ont été remarqués chez les Saurels, qui

(1) Brehm. Nous ne renverrons plus aux pages : c'est à lui que nous
empruntons presque tout ce qui concerne les oiseaux et les mammifères

les font entendre au moyen du frottement de leurs os pharyngiens, — ici le phénomène aurait un caractère social mais non sexuel, le saurel vivant habituellement en troupe, comme tous les poissons bruyants de nos mers, — et chez les loches d'étang, les meuniers et les barbeaux qui les produisent en expulsant l'air par l'anus, quand ils viennent en foule se jouer à la surface de l'eau. Ces bruits sont très variés, paraît-il, mais ils ne sont pas musicaux. Les Trigles et les Malarmats émettent de véritables sons, les mâles avec plus d'intensité que les femelles, et au printemps qui est la saison du frai. Ce sont donc bien des phénomènes acoustiques d'appel entre les sexes, tels que ceux que nous sommes en train de relever dans tout le règne animal à partir des insectes, les mollusques écartés. Ils sont produits par la contraction des muscles. Les Cottus scorpius (chaboisseau vulgaire) et le Cottus bubalus frémissent de même en contractant les muscles de la paroi inférieure de la bouche ; la tête, qui est très grosse, renforce les sons. Mais les plus musicaux des poissons sont les Maigrĕs et les Ombrines, grands animaux, les uns (les seconds) de un mètre, les autres de deux mètres de longueur, auxquels il faut joindre les perlons, beaucoup plus petits. C'est surtout au temps du frai qu'on voit les maigres et les ombrines, rassemblés en troupes très nombreuses et quelquefois en véritable banc. Par une contraction des muscles autour de la vessie qui sert d'organe résonnateur, ils produisent dans ces moments des sons qui, monotones pris à part, ont quelque chose de frappant par la combinaison de leurs timbres divers. On les entend à dix-huit mètres de profondeur. Après une

étude minutieuse de ces phénomènes et de l'organe
assez compliqué qui sert à les produire, M. Dufossé
conclut ainsi : « Quand on se représente le grand nombre et la disposition des organes qui concourent à la
composition de l'instrument physiologique musical que
j'ai étudié chez les Maigres ; quand on remarque que
ces organes et ceux de la phonation chez les autres
vertébrés en général suivent dans leur développement
une marche semblable, quand on a égard au degré de
perfectionnement qu'offrent les organes de l'audition
chez les Sciénoïdes dont il s'agit ici ; quand on observe
que ces poissons produisent dans l'atmosphère ainsi
qu'au sein des eaux des sons dont la puissante intensité
est imposante, qu'ils ne font un usage fréquent de ces
sons que dans le cas où les oreilles de leurs congénères
peuvent les percevoir, que c'est principalement au
temps du frai qu'ils en sont prodigues, quand enfin on
réfléchit à toute la portée de cet argument qu'on ne
peut douter que ces sons ne soient complétement soumis à la volonté du poisson, on est conduit à se demander si tous ces nombreux organes, qui contribuent à la
formation des sons et les phénomènes acoustiques
commensurables qui en résultent, sont sans utilité aucune, ou si ces derniers ne sont pas employés par les
Maigres à communiquer aux individus de leur espèce
les besoins instinctifs qu'ils ressentent, comme le fait
tout animal doué de la faculté de produire des sons
volontaires (1). » De tels faits, il faut le dire, sont rares,
puisqu'on ne compte que cinquante-deux espèces de

(1) *Annales des sciences naturelles*, t. XX, p. 116.

poissons bruyants sur trois mille que la classe renferme ;
mais d'abord la recherche est nouvelle et le nombre
peut s'étendre (1) ; ensuite il les faut considérer comme
d'autant plus significatifs qu'ils sont plus rares ; il est
frappant, en effet, de voir les poissons, manquant des
moyens les plus ordinairement employés par les animaux qui vivent dans l'air pour produire des bruits, à
savoir la stridulation et la voix, obtenir les mêmes résultats par des moyens détournés et se servir à cette
fin du frémissement de leurs muscles, le seul bruit dont
leur organisme soit capable. Chaque animal a fait en
quelque sorte ce qu'il a pu pour attirer sur lui l'attention de ses semblables de l'autre sexe, le poisson
comme les autres, mais avec un moindre succès, parce
qu'il avait de plus chétifs moyens à sa disposition.

Les privilégiés sont ceux qui ont pu se servir de la
voix, c'est-à-dire ceux dont l'organisme était fait de
telle sorte que l'air servant à la respiration pût vibrer
à son issue des orifices. Dès la classe des insectes nous
rencontrons de nombreux exemples d'émissions vo-
cales expressives. Ceux qui bourdonnent en volant (la
plupart des hyménoptères, des diptères, etc.) ont en
effet « une véritable voix dont les organes producteurs,
c'est-à-dire les stigmates, correspondent au larynx des
vertébrés, de même que les trachées, par leurs fonctions et leur structure annulaire, rappellent la trachée-
artère (2). » C'est, paraît-il, par la trompe que le Sphynx
Athropos fait entendre ce cri très distinct qui lui est
propre. Nous n'insisterons pas sur ces phénomènes

(1) V. Lablanchère, *Esprit des poissons,* p. 107.
(2) Lacordaire, I, p. 273.

parce qu'il n'est pas encore établi qu'ils jouent un rôle dans les relations des sexes ; cependant il est des cas où il est difficile de ne pas supposer que le bourdonnement sert d'appel ou d'avertissement, celui-ci, par exemple, rapporté par M. Girard, à propos d'un névroptère de Provence, l'Ascalaphe méridional (1). « Les mâles, à la recherche des femelles, volent avec la plus grande vélocité le long du versant des collines arides, au plus ardent du soleil. La femelle s'élève verticalement quand le mâle vient à passer au-dessus d'elle, comme une pierre lancée avec force. » Mais ce sont les oiseaux qui sont les chanteurs par excellence dans le règne animal. Nous n'en connaissons pas qui soient dépourvus de voix, et bien que les mammifères aient presque tous des cris d'appels, ils sont loin d'égaler la variété, l'étendue et la puissance d'expression de leurs manifestations musicales. Fait digne de remarque, et qui établit d'une manière décisive le caractère sexuel de ces facultés, ce n'est que pendant la saison des amours qu'ils font entendre leurs voix ; quand ce temps est passé, à moins qu'ils ne vivent en sociétés, de même qu'ils perdent leur parure, ils perdent leur inspiration.

5° *Des jeux et parades.* — Plus on monte dans l'échelle animale, plus les mouvements deviennent libres et variés chez les êtres vivants. Ces mouvements devaient donc servir aux mâles de moyens de séduction et se joindre aux autres attraits déjà décrits dans les

____

(1) M. Girard, *Métamorph. des insectes*, p. 150.

pages précédentes pour les faire valoir en quelque
sorte, et en rehausser l'agrément. Les insectes se livrent presque tous autour de leur femelle, soit en courant, soit en volant, à un manége significatif qui prend,
dans plus d'un cas, le caractère d'un véritable jeu. Des
mouches dorées, posées à quelque distance sur les
troncs d'arbres dans les bois, s'élancent en bourdon-
nant très fort l'une après l'autre, entremêlent leurs
courses pendant un instant, puis se reposent et recommencent sans fin. On sait les danses interminables des
Tipulaires et des papillons diurnes; celles des fourmis
au moment où elles sont pourvues d'ailes. Les Libellules se livrent, avant l'accomplissement, à de longues
évolutions. On voit pendant l'été, dans l'herbe, les
Grillons accompagner leurs chants de poursuites per-
sistantes auxquelles la femelle se dérobe derrière les
tiges, comme pour prolonger l'aubade. Le mâle de
certaines araignées (Épeires) se suspend à un long fil
au bout duquel il se balance pour atteindre la femelle
à chaque oscillation, sans qu'on puisse dire si c'est jeu
ou précaution. Les poissons se livrent au moment où
ils sont le plus brillamment colorés, c'est-à-dire au
moment des amours, à des passes rapides, à des sauts
brusques qui semblent destinés à faire valoir l'éclat
miroitant de leur parure. Quant aux oiseaux ils exécutent de véritables danses. Ces faits sont mal connus et
méritent d'être énumérés. Il y a ici une difficulté qui
tient au grand nombre même des espèces appelées à
trouver place dans cette revue; mais au risque de nous
exposer à des répétitions, nous tenons à établir la généralité du fait. Parmi les passereaux, nous rencon-

trons d'abord l'Erythrospize du Canada : « En chantant, dit Brehm, ces oiseaux prennent les attitudes les
plus comiques; ils dansent l'un autour de l'autre et
sont dans une agitation continuelle. Lorsque le mâle
poursuit la femelle, il redresse le corps, ouvre largement les ailes, on dirait qu'il veut serrer dans ses bras
l'objet de son amour. » Il en est de même du Serin
méridional. « Il implore sa femelle par les chants les
plus tendres; comme un coucou, il s'accroupit sur la
branche, s'aplatit en quelque sorte, hérisse les plumes
de sa gorge, élargit sa queue, se tourne, se retourne,
se dresse tout à coup, s'élève dans les airs, volette
d'une façon singulière, décousue, comme une chauve-
souris, se jette à droite et à gauche, puis revient à sa
place pour continuer son chant. » «...Le mâle du Gros-
bec vulgaire se complaît dans son chant, car il prend
toutes les postures imaginables pour exprimer sa propre
satisfaction... Les témoignages d'amour des Spermestes
sont particuliers et parfois comiques. Souvent ils sont
l'un à côté de l'autre, se pressant mutuellement. Ils se
caressent les plumes en s'appelant sans cesse. Par moments, le mâle croasse, le bec légèrement ouvert et
se dandine en suivant la mesure de son chant. Au plus
fort de l'excitation, il interrompt cette danse pour sau-
ter de côté sur le dos de la femelle; il s'y tient un instant, saute de l'autre côté, se tourne à droite, à gauche,
lui caresse la tête, puis recommence le même manége
cinq ou six fois avant l'accouplement... Le Prayer
d'Europe prend, en chantant, les postures les plus
extraordinaires, et cherche à remplacer par des gestes
les notes qu'il ne peut émettre... Lors de l'accouple-

ment, le Lulu des bois fait montre de toute sa gentillesse. Il court autour de sa femelle, levant la queue, redressant sa petite huppe, faisant les révérences les plus charmantes pour lui témoigner son amour. » Presque toutes les espèces d'alouettes se livrent, du reste, à un manége analogue à celui de notre alouette commune, qu'il n'est pas besoin de décrire. Les Cassiques, oiseaux moqueurs, se servent, pour faire leur cour, des bribes d'airs qu'ils ont réussi à imiter : « En même temps qu'il imite ces sons, l'oiseau prend les postures les plus singulières ; il tourne et retourne sa tête, son cou, son corps tout entier, et tout cela d'une façon si comique, que je ne pouvais retenir un éclat de rire. » Les Milvidés, comme presque tous les prédateurs, cherchent tous à captiver leurs femelles par des exercices de haut vol qu'elle partage quelquefois avec eux. C'est vraiment un joli spectacle de voir, à Dijon, par le ciel clair et les grands vents de mars, les crécerelles se jouer au plus haut des airs, autour de la flèche de la cathédrale, faisant front à la tempête. « Le Faucon de Virginie mâle s'élève tout à coup à plusieurs centaines de mètres en criant toujours plus fort ; puis, les ailes à demi repliées, il se laisse retomber obliquement... Le spectacle est des plus intéressants quand plusieurs mâles se réunissent et luttent de grâce et d'agilité devant une femelle. » L'Engoulevent, lui-même, qui n'est rien moins que gracieux, cherche à le paraître en manœuvrant de la même façon. Parmi les Chantéurs, de Brehm, nous rencontrons le Benteveo et les Rupicoles orangés. Ceux-ci, très brillamment parés, exécutent des pas et des mouvements extraordinaires

au milieu d'une vingtaine de leurs semblables réunis
en assises solennelles. Le Saxicole, vulgairement tra-
quet motteux, pratique une sorte de voltige semblable
à celle de l'alouette. Les Pétrocincles sont des dan-
seurs terrestres : « Au temps des amours, le mâle
chante avec la plus grande ardeur. Il danse le corps
droit, les ailes et la queue frottent contre le sol, les
plumes du dos hérissées, la tête rejetée en arrière, le
bec largement ouvert, les yeux presque fermés. »
Ainsi des moqueurs : « Le mâle cherche, par tous les
moyens, à charmer la femelle. Il étale la queue, laisse
pendre ses ailes, et se promène ainsi, grave et fier, sur
le sol ou sur une branche ; ou bien il voltige autour de
sa compagne en battant des ailes comme un papillon ;
il danse littéralement dans l'air, il exprime ses sentiments de mille façons. » Parmi les Sylviadés, les Pyro-
phtalmes mâles se tiennent d'ordinaire à un endroit
élevé, hochent la queue, hérissent les plumes de leur
cou, se baissent et saluent à plusieurs reprises. Le
Phragmite des joncs monte dans les airs par coups
d'ailes cadencés, puis plonge en chantant, les plumes
hérissées. Le Pipi des arbres a des évolutions un peu
différentes. Celles de l'Accenteur des Alpes se rapprochent de celles de l'alouette. Un roitelet saute autour
de sa femelle en hérissant sa huppe, et le Lophophane,
ainsi que les Mésanges bleues, « cherchent par toutes
sortes de postures et de gestes à se rendre aimables. »
On se rappelle que les Pics, suivant l'expression de
Brehm, tambourinent leur chanson d'amour. Chez un
des Picidés, le Colapte, les mâles se réunissent au nombre de douze environ pour exécuter cette chanson de

concert, puis ils « s'approchent de la femelle, baissent la tête, étalent la queue, avancent, reculent, prennent les postures les plus diverses et se donnent mille peines pour la convaincre de la violence et de la sincérité de leur amour. » Le Bucorax se livre aux mêmes démonstrations que notre dindon domestique, sauf le *pouhh !* si caractéristique que celui-ci lance de temps en temps. Tous ceux qui observent, même superficiellement, les mœurs de nos oiseaux, ont été témoins des révérences que font nos pigeons quand ils se pressent à plusieurs mâles autour d'une femelle sur la crête d'un toit. Le Tétras exhale son ardeur au moyen d'un exercice indescriptible qui rappelle sans doute les mouvements et le bruit de la roue du rémouleur, puisqu'on dit qu'il *remoud*. Après des danses analogues à celles que nous avons décrites, le Lyrure « applique son bec à terre, frottant et usant les plumes du menton. En même temps, il bat des ailes et se tourne sur lui-même. A la fin, on croit voir un animal complétement fou. » Ce sont encore des oiseaux dansants que le faisan et la perdrix rouge, quand ils sont sous l'empire de la même excitation. M. Hardy a décrit le mâle de l'Autruche dans cet état : « Il s'accroupit devant sa femelle sur les jarrets, puis balance pendant huit à dix minutes, d'une manière cadencée, la tête et le cou ; se frappe alternativement avec le derrière de sa tête le corps de chaque côté, en avant des ailes. Ses ailes s'agitent en mesure par des mouvements fébriles, tout son corps frémit ; il fait entendre une sorte de roucoulement sourd et saccadé ; tout son être paraît en proie à un délire hystérique. » Le Nandou exécute debout des danses non moins singulières. Chez certains échassiers, comme l'Outarde, le Canepetière, l'Œnicdème criard, la danse se réduit à une marche ou course plus ou moins rythmée ; mais chez d'autres, comme le Syphéotide du Bengale et le Pluvier, la cour est accompagnée des évolutions aériennes les plus variées. Les exercices de haut vol de la Bécassine mâle ont été décrits par Nauman. La Guignette les égale presque. Le Jabiru danse ; les Grues de différentes espèces mêlent à des danses et à une mimique des plus actives les mêmes exercices, tandis que l'Agami saute comme un clown. Arrêtons ici cette liste déjà longue, mais qu'on aurait pu allonger encore de faits analogues empruntés à la classe des mammifères, et venons aux questions philosophiques qui s'en dégagent.

Le trait commun de tous les faits cités, qu'ils appartiennent à l'une ou à l'autre de nos trois dernières catégories (parures, sons, mouvements), est de présenter un caractère agréable et d'avoir pour fin de plaire. Cet agrément est-il de même ordre que l'émotion esthétique ? Il nous paraît difficile de le nier quand on voit l'homme se servir de la parure et de la voix de l'animal pour charmer ses semblables et lui-même. Je ne parle pas des odeurs empruntées aux sécrétions des moschidés qui sont chez l'homme mis en usage par les deux sexes comme un attrait d'ordre inférieur ; les papillons et les coléoptères ne font-ils pas chez les peuples civilisés partie de la toilette des femmes comme les coquilles chez les peuples sauvages ? Les plumes des oiseaux ne figurent-elles pas à titre d'embellissement dans la coiffure des élégantes, sur le chapeau des

soldats et sur les dais de nos dignitaires ecclésiastiques?
Les aigrettes et les crinières n'ajoutent-elles pas quelque chose à la beauté des casques? Les fourrures
n'ornent-elles pas les vêtements qu'elles bordent et
les appartements qu'elles tapissent? Et si les hommes
enfants n'avaient pas trouvé quelque charme au chant
même des insectes, lui auraient-ils comparé les chants
des poètes et les discours des vieillards? Les auraient-
ils tenus en cage pour jouir de leur musique mono-
tone, comme les Africains l'ont fait pour les Grillons,
les Grecs anciens et les Chinois pour les Cigales? En
auraient-ils fait de même pour les oiseaux chanteurs
de toute espèce? Auraient-ils consacré tant d'efforts
ingénieux au développement de leur faculté musicale?
Non, il n'est pas de distinction psychologique, si
savante qu'elle soit, qui nous empêche de croire que
le chant du rossignol, par une nuit de printemps, est
vraiment *beau*. Maintenant, nous reconnaîtrons sans
peine que la manière dont la femelle du rossignol
entend la beauté en général, et sent la beauté des chan-
sons de son mâle en particulier, diffère considérablement de la manière dont nous sentons l'une et comprenons l'autre. Il en est du sentiment de la beauté
dans l'animal comme des opérations de l'intelligence ;
la réflexion leur fait défaut, c'est-à-dire qu'ils sont
composés d'un bien moins grand nombre d'éléments
distincts et liés à un bien moins grand nombre d'autres
sentiments et d'autres pensées ; mais il en est de même
des sentiments et des idées du sauvage par rapport
aux sentiments et aux idées de l'homme civilisé. Cette
différence de clarté et d'extension dans la conscience

n'empêche pas la similitude fondamentale des actes
ou états de cette conscience. Du reste, une telle similitude de nature peut à peine être l'objet d'une discussion ; elle est le postulat nécessaire de toute psychologie comparée. C'est aux résultats qu'il faut juger la
science qui la rejette et la science qui la repousse.
L'une reste nécessairement confinée dans le moi
humain et encore dans une partie de ce moi, l'entendement scientifique ; l'autre, en ouvrant le moi pour y
faire, en quelque sorte, entrer tout ce qui vit, acquiert
l'explication de toute conscience en dehors de nous, et
en nous de tous les états de la conscience, même les
plus rudimentaires et les plus obscurs.

Il était inévitable que les phénomènes par lesquels
les animaux s'appellent et se lient moralement les uns
aux autres revêtissent le caractère esthétique. Tout
d'abord ils ne servent pas directement à l'accomplissement d'une fonction ; ils la préparent mais de loin et
seulement en ce qu'ils la représentent. Ils constituent,
dans une sorte de jeu, une fiction. Ce vaste langage,
aux formes infiniment multiples, mime et symbolise
l'amour avant sa consommation. Mais c'est qu'en réalité il est dû dans son principe aux mouvements produits chez le mâle par l'excitation érotique s'irradiant
dans toutes les parties de l'organisme, et à ce point de
vue, il est le préambule de l'union sexuelle ; il en constitue le premier acte. Par lui l'image du mâle se grave
dans la conscience de la femelle et l'imprègne en quelque sorte pour déterminer chez elle, à mesure que les
effets de cette représentation descendent dans les
profondeurs de son organisme, les modifications physio-

logiques nécessaires à la fécondation. Ainsi, d'une part,
les phénomènes que nous venons de passer en revue
sont des symboles, d'autre part ce sont aussi des phénomènes biologiques. Comme tels, ils devaient subir
la loi de tout processus organique. Il n'est donc pas
étonnant, dès lors, qu'ils montrent de l'ordre, de
l'harmonie, de la beauté en un mot. Car qu'est-ce que
la beauté, sinon l'organisation rendue sensible, la vie
manifestée ? Par exemple, les insectes chanteurs
devaient, en vertu de la loi biologique du rythme, loi
qui régit les contractions des muscles, les mouvements
du sang, les émissions du souffle, etc., procéder, eux
aussi, par sons détachés, à intervalles et par groupes
de sons, coupés d'intervalles plus prolongés. De là une
certaine variété et une certaine unité, bref, de l'harmonie. Les sons émis par les oiseaux, sortant d'un
organisme plus complexe, devaient être plus complexes
aussi et plus variés. Mais aussi ils devaient être parta-
gés par des intervalles plus distincts et plus habile-
ment rythmés, former des airs en un mot. Il en est de
même des évolutions et des jeux. Les danses des
oiseaux ne sont pas autre chose que des mouvements
de marche exécutés sur place et participant, mais à un
plus haut degré, à la cadence de la marche : ainsi des
battements d'aile. La grâce qu'ils déploient dans leurs
exercices de haut vol n'est que la puissance même et
l'aisance de ce vol rendues plus sensibles, parce que,
à ces moments, il n'a pas d'autre but que lui-même et
qu'il est favorisé par une surabondante émission de
forces. On pourrait suivre tous les degrés d'harmonie
et de beauté croissantes dans les chants, à partir du

grésillement des criquets jusqu'au chant du rossignol,
dans les mouvements à partir des battements d'aile
décousus du papillon blanc jusqu'aux spirales majestueuses des aigles, des milans et des condors; on
trouverait toujours les productions esthétiques parallè-
les aux ressources de la vie. Les manifestations de
l'amour sont comme les organismes d'où elles émanent
et suivent en général dans leur richesse et leur éclat la
même progression que ceux-ci dans leur complexité.

Cette théorie, il est vrai, souffre plusieurs difficultés,
celle-ci entre autres. Comment est-il possible que les
seules lois qui régissent le processus biologique dans la
formation des organes expliquent aussi le processus du
langage animal sous toutes ses formes, alors que ce
langage offre des caractères esthétiques si éminents,
si supérieurs à toutes les autres manifestations de la
vie. Pourquoi cette concentration de la beauté sur certains points et ce dénuement esthétique sur certains
autres? Comment rendre compte d'effets aussi différents en s'appuyant sur les mêmes principes ? Si la
beauté est la vie, pourquoi tout organe vivant n'est-il
pas également beau ? On peut répondre que les attributs sexuels sont la floraison de la vie en chaque individu, qu'ils en résument plus ou moins complétement
les caractères, et cela parce qu'ils sont destinés à l'exprimer tout entière pour ainsi dire en raccourci. Exprimer, c'est résumer et concentrer. Le sort de l'animal
comme reproducteur dépend de l'idée qu'il donnera
de lui à la femelle dans ce court moment de la poursuite sous la forme d'expression qu'il a adoptée. La
nécessité s'impose à lui de présenter de lui-même un

symbole qui contienne, élevée à la plus haute puissance possible, ce qu'il y a en lui de vitalité. Un organe inutile en soi représente donc à lui seul tout l'organisme : il n'est pas surprenant qu'il ait au plus haut degré cette variété et cette unité, cette harmonie en un mot qui est le propre de toute organisation vivante.

Mais, objectera-t-on encore, d'où vient la diversité de ces moyens d'expression ? Tout simplement des différences d'organisation qui rendent les uns plus aptes à une démonstration, les autres à une autre. Eh quoi ! les animaux se sont-ils donné à eux-mêmes ces attributs et facultés si dignes d'admiration ? N'est-ce pas outrager le Créateur que de le prétendre ? Nous répondrons que la science ne nie en rien une intervention transcendante dans les choses de la nature quand elle s'efforce de rattacher un phénomène à un autre phénomène. A ce compte, toute explication naturelle des phénomènes serait un outrage à la divinité, et il serait impie au physicien de ne pas se borner à dire que c'est Dieu qui tonne. Qu'on veuille bien remarquer d'ailleurs qu'attribuer à l'action divine sans plus d'explication les instincts des oiseaux chanteurs, ce n'est rien dire en dernière analyse ; car si Dieu fait tout, ce qui est évident par définition, il est tout à fait superflu de répéter à propos de chaque chose qu'elle vient de lui. Le seul point intéressant par où la science peut s'accroître est d'expliquer *comment* chaque chose se fait, c'est-à-dire quel est l'enchaînement de phénomènes (psychiques ou mécaniques) qui la produit. Une théorie des instincts est toute dans le déterminisme de leurs conditions. — Mais alors il faut recourir au Darwi-

nisme qui seul leur attribue une genèse? — Il est
certain qu'une philosophie qui nie l'évolution et pour
qui les espèces sont nées de toutes pièces pourvues
de tous leurs caractères tant esthétiques qu'organiques
ne souffre aucune recherche sur l'origine des instincts.
D'autre part nous sommes bien forcé de reconnaître
que l'acquisition progressive des facultés symboliques
des animaux supérieurs, en tant que ces facultés dépendent directement de leur volonté, n'a rien que
d'aisément intelligible. Chaque printemps nous pouvons voir les efforts inouïs faits par certains oiseaux
chanteurs, les rossignols par exemple, pour se surpasser et surpasser leurs rivaux. Il n'est pas possible que
cette ardente compétition ne perfectionne pas les facultés musicales de ces oiseaux. Brehm constate qu'à
l'automne les jeunes rossignols livrés à eux-mêmes
sont inhabiles; c'est au printemps suivant qu'inspirés
par la passion et entourés d'habiles modèles qu'ils cherchent à vaincre, ils atteignent la perfection dont ils sont
capables. Chaque individu accomplit donc un progrès
dans le cours de sa vie : pourquoi l'espèce n'aurait-
elle pas eu à parcourir les mêmes stades? Un autre fait
établit en ce sens une forte présomption : « la localité,
dit Brehm, exerce une grande influence sur le chant.
Les jeunes rossignols ne peuvent être formés que par
les vieux qui habitent les mêmes endroits ; il en résulte que dans un canton il y aura d'excellents chanteurs tandis que dans un autre on n'en trouvera que
de médiocres. » Il y a donc des milieux esthétiques
formés par la réunion d'un certain nombre de chanteurs, ici plus, ailleurs moins favorables au développe-

ment des facultés musicales. Qu'en conclure si ce n'est que ces facultés sont dans un perpétuel devenir, qu'elles diffèrent suivant les individus, les saisons, les milieux? Mais dès lors nous sommes autorisé à croire que les mêmes efforts et les mêmes circonstances qui favorisent maintenant le progrès de ces naïfs talents ont pu à l'origine les susciter, et que ce sont les rossignols eux-mêmes qui les ont acquis sous l'aiguillon du désir, pour séduire des femelles d'oreille de plus en plus délicate. Comment, en effet, la naissance d'un groupe de phénomènes serait-il d'autre sorte que sa croissance, dont elle est la première phase ?

Il nous paraît qu'on peut, sans pécher contre la logique, étendre cette conclusion à toutes les attributions esthétiques sexuelles qui rentrent dans le domaine de la conscience et de la volonté. Il reste à expliquer celles qui échappent par leur nature à la conscience. Le cas est plus difficile. Cependant les changements de coloration de certains animaux aquatiques suivant la couleur du fond sur lequel ils vivent, changements qui sont instantanés chez le poulpe, nous indiquent que la vision y joue un rôle et par conséquent les centres nerveux principaux. C'est une représentation en définitive qui détermine cette modification des tissus cutanés. Les phénomènes de cet ordre commencent seulement à être mieux connus; nous ne doutons pas qu'en suivant la voie indiquée par M. Pouchet on n'arrive à en déterminer la cause. La découverte du nerf qui produit telle turgescence, telle sécrétion, telle coloration, et la détermination des centres avec lesquels ce nerf est en rapport, nous apprendra

pour chaque phénomène s'il est le résultat d'une
action réflexe locale, consécutive à la maturité des
organes sexuels, ou s'il ne provient pas plus ou moins
directement de l'activité cérébrale consciente et volontaire.

Fixons le point où nous sommes parvenu. Entre le
mâle et la femelle il y a, dans toute la partie sexuée du
règne animal, des rapports préliminaires autres que les
rapports physiologiques; ces rapports préliminaires
sont psychologiques surtout et le sont davantage à
mesure qu'on s'élève dans l'échelle. Ils consistent
généralement en des manifestations d'ordre esthétique
adressées par le mâle à la femelle, lesquelles supposent
une correspondance entre les facultés de représentation de celle-ci et les facultés d'expression de celui-
là. D'une part, chez le mâle, des caresses, des émanations odorantes, une parure, des chants et des mouvements, quelquefois séparés, quelquefois réunis pour
exprimer le désir amoureux; d'autre part, chez la
femelle, des sens plus ou moins subtils, toucher, odorat, vue, ouïe, correspondant à ces diverses manifestations du désir et invitant à y répondre celle qui les
perçoit; sans qu'on puisse cependant nier que souvent
aussi les manifestations viennent de la femelle et que
le mâle doit être pourvu des sens correspondants, car,
à leur défaut, il ne comprendrait pas même ses propres
avantages et ne chercherait pas à les acquérir. Le mâle
et la femelle, sans cesse occupés, pendant un temps de
l'année tout au moins, de représentations dont ils sont
l'objet réciproque, ont donc à proprement parler une
seule et même conscience en deux foyers correspon-

dants. La correspondance de ces deux foyers conjugués est le lien qui fait de ces deux individualités partielles, incomplètes, une individualité déjà plus capable de se suffire, laquelle les embrasse toutes deux, du moins momentanément. C'est l'extension de cette société aux jeunes issus d'elle qui l'achèvera et la scellera en la perpétuant.

Mais avant de passer à cette seconde partie de notre travail, décrivons les phénomènes par lesquels la société conjugale, après s'être formée d'une manière positive, se constitue négativement en quelque sorte, non plus par les attraits réciproques de ses membres, mais par la répulsion plus ou moins partagée de ce qui n'est pas elle, non plus par l'amour, mais par le combat.

Il n'est pas téméraire de croire que plus un animal désire s'unir avec sa femelle, plus il repousse ardemment dans sa pensée les rivaux qui peuvent empêcher cette union. Une association étroite lie ces deux passions l'une à l'autre et confond dans un même état de trouble l'attente de la possession et l'angoisse du refus, l'amour et la haine. Aussi n'est-il pas rare de voir les prétendants, non contents de rivaliser entre eux par l'étalage de leurs attraits, en venir à un véritable combat qui décide, en dépit des préférences de la femelle, du succès de l'un des deux compétiteurs. Darwin a signalé ces habitudes guerrières chez un grand nombre d'insectes et même chez quelques poissons. Elles sont presque universelles chez les oiseaux et règnent également chez les mammifères. Elles ne se rattachent qu'indirectement à notre sujet ; nous n'y insisterons donc point. Nous ferons remarquer seulement un trait curieux de ces phénomènes de compétition. On croit trop généralement que les animaux mâles qui combattent pour la possession d'une femelle combattent à mort et dans les sentiments où sont deux hommes qui en viennent aux mains. On ne remarque pas que, même dans l'humanité, les combats ne sont pas toujours sérieux, du moins chez les enfants et chez les sauvages, auxquels les animaux ont été souvent comparés, et que bien souvent les champions cherchent autant à s'effrayer qu'à se détruire. Dans l'animalité les combats sérieux sont ceux qui se livrent entre animaux d'espèces différentes, dont l'un a besoin de manger l'autre pour vivre. Mais il en est autrement des combats entre prétendants ; c'est par exception qu'ils sont mortels. Il s'agit le plus souvent de savoir lequel est le plus fort ou le plus fougueux, et le plus faible ou le moins hardi s'éloigne presque toujours avant que sa perte soit consommée. D'abord les oiseaux et les mammifères, avons-nous dit, combattent presque tous ; or un grand nombre sont dépourvus d'armes capables de faire de graves blessures. Leur lutte n'est donc qu'une assez vaine démonstration. Il n'y a que les becs et les griffes des carnassiers qui tuent. Ensuite les premiers coups, même d'armes meurtrières de cette sorte, ne sont pas toujours mortels ; ils abattent au plus l'ennemi sans l'achever. Le vainqueur s'empresse de fuir avec sa conquête et le vaincu peut se relever pour recommencer de nouveaux combats après quelques jours de régime. Certains herbivores sont, il est vrai, terriblement armés, mais on peut dire que c'est contre leurs ennemis mortels les carnassiers, qu'ils ont acquis ces armes, non contre leurs rivaux. Combien parmi les cornes des ruminants sont, je ne dirai pas inoffensives, mais du moins relativement peu redoutables, si l'on considère surtout les fronts massifs contre lesquels elles sont appelées à se heurter ! Ce sont moins des armes que des ornements guerriers. Quelques-unes même sont embarrassantes pour leurs possesseurs, au point de changer *accidentellement* en duel fatal aux *deux* combattants ce qui n'était d'abord sans doute possible qu'un simple tournoi. C'est ce qui arrive assez souvent pour les cervidés quand leurs bois s'enchevêtrent les uns dans les autres. Ce n'est pas en effet une bataille véritable qu'ils se livrent d'ordinaire : le nom de tournoi convient beaucoup mieux à leurs luttes. La place en est en quelque sorte fixée d'avance ; ils y reviennent chaque année. Il en est de même des oiseaux en apparence les plus belliqueux de tous : ceux qu'on appelle les Combattants et qu'on appellerait plus exactement les jouteurs. A une place marquée, fréquentée aussi par les femelles, les mâles viennent chaque matin ornés de leur parure de noces. Deux d'entre eux s'avancent l'un contre l'autre tout tremblants ; ils se frappent à coups redoublés, mais jamais leur sang ne coule : c'est à peine si une plume vole çà et là. Leur bec long et flexible est incapable d'entamer la peau de l'adversaire. C'est une lutte à armes courtoises, une sorte de fantasia brillante. Nous trouvons des faits analogues dans la classe des insectes. M. De la Brûlerie nous raconte une rixe interminable entre deux coléoptères armés, ce semble, de manière à donner la mort du premier coup, deux Scarites géants. « J'en vis deux, dit-il (1), qui se battaient peut-être pour la possession d'une femelle. C'était plaisir de les voir prendre champ et dressés sur leur première paire de pattes raides en avant, se menacer de la dent. Tous deux ensemble ils s'élancent, enlacent leurs mandibules, serrent et secouent avec rage. L'un et l'autre fait d'inutiles efforts pour blesser son adversaire ou le forcer à lâcher prise. Grâce aux armes et aux cuirasses égales des deux champions, cette première attaque reste sans résultat. Ils se séparent, reculent de quelques pas et s'élancent de nouveau. Tous deux étaient sur leurs gardes, aussi bien des attaques furent-elles parées. Enfin l'un saisit l'autre et l'enleva de terre... » On croit le combat terminé? Point du tout. Après bien des péripéties, la joute en est au même point; aussi l'observateur se lasse-t-il plus vite de l'examiner qu'eux de la poursuivre. « Malgré mon désir de voir l'issue définitive de la lutte, je ne pouvais rester à la même place toute la journée et je les laissai dans cette position. » Nous ne voudrions pas qu'on donnât à ces remarques une extension universelle qu'elles ne comportent pas ; nous savons que chez les bovidés on a constaté que de jeunes mâles ayant les jambes brisées sont restés sur place et y sont morts de faim ; et que chez les espèces les plus inoffensives le combat devient quelquefois mortel, comme chez les Moufflons, les

(1) *Annales de la Société entomologique*, année 1866, p. 521. Qu'il nous soit permis de donner ici un regret à notre ami Charles de la Brûlerie, mort à 31 ans, au moment où il réalisait déjà les brillantes espérances que ses premiers écrits avaient fait concevoir.

Chamois et les Bouquetins qui, combattant au bord des précipices, y tombent parfois précipités par leurs adversaires ; mais nous pensons, après un examen attentif, que les luttes en l'honneur des femelles sont généralement des démonstrations d'ordre esthétique où se déploie la fière beauté des mâles, plutôt que des duels décisifs où le vaincu perd nécessairement la vie.

Le moment de la pariade est toujours marqué chez les animaux par une grande agitation. Un grand nombre éprouvent à ce moment le besoin de se réunir en assemblées tumultueuses, dont le but est sans doute de se rencontrer et de se choisir, mais aussi de satisfaire leur excitation en la multipliant par la vue de leurs semblables, excités comme eux. C'est en de telles assemblées que se déploient les plus saillants des attributs sexuels que nous venons d'énumérer. Une espèce d'oiseaux australiens va même jusqu'à construire pour ce moment comme un temple d'amour en forme de berceau, orné de plumes et d'objets brillants, où les mâles et les femelles passent et repassent avec un air de joie. Ce berceau n'est pas un nid, car les nids sont construits plus tard par les couples une fois formés. Il sert seulement de théâtre aux évolutions galantes qui précèdent la pariade, et cela pour plusieurs couples. Mais les assemblées dont nous parlons ici ne sont pas des sociétés véritables ; elles ne sont pas permanentes, elles ne sont pas organisées. Les plus durables sont celles que forment les poissons au moment du frai, quand les eaux chaudes de la mer, en se déplaçant, les entraînent avec elles loin des parages où elles se sont formées. Les migrations bien connues des harengs ne nous paraissent pas avoir d'autre cause. Bientôt les ennemis qui pressent le banc de toutes parts l'obligent à se resserrer ; de plus, la fonction même de la fécondation rapproche les individus qui la composent ; ils forment ainsi une masse plus ou moins compacte et sans ordre, du moins où nul ordre n'a été observé.

Le choix accompli dans ces réunions temporaires, les deux membres de la société naissante aspirent aussitôt à se séparer de leurs semblables. Un petit nombre d'oiseaux et de mammifères restent en bande après ce moment ; mais plus des deux tiers de ceux qui vivent en société s'isolent après la pariade. L'instinct est tellement invétéré, qu'il survit même à des siècles de domestication. Ainsi, dans nos troupeaux de bœufs, les vaches en rut sont suivies par le taureau dans un coin écarté du pré, et les deux bêtes restent ainsi isolées jusqu'à l'accouplement. Par là, les animaux effacent de leur esprit toute autre image que celle de leur compagnon préféré, et cette exclusion ne tend pas moins que l'amour même à resserrer leurs liens réciproques.

D'ordinaire, quand il y a lutte, la victoire n'assure pas seulement au vainqueur la possession momentanée de la femelle ; le vaincu est définitivement écarté de la localité ; s'il s'aventure dans les environs, il aura à encourir de nouvelles rigueurs, cette fois des deux époux. Ceci n'est vrai que pour les unions conjugales qui durent au moins une saison, mais est vrai de presque toutes. Rare chez les insectes et chez les poissons, le fait devient très fréquent chez les oiseaux et les mammifères. Nous en traiterons plus complétement quand nous étudierons les relations de la société domestique avec le sol qu'elle occupe. Dès maintenant nous pouvons comprendre que les deux membres qui la fondent éprouvent, une fois unis, non seulement une affection mutuelle, mais des répulsions communes, en même temps qu'ils se représentent tous les deux comme liés à leur personne et indispensables à leur activité certains objets ceints de limites définies.

Cependant, quelle que soit la correspondance de représentations et de désirs qui unit la conscience d'animaux de sexe différents à la saison des amours, cette correspondance ne fonde qu'une société éphémère, quand elle n'est pas corroborée par le partage d'autres fonctions. Aussi voit-on chez une infinité d'espèces animales inférieures les unions conjugales limitées au temps nécessaire pour déterminer l'accouplement, sans que le mâle et la femelle une fois séparés aient chance de se rencontrer jamais. Souvent même comme chez beaucoup d'insectes, le mâle meurt dès que l'acte de la fécondation est accompli. Il est nécessaire pour qu'une société durable s'établisse, non seulement — ce qui est évident — que le mâle survive à l'accouplement, mais aussi que la femelle survive à la ponte assez longtemps pour voir éclore sa progéniture et former un groupe permanent avec eux. Dans ce cas, le mâle pourra prendre part avec elle à l'éducation des jeunes, et la société domestique véritable sera fondée. Nous sommes par là invité à étudier d'abord les sociétés formées par les mères et les jeunes; tel sera le sujet du prochain chapitre.

CHAPITRE IV

FONCTION DE REPRODUCTION (suite)

Société domestique maternelle : la Famille chez les Insectes.

Importance croissante de la vie de relation dans l'organisme social domestique. — Discussion sur l'origine de l'amour maternel. — Ses manifestations chez les animaux inférieurs : soins donnés aux œufs par la femelle des mollusques, des annélides et des insectes autres que les hyménoptères. Hyménoptères non sociaux. — Familles où la fonction maternelle est partagée entre plusieurs individus : hyménoptères sociaux. — Généralités sur l'organisation sociale et sur l'industrie collective des hyménoptères. — Les guêpes et leurs sentinelles. — Les abeilles : explication de plusieurs détails de leur économie. — Les fourmis : la fourmilière est-elle un état ou une famille? Supériorité de leur constitution sociale et raisons de cette supériorité; leur industrie. Des fourmilières mixtes; comment le concours des individus est-il possible dans les expéditions et les travaux? Unité, continuité sociales qui en résultent. — Des fractionnements accidentels de l'individualité collective. Conclusion. — Des termites : constitution et industrie.

La société conjugale ainsi formée est la condition de la famille mais non la famille même. Germe de la société domestique, elle doit subir dans son développement les différenciations successives et la conden-

sation croissante qui conduit tout germe à son achèvement. Sans ces modifications, elle se dissoudrait
rapidement ; car si les couples doués d'une haute
faculté de représentation se trouvent par là disposés à
un attachement réciproque et forment, grâce à cette
faculté, une conscience unique quelque peu durable,
les besoins de la vie individuelle ne tarderaient pas
cependant à provoquer leur séparation lorsque le besoin serait satisfait, et à changer même leur concours
en rivalité. La fonction qui consolide l'union des parents en spécialisant leurs activités et en rendant par
là leur concours nécessaire, est l'éducation des jeunes
issus de leur rencontre. Nous nous proposons d'étudier ici comment la famille animale est constituée sous
l'influence de cette fonction.

Nous ne devons pas oublier tout d'abord que les
jeunes sont une partie de l'organisme des parents.
Le bourgeonnement se substitue peu à peu à la scissiparité, et l'oviparité au bourgeonnement ; la fonction
reproductrice apparaît dès lors comme une spécialisation de la fonction nutritive et le germe n'est qu'une
colonie de cellules qui se développe en un point particulier de l'organisme, suivant les mêmes lois que les
autres cellules bien que sous d'autres conditions. A
ce point de vue le jeune est bien réellement une continuation, un prolongement des organismes producteurs,
et une émanation du tout vivant momentané qu'ils forment par leur union. Mais cette communauté de substance, quelque essentielle qu'elle soit pour expliquer
l'hérédité physiologique, ne suffit pas pour constituer la
famille qui est un organisme moral. Il faut pour cela que

la communauté des substances se change en une communion des consciences et que les organismes divers qui composent la société domestique, après s'être séparés matériellement, se rattachent de nouveau les uns aux autres par des liens spirituels, c'est-à-dire par des idées et des sentiments réciproques. L'histoire de la famille animale est l'histoire de ce processus corrélatif des consciences individuelles vers la formation d'une conscience unique.

La nature spirituelle de cette unité la rend, comme on le verra, susceptible d'une concentration à laquelle l'unité physiologique ne se prête pas au même degré. En effet, les divers êtres issus les uns des autres ne peuvent avoir ensemble de communication biologique durable. Ils sont successifs comme ils sont distincts. Par exemple les jeunes d'une famille de mammifères peuvent être nourris un certain temps par leurs parents et de leur substance même ; mais enfin, au bout de quelques mois, il faut bien qu'ils vivent d'une vie individuelle, du moins physiologiquement. Le tout organique dont ils faisaient partie se trouve alors rompu. Par la vie de relation au contraire ces différentes consciences sont rattachées les unes aux autres à partir du moment même où les différents organismes se séparent. La génération en voie de croissance doit pour se développer recevoir les enseignements de celle qui s'en va ; celle-ci de son côté n'a plus qu'un but : la vie de ceux qu'elle a procréés ; et ainsi tous ne forment qu'une conscience dont le centre invisible embrasse une période plus ou moins longue de mois ou d'années. Non seulement la distance dans l'espace se trouve supprimée par ce consensus d'émotions et de représentations ; les intervalles dans le temps sont grâce à lui comblés du même coup : effets que l'union physiologique constante eût rendus absolument impossibles.

Une difficulté presque insurmontable nous arrête au début de tout cet ordre de questions. Si le mâle et la femelle demeurent unis, avons-nous dit, c'est grâce à leur amour commun pour leur progéniture ; mais le mâle, devons-nous ajouter, n'entre dans la famille d'une manière constante que vers les régions supérieures du règne animal ; jusque-là la femelle noue seule société avec les jeunes, et c'est quand cette société est formée déjà que le mâle se présente pour en faire partie. Il faut donc, pour rendre compte de la famille, expliquer tout d'abord l'amour maternel, or c'est précisément cette explication qui nous paraît des plus épineuses. Le lecteur va en juger.

Les efforts consacrés à rendre raison d'un fait aussi universel et à première vue aussi nécessaire peuvent sembler dépensés bien mal à propos. Mais nous estimons que la question se pose à nous avec un caractère impérieux. De ce que la plupart des êtres vivants doivent la conservation de leur vie aux soins maternels, il ne s'ensuit pas que le monde ne pourrait aller autrement. D'abord il n'est pas du tout nécessaire qu'il y ait des êtres vivants, et puisqu'il y en a, la science doit dire à quelles conditions ils ont été possibles, quel enchaînement de faits leur a permis de venir au jour et d'y rester. Ensuite il pourrait y avoir des êtres vivants en tout aussi grand nombre sans que les mères soient douées de leurs instincts généreux. Des ordres entiers d'animaux existent où les mères ne donnent que peu ou point de soins à leur progéniture. Le règne végétal ne nous présente rien d'analogue à l'amour maternel et n'en subsiste pas moins. Le fait de l'amour maternel est donc essentiellement contingent et relatif ; la tâche incombe à la sociologie de déterminer les causes qui lui ont donné naissance. Il faudra que cette question soit résolue ou que la sociologie renonce à exister.

Malheureusement, à l'heure où nous sommes, l'évolution des instincts en général et de celui-là en particulier est encore très mal connue. Elle n'est point, en effet, renfermée dans l'histoire d'un individu ; elle s'étend à travers les temps les plus lointains jusqu'au jour où l'espèce est apparue, peut-être même avant, si l'espèce est née comme un rameau sur un tronc plus ancien. Elle ne peut donc être saisie qu'en même temps que les origines de l'espèce (chose difficile) et si l'espèce a des origines (opinion fort discutée). Ainsi on ne saurait rechercher la genèse d'un seul instinct sans admettre implicitement ou explicitement le système auquel Darwin a donné son nom. Mais dès lors quel embarras pour le psychologue ! Faut-il qu'il entre incidemment dans une controverse de cette importance, ou qu'il prenne parti d'un mot dans un débat aussi confus ? On ne peut exiger de lui ni l'un ni l'autre. Bornons-nous donc à imaginer ce que pourrait dire un partisan de l'évolution sur la genèse de l'instinct maternel, et examinons ce que l'hypothèse offre de vraisemblance en elle-même, indépendamment de l'hypothèse transformiste dont elle serait l'une des annexes.

Remarquez d'abord, nous dirait-on, que le problème ne concerne guère que les animaux situés le plus bas dans l'échelle. Quant aux animaux supérieurs, aux vivipares tout au moins, il est résolu de la manière la plus simple, grâce au développement bien connu de leur intelligence. Chez ceux-ci, en effet, la femelle, voyant les êtres chétifs qu'elle venait de mettre au jour et les trouvant semblables à elle, a éprouvé pour eux, de génération en génération, de la sympathie et de la pitié : de la sympathie parce qu'ils lui ressemblaient, de la pitié parce qu'ils étaient faibles (1). Ces sentiments ont lutté victorieusement contre la faim qui la sollicitait à les dévorer, et c'est ainsi que l'éducation des petits a commencé. D'ailleurs il n'est pas impossible d'admettre que la femelle devenue mère reconnaisse confusément une sorte de continuation d'elle-même dans ce petit être qu'elle a senti s'agiter en elle l'instant d'avant sa naissance. La difficulté n'est donc pas là. Mais elle se montre dès qu'on passe des mammifères aux oiseaux. Quelque intelligence qu'on attribue à l'oiseau, on comprend avec peine qu'il témoigne tant de sollicitude à cette masse inerte, d'aspect minéral, qu'on appelle un œuf, surtout au moment où aucun mouvement intérieur n'y est perceptible. Le pinson qui pond pour la première fois sait-il donc que l'avenir de sa race est enfermé dans cet œuf ? Comment le saurait-il, n'en ayant jamais vu et comment, l'ignorant, pourrait-il le deviner ? Que sera-ce si l'on considère non plus l'oiseau, mais l'insecte ? La mère, ici,

____

(1) M. Spencer, *Principes de psychologie*, t. II, p. 655.

mourra avant l'éclosion de ses œufs. Et pourtant elle leur prodigue ses soins. Il est impossible de soutenir ici qu'elle prévoit les besoins des larves futures ; on ne prévoit le retour que de ce qu'on a déjà vu. Comment donc expliquer ce choix en apparence intelligent qu'elle fait de la nourriture qui leur conviendra le mieux ? Voilà le problème dans toute sa difficulté. Voyons maintenant ce que la doctrine de l'évolution permet d'imaginer pour la résoudre.

Il semble qu'elle n'a que deux partis à prendre, si nous comprenons bien les procédés ordinaires de ceux qui s'en inspirent. Elle doit supposer, en effet, ou qu'un seul animal d'ordre inférieur a une fois par hasard donné ses soins à ses jeunes, et que cet acte unique étant profitable a augmenté les chances de la race dans la concurrence vitale, qu'il a dû, par conséquent, passer aux descendants et devenir chez eux une habitude héréditaire ; — ou bien qu'un grand nombre d'animaux également situés au bas de l'échelle ont été poussés à la fois par ce qu'ils avaient d'intelligence à montrer une certaine sollicitude pour leur progéniture. Mais la première supposition ne résiste pas à l'examen. D'abord, le hasard ne produit rien, et cet acte primitif d'où tout l'amour maternel manifesté dans l'immense multitude des êtres vivants serait dérivé, a besoin d'une explication ; où la chercher si ce n'est dans l'intelligence de son auteur ? Ensuite, cet acte unique n'a pu se transformer en habitude héréditaire que si la survivance de son auteur et des descendants de son auteur a été assurée. Or, quelles que soient les chances favorables qui en sont résultées, elles n'ont pu abolir les risques encourus par cet animal et sa descendance comme par tout être vivant. Quelle certitude a-t-on que dans cette balance hasardeuse des chances et des risques, ce sont les chances qui l'ont emporté? Un accident a pu survenir et détruire la famille dans son germe. Il faut reconnaître que ce hasard unique et les chances inouïes nécessaires à la conservation de ses effets sont une base bien fragile pour l'explication de faits si généraux et si étendus. On est ainsi conduit à croire que l'acte initial n'a pas été unique, qu'il a dû être répété maintes fois dans l'espace et dans le temps avant d'engendrer des instincts transmis à presque tout le règne animal. Mais dès lors cette fréquence même ne peut s'expliquer que par une cause permanente, et où trouver cette cause permanente si ce n'est dans l'intelligence des animaux, correspondant de la même façon à des conditions semblables? Nous voilà donc ramenés à la seconde hypothèse. Il reste seulement à la rendre plausible ; car comment admettre l'intelligence à un rôle aussi important là où elle est servie par des organes rudimentaires? Comment croire de plus qu'il y a eu prévision, dans les cas cités plus haut, là où la mort des parents avant l'éclosion de leur progéniture et les dissemblances profondes qui séparent celle-ci de ceux-là rendent toute représentation des besoins futurs manifestement impossible.

Remarquons toutefois que si le problème pouvait être ramené aux termes auxquels il se réduit dans les plus hautes régions de l'animalité, la difficulté en serait de beaucoup diminuée. Une femelle, qui met au jour des jeunes semblables ou presque semblables à elle, peut être poussée par un mouvement d'obscure sympathie à les nourrir et à les défendre sans qu'on ait besoin de lui prêter une intelligence développée. Or s'il est vrai que, comme la doctrine de l'évolution l'enseigne, les formes organiques supérieures dérivent des formes inférieures et que particulièrement les métamorphoses accomplies aujourd'hui par chaque individu représentent les destinées successives de l'espèce, on est autorisé à croire que l'hiatus ouvert actuellement entre l'état adulte de certains animaux inférieurs et leur état rudimentaire n'a pas toujours existé. Il y a eu un moment où la femelle des insectes, par exemple, devenait mère alors qu'elle n'était que larve. Mais sous quelle forme mettait-elle ses petits au jour ? Etait-ce sous forme d'œufs ? Tout porte à croire que ce n'est qu'ultérieurement que cette différenciation s'est accomplie. Le phénomène de la transmission de la vie devait être plus simple à l'origine. Si on observe les divers modes de génération des insectes, on voit que ce sont les plus parfaits qui subissent le plus de métamorphoses et que les moins parfaits sont procréés dans un état de plus en plus voisin de celui des parents. C'est l'ordre inverse de celui qui est suivi chez les mammifères, où ce sont les plus parfaits qui mettent au jour des petits le plus semblables à eux. Mais s'il en est ainsi, les premiers insectes sont nés jadis, non à l'état d'œufs, mais à l'état de larves ; en sorte que la mère, voyant ses jeunes semblables à elle, a pu prendre quelque intérêt à leur sort. Cette sollicitude s'est de là communiquée en s'augmentant de génération en génération, la même situation produisant partout des effets semblables, sans

cesse accumulés, jusqu'au moment où les métamorphoses ont commencé à se dessiner. Alors les insectes
accomplis ont continué à faire pour leurs œufs ce que
les insectes primitifs faisaient pour leurs larves, avec
cette différence qu'ils ont exécuté par impulsion organique ce que leurs ancêtres faisaient par représentation
peu ou point réfléchie. C'est ainsi que des animaux qui,
sous leur dernière forme, vivent de plantes, vont déposer leurs œufs dans des tissus vivants qui seront la proie
de larves carnassières. En somme, d'après cette hypothèse, les premiers animaux femelles qui se soient intéressées au sort de leurs jeunes seraient des vers en quelque sorte vivipares maintenant disparus, ou plutôt trans-
formés, dont l'état larvique des insectes actuels rappelle
la forme extérieure et dont leur prévoyance maternelle
représente le trait de mœurs le plus caractéristique.

Un certain nombre de faits viennent à l'appui de
cette supposition, et trouvent en elle réciproquement
la seule explication dont ils semblent susceptibles. De
l'aveu de tous, les moins hautement organisés des insectes sont les Orthoptères et les Diptères. Or, c'est
précisément chez ces espèces, où les métamorphoses
sont ou le plus abrégées ou le plus rapides, que nous
voyons les mères donner leurs soins aux jeunes une
fois éclos. Chez certains orthoptères les jeunes revêtent,
dès leur sortie de l'œuf, une forme semblable dans son
ensemble à celle de l'adulte, et sont de la part de la
mère l'objet de soins assidus; on peut citer la Blatte
qui traîne après elle sa capsule ovigère et aide ses petits à en sortir; la Forficule qui couve en quelque sorte
ses œufs, et rassemble sous elle ses jeunes après l'é-

closion ; la Courtillière qui tient les siens dans la chambre d'incubation et va, dit-on, leur chercher de la
nourriture (1). Parmi les diptères, les Muscides en-
fantent des larves vivantes et vont les déposer sur la
substance la plus propre à les alimenter. Descendons
d'un degré, et nous trouvons encore, parmi les Muscides, les Cécidomyes qui possèdent, dit M. M. Edwards (2), avec plusieurs animaux de même ordre,
cette faculté reproductrice pendant qu'ils sont encore
à l'état de larve. On sait enfin que les pucerons, pendant la belle saison, produisent directement des pucerons complétement formés.

C'est par cette voie que la philosophie de l'évolution
pourrait, ce semble, tenter une explication de la genèse de l'amour maternel chez les animaux inférieurs,
et par conséquent dans tout le règne animal issu d'eux.
Mais l'explication, sous cette forme (nous l'avons
présentée le mieux qu'il nous a été possible), n'est pas
valable. Si nous étions témoins de soins donnés à des
larves par les larves mères, si seulement les annélides,
ancêtres supposés des insectes, témoignaient pour
leurs jeunes quelque sollicitude ; si, enfin, ceux d'entre
eux qui se produisent par gemmation, comme la Naïs,
les Syllis et les Myrianes montraient quelque attention
pour l'individu (agame ou sexué) qui se détache d'eux;
ou aurait. dans ces faits, un point de départ assuré, et
il suffirait en effet de suivre pas à pas, à travers les
intermédiaires marqués plus haut, les transformations

(1) MM. Blanchard, *Métamorph.*, p. 570; Girard, id., p. 323, 336.
(2) Tome II, p. 225.

de cette tendance primitive. Mais parmi les annélides
observés jusqu'ici, les uns, comme les sangsues, pondent des œufs, et prennent déjà certaines précautions
pour les protéger (1); les autres, qui se reproduisent
par gemmation ou bourgeonnement, ne prennent aucun soin de la partie d'eux-mêmes qui commence une
vie indépendante. La base même fait donc défaut à l'hypothèse ; il nous faut la rejeter, non pas comme émanant
de la théorie évolutionniste, mais comme n'offrant pas
un degré de probabilité suffisant. Seulement, nous devons reconnaître que la genèse de l'amour maternel,
restée jusqu'ici sans explication, en attend une de la
sociologie. Il est impossible, encore une fois, que cette
science subsiste et prenne rang si elle renonce à cette
tâche (2).

Cette lacune signalée, exposons les principales manifestations de l'amour maternel dans le règne animal,
et voyons, en les passant en revue, comment la famille
gagne par elles dans le temps et dans l'espace une
unité croissante. La division la plus rationnelle qui
puisse présider à cet exposé est celle qu'on tirerait
de la complication croissante de la fonction ; on exami-
nerait d'abord les groupes où la mère et le père, également indifférents à leurs œufs, ne reçoivent de leur
rapport avec leur progéniture aucune autre spécialisa-

____

(1) **M. M.** Edwards, *Physiologie*, vol. IX, p. 281.
(2) Le problème semble insoluble à Darwin, voir *The descent of Man*,
vol. I, p. 80 : « With respect to the origin of the paternal und filial
affectious, wich appareuty lie at the basis of the social affections, it is
hopeless to speculate. »

tion que celle des organes reproducteurs. Puis, on
parcourrait les différents degrés de spécialisation résultant d'une intervention de plus en plus active de la
mère : premièrement, le choix d'un emplacement favorable à l'éclosion des œufs ; secondement, le choix
d'un emplacement favorable à leur conservation ; troisièmement, l'invention des moyens destinés à les fixer
et à les enfouir ; quatrièmement, la construction d'un
véhicule ou d'un abri distinct ; cinquièmement, la
ponte près d'une substance capable de nourrir les
larves ou jeunes une fois éclos ; sixièmement, la construction d'un abri et la préparation d'une nourriture
spéciale pour ces mêmes jeunes ; septièmement, leur
élevage par l'apport d'une nourriture dégorgée ou simplement offerte. C'est alors seulement que le père peut
intervenir et que la différenciation commence à l'atteindre. Tel est l'ordre théorique, et il est difficile que
la logique des choses, si conforme ailleurs à celle de
l'esprit, s'écarte beaucoup d'un plan aussi rationnel.
Mais comme ce plan est poursuivi *à la fois* dans plusieurs groupes d'êtres vivants, jusqu'à des degrés
d'achèvement fort divers, comme le langage ne peut
suivre ces différents processus dans leur simultanéité,
et que, obligé de mentionner, comme appartenant à la
même catégorie, plusieurs groupes naturels de la classification, puis d'y revenir pour la catégorie suivante,
nous ne manquerions pas de tomber dans une confusion sans remède, nous préférons adopter résolûment
l'ordre linéaire et suivre *successivement,* au point de
vue qui nous occupe, chaque classe d'animaux, depuis
les plus humbles jusqu'aux plus élevés.

Commençons par les Mollusques. Nous ne trouvons guère parmi eux que les Calyptries, genre voisin des Patelles, qui témoignent quelque intérêt à leur progéniture. La Calyptrie dépose ses œufs sous son ventre et les conserve comme emprisonnés entre son pied et le corps étranger auquel elle adhère (1). Les jeunes, une fois éclos, se développent à l'abri de la coquille maternelle et ne la quittent que lorsqu'ils sont prêts à se fixer et munis eux-mêmes d'une coquille. Les Tarets portent leurs œufs collés en anneaux autour de leur corps. Les colimaçons déposent fréquemment leurs œufs dans la terre humide ou dans quelque trou d'arbre. Enfin les Céphalopodes les fixent par grappes aux plantes marines. Mais tous les autres Mollusques abandonnent leurs œufs aux hasards des circonstances ; leur nombre immense les préserve seul d'une destruction totale.

Parmi les Annélides les sangsues terrestres forment autour de l'extrémité de leur corps fixée au sol une sorte de gaîne où elles laissent leurs œufs. En dehors de cet exemple, nous constatons dans toute cette classe, comme à plus forte raison dans celle des Helminthes, une indifférence universelle des parents pour leur progéniture. Les Crustacés portent leurs œufs pour la plupart sous leur queue jusqu'à l'éclosion. Mais ces diverses classes d'animaux sont de beaucoup inférieures pour la fonction qui nous occupe à celle des araignées. Si le

(1) Les Astéries (Echinodermes) font de même : nous avions rencontré ce fait dans nos lectures, mais nous n'avions pas cru devoir le mentionner, tant il nous avait paru invraisemblable. M. Giard nous l'a confirmé depuis.

mâle reste encore ici étranger aux préoccupations maternelles, il en est de même chez la grande majorité des insectes : ce que les araignées nous permettent d'observer n'est pas très fréquent même chez eux : la femelle continuant ses soins aux œufs longtemps après la ponte, les enfermant dans une boule de fils en forme de cocon, les portant partout avec elle ainsi enveloppés, et prenant la peine, au moment précis de l'éclosion, de délivrer les jeunes un à un de ce berceau qui, sans elle, leur deviendrait une prison. La *Nemesia Eleanora* (Moggride) vit même quelque temps dans son nid à trappes, avec ses petits, au nombre de vingt-quatre à quarante-un.

Nous arrivons aux insectes proprement dits. Nous avons cité quelques orthoptères dont une espèce offre l'exemple d'une sollicitude analogue à celle de la poule pour ses poussins. Les *Acridium* et les genres voisins, qui sont les plus remarquables de l'ordre, déposent leurs œufs en paquets dans la terre où ils creusent un trou peu profond qu'ils recouvrent ensuite quand la ponte est finie. Le reste de l'ordre n'offre rien de particulier à signaler. Les Termites exceptés, les Névroptères se contentent de déposer leurs œufs dans l'eau où doivent se développer leurs larves. Les Hémiptères aquatiques font de même ; d'autres ont des tarières (cigales) avec lesquelles elles introduisent leurs œufs dans le bois mort. Les cochenilles (Coccus) font de leur corps une sorte de toit qui recouvre les œufs et les protége contre l'intempérie des saisons ; une espèce enfin, la *Pentatoma grisea,* mérite une mention spéciale. « Elle ne couve pas, il est vrai, ses œufs, ni ne protége pas ses petits de son corps comme la forficule, mais ceux-ci, qui sont ordinairement de trente à quarante, la suivent sans cesse ; dès qu'elle commence à marcher, ils se mettent en mouvement et se rassemblent autour d'elle quand elle s'arrête. Elle ne s'envole même pas quand un danger vient à la menacer, elle et ses petits, ce qu'elle fait promptement en toute autre circonstance (1). » On sait avec quelle perspicacité les mouches découvrent les objets où leur ponte peut utilement s'effectuer. Elles sont, de plus, remarquables par quelques faits de parasitisme ingénieux analogues à celui des Ichneumonides, par l'art avec lequel les Culicides fabriquent pour leurs œufs des nacelles insubmersibles, enfin par l'instinct, jusqu'ici inexplicable, qui pousse les Œstres à choisir pour leur ponte les seuls endroits, dit-on, que peut atteindre la langue de la bête qui sera l'hôte de leurs larves. Les Coléoptères se bornent d'ordinaire à déposer leurs œufs dans la terre aux endroits que la larve préfère pour son développement. Cependant on doit distinguer les Nécrophores dont l'industrie est bien connue, un Hydrophile qui enveloppe ses œufs dans un cocon en forme de bateau, et les Coprophages, si habiles à construire et à rouler les boules où sont déposés leurs œufs. Ici paraît quelque chose de tout nouveau. On dit que les Araignées maçonnes et les Argyromètes aquatiques vivent avec les mâles : le fait est douteux ; mais il n'est pas douteux que les Nécrophores mâles aident leurs femelles à enfouir l'animal mort où seront déposés les

(1) Lacordaire, introduction, v. II, p. 480.

œufs; il n'est pas douteux non plus que l'*Ateuchus*
encourage sa femelle à rouler sa boule et que la femelle s'arrête dans son travail, dès que l'observateur,
ayant enlevé le mâle, celui-ci cesse de faire entendre
ses stridulations. Ce n'est pas tout : et les Nécrophores
et les Ateuchus s'entr'aident quand leurs travaux présentent quelque difficulté insolite, non seulement d'un
sexe à l'autre, mais d'un individu quelconque à un
autre. Rien à remarquer chez les Lépidoptères, si ce
n'est le choix des substances auxquelles les mères confient leurs œufs et la précaution que prennent quelques-uns de recouvrir les leurs d'un toit formé de poils
ou d'une coque glutineuse. Ce sont les Hyménoptères
qui vont nous offrir les faits de société domestique de
l'ordre le plus haut auquel puisse s'élever la classe tout
entière des insectes.

Voici d'abord les Hyménoptères, dits *solitaires;* les
Tenthrédines, les Urocènes, les Gallicoles, dont les
femelles, munies de tarières, déposent dans des en-
tailles faites aux différentes parties des végétaux un
œuf accompagné d'une liqueur corrosive, et déterminent ainsi des excroissances variées, séjour de
la larve; les Ichneumonides, dont on connaît l'é-
tonnante manœuvre, fléau des autres insectes; les
Sphex, les Pompiles, les Ammophiles des sables, les
Philanthes, etc., qui creusent dans le sable des trous
où elles introduisent avec l'œuf la nourriture de la
larve encore à naître; les *Bembex,* qui nourrissent la
leur de victimes récentes sans cesse renouvelées;
d'autres espèces de la même famille des fouisseurs
(*Pelopœus, Chlorion, Crabro, Ceramia, Odynera,*

Eumene coarctata, etc.), qui confectionnent avec de la terre des loges à cellules plus ou moins nombreuses dans des situations diverses ; les Mellifiques, enfin, dont l'organisation acquiert un perfectionnement nouveau de la plus haute importance, et qui joignent à leur rôle de mère celui de nourrices. Dès lors, la matière offerte aux larves n'est plus un produit de la chasse, conquis le plus souvent au prix de mille dangers, c'est une substance végétale que la mère recueille sans péril et conserve toujours prête. Mais ce qu'il y a de remarquable dans cette différenciation nouvelle, c'est qu'elle peut, transportée de l'individu à la société, donner lieu à un concours harmonique. Imaginons en effet qu'une catégorie d'individus garde la faculté procréatrice, tandis qu'une autre acquiert, en devenant stérile, l'aptitude nourricière ; la société domestique maternelle sera fondée par leur collaboration. Mais tous les Mellifiques ne se sont pas élevés jusqu'à ce degré d'organisation sociale ; les Anthophores, les Andrènes, les Collètes, les Mégachiles, les Anthidies, les Xylocopes et les Osmies fabriquent elles-mêmes la miellée au pollen qu'elles confient à des constructions délicates pour le jour où, elles mortes, leurs larves écloront.

C'est ce partage des attributions maternelles en deux fonctions conspirantes, c'est, en un mot, l'apparition des neutres qui a produit les grandes sociétés d'hyménoptères. En d'autres termes, elles sont constituées par une différenciation au sein de l'organisme reproducteur, de l'organe féminin, jusqu'ici unique, en deux organes distincts, nécessairement appelés à concourir.

Les observations qui sont le plus propres à faire comprendre cette vue sont celles que M. Forel a recueillies sur l'appareil dont se servent les fourmis pour dégorger les sucs nourriciers à leurs compagnes et à leurs
larves. Il a découvert et décrit avec soin cet appareil
qu'il appelle le jabot, et qui est situé dans l'abdomen;
il a vu une fourmi, qu'il avait gorgée de miel teint en
bleu, le dégorger en faveur d'une autre et son ventre
se dégonfler, pâlir, tandis que celui de la seconde se
distendait de liquide bleuâtre. Et la conclusion qu'il
tire de ce fait a une grande portée : « On peut, dit-il,
diviser le canal intestinal des fourmis en une partie
antérieure qui sert plus à la communauté qu'à l'individu, et une partie postérieure spécialement réservée
à la nutrition de ce dernier (1). » Il est vrai que chez
les trois sexes le canal digestif a la même structure;
mais, quel que soit le sens de ce fait qui relève sans
doute de l'hérédité, il n'en est pas moins vrai que les
femelles et les neutres manifestent seuls la fonction
correspondante, et que c'est cette fonction qui constitue le trait distinctif des immenses sociétés qu'elles
renferment. On pourrait imaginer des neutres chassant
pour les larves et dépourvues de la faculté de dégorger
des sucs; certains Névroptères sociaux offrent, dit-on,
— bien que la chose nous paraisse encore des plus
douteuses, — un exemple de ce mode d'élevage; aussi
ne prétendons-nous pas que, sans la faculté mellifique,
les sociétés d'insectes les plus parfaites eussent été
impossibles. Nous croyons seulement que cette faculté

____

(1) *Fourmis de la Suisse*, p. 111.

a favorisé au plus haut point la formation de telles sociétés, et qu'elle est pour celles que nous connaissons une attribution fondamentale. Ce sont des sociétés dont l'élevage est la raison d'être, des sociétés maternelles, comme nous les avons appelées. La famille y atteint une de ses phases essentielles, sans cependant s'y élever (et il s'en faut de beaucoup) à son plus haut point de perfectionnement, qui suppose l'accession active des mâles. Or ici les mâles sont réduits à la fonction physiologique, et, dans certains cas, reçoivent la mort des membres femelles auxiliaires auxquels leur faiblesse et leur inintelligence les subordonne d'une manière absolue. A plus forte raison ne méritent-elles pas les noms de monarchies et de républiques qu'on leur a donnés; encore une fois, ce ne sont pas même des familles complètes, comment pourraient-elles scientifiquement passer pour des cités ou des Etats? Il y manque, pour qu'elles justifient ces appellations, deux caractères essentiels qui ne seront acquis que beaucoup plus tard, dans la série que nous parcourons, par des sociétés infiniment plus complexes : premièrement, d'être composées d'individus groupés en familles distinctes; secondement, de présenter un gouvernement. La prétendue reine n'exerce dans la ruche aucun pouvoir; centre auquel tout aboutit, aucune action ne retourne d'elle aux abeilles nourrices, et elle se borne à leur fournir en pondant la matière de leurs travaux. Comme toutes les femelles des sociétés d'hyménoptères, elle est, non pas la reine, mais une mère, et les ouvrières sont, par rapport à elle, non des sujets, mais des mères auxiliaires ou des *éleveuses;* toute autre dénomination est de la plus entière inexactitude au point de vue sociologique; la poésie peut seule s'en accommoder.

Nous sommes malheureusement, pour ces nouveaux effets de l'amour maternel, comme pour sa première origine, dépourvus d'une explication rationnelle. Mais la sociologie, pas plus que la biologie, n'est l'œuvre d'un jour et d'un homme, c'est une des qualités de l'esprit scientifique que de savoir ignorer. Ce que nous pouvons constater dès maintenant, c'est la notable unité de conscience réalisée dans l'espace et dans le temps par les sociétés d'Hyménoptères, en d'autres termes, la solidarité et la continuité qui unissent entre eux les individus multiples et successifs qui les composent.

Une représentation réciproque unit les deux sexes dans toute la classe des insectes ; mais, dès que cette représentation a produit ses effets, elle s'efface, et le mâle écarté, la femelle l'oublie, tandis qu'il meurt. Puis, une représentation plus persistante, bien que plus confuse, unit la mère à sa progéniture, mais la plupart du temps, comme nous l'avons vu, la mère meurt à son tour, avant la naissance de ses jeunes ; en sorte que ces rudiments de la société domestique ne parviennent à former qu'une conscience fragmentaire et dispersée. Ici, bien que les mâles subsistent quelque temps, ils n'entrent d'ordinaire dans la pensée des femelles que pour y être honnis comme compromettant l'entreprise commune ; d'autres fois, ils sont même ignorés. Mais la mère, les nourrices et les jeunes, à mesure qu'ils naissent, ces derniers, au nombre de plusieurs milliers, se connaissent, éprouvent les mêmes émotions, aiment et haïssent les mêmes objets, participent, en un mot, à une même conscience. Il n'est pas un de ces membres de la communauté qui ne porte en lui l'image de ses compagnons et de la mère commune, pas un chez lequel cette image ne soit prépondérante au point de lui faire oublier entièrement, dans ses appréhensions comme dans ses désirs, dans son concours pacifique ou périlleux, la représentation de soi. On sait combien les abeilles, les guêpes et les fourmis méprisent toute fatigue et négligent tout danger personnel dès que les intérêts de la société sont en jeu ; comment, d'autre part, la mère morte ou disparue, toute ardeur au travail, tout goût de vivre leur est enlevé. Ainsi donc, les membres des sociétés que nous étudions ne font qu'un dans la mère, et cela, grâce à la représentation simultanée des espérances qu'ils fondent sur elle ; à eux tous, elle comprise, ils n'ont qu'une seule vie et forment un même être, un organisme moral unique. Les éléments qui composent cet organisme sont plus étroitement cohérents que les éléments constitutifs d'un organisme individuel (blastodème), car les feuilles d'un arbre, les polypes d'un polypier, une fois séparés, ne se retrouvent pas, et ne se rejoignent plus ; moins encore pourraient-ils ranimer leur circulation si elle était abolie ; tandis que les Hyménoptères sociaux les plus élevés savent non seulement se rallier après une dispersion accidentelle, mais encore se susciter une Mère en qui renaisse, comme le dit Réaumur, *l'âme de la ruche*.

Mais sans qu'il soit besoin de recourir à ces réso-

lutions singulières , la durée normale des sociétés
maternelles pourvues de neutres, durée considérable
si on les compare aux rudiments de famille où la
femelle féconde est seule, montre assez quelles conquê-
tes une telle organisation peut réaliser sur le temps.
Les femelles auxiliaires, grâce aux provisions amassées
ou à quelque autre effort du travail collectif, peuvent
franchir l'hiver ; elles vivent en moyenne de dix à
dix-huit mois, en sorte que, nées au milieu d'un été,
elles se retrouvent prêtes au printemps suivant à continuer les travaux et à communiquer les traditions. Non
seulement, par cette survivance annuelle d'un nombre
plus ou moins grand d'ouvrières, la famille subsiste
pendant bien des maternités successives, mais même
les souvenirs s'y perpétuent. La mémoire n'y atteint
pas certes la concentration qu'elle atteint dans l'humanité ; toute comparaison de ce genre est déplacée ; car
qu'y a-t-il de moins scientifique que de confondre
ainsi les degrés les plus distants de la vaste échelle des
êtres ? Mais on peut affirmer qu'il y a quelques indices
non douteux de représentations conservées et de renseignements transmis pendant de longues années à
travers des générations d'insectes. Je n'en citerai qu'un
exemple emprunté à Vogt (1), celui de fourmis se rendant pendant des années à travers plusieurs rues fré-
quentées, à une distance de 600 mètres, dans la cave
d'un pharmacien où se trouvait un grand vase de sirop,
sans cesse rempli depuis le même temps. Ce fait auquel
on en pourrait joindre un grand nombre d'autres éta-

(1) *Animaux utiles et nuisibles*, p. 250.

blit non seulement la durée matérielle des sociétés qui n'est pas douteuse, mais l'existence d'une certaine continuité dans leur conscience à travers les repos rythmés auxquels le retour régulier des nuits et des hivers la contraignent (1). Partout du reste où il y a des consciences, leur concentration et leur continuité sont en raison directe l'une de l'autre.

Le but unique de tous les actes comme de toutes les représentations des insectes sociaux, c'est l'élevage des jeunes; mais si le but est unique, les moyens sont nombreux. Une des nécessités de l'élevage, c'est la construction d'un abri et d'un refuge : de là le développement de l'industrie dans les sociétés maternelles d'insectes. Ce n'est pas que des phénomènes de ce genre soient propres aux sociétés; il n'est pas un être vivant, si solitaire qu'il soit, qui ne sache au besoin se pourvoir d'une enveloppe, et c'est là en somme le commencement de l'industrie, si ce commencement ne se trouve pas dans la formation de l'organisme lui-même. Et sans parler des Annélides tubicoles, des Mollusques à coquille et des Mollusques lithophages, des chenilles tisseuses et enfin des araignées, déjà les Hyménoptères non sociaux nous offrent avec beaucoup d'autres insectes des exemples d'un emploi fort industrieux de la matière. Mais il n'en est pas moins incontestable que dès l'apparition des sociétés dont l'élevage est le but, l'industrie prend un essor rapide et produit

---

(1) On pourrait objecter que ce n'est pas là un acte de mémoire, parce que les individus de la fourmilière se sont renouvelés chaque année; mais dans le cerveau d'un mammifère, est-ce que ce sont les cellules mêmes qui ont reçu la perception qui s'en souviennent? ne sont-elles pas remplacées elles-mêmes?

des merveilles inattendues. C'est alors qu'on la voit
renoncer décidément à ses procédés habituels pour en
adopter de nouveaux. En effet jusque-là c'est en
grande partie à la substance même de leur corps que
les animaux inférieurs ont emprunté la matière de
leurs abris et de leurs engins. L'abri n'était qu'un
prolongement de l'organisme dont il était issu ; l'engin, comme celui de l'araignée, n'était qu'une extension
de l'animal qui en occupe le centre. Si nous examinons au contraire les produits de l'industrie sociale
nous les trouvons construits avec des matériaux de
plus en plus étrangers à la substance de l'ouvrier,
élaborés extérieurement par des moyens de plus en
plus exclusivement mécaniques. Il en résulte que le
corps vivant n'est plus aussi directement intéressé à la
conservation de l'œuvre, qu'il peut presque indéfiniment en varier la structure, la réparer et la recons-
truire, bref qu'au lieu d'être un organe elle devient un
véritable instrument. Tel était le résultat inévitable de
la vie de relation qui, essentiellement transitive, et
impliquant une communication entre plusieurs êtres
séparés, devait nécessairement soulever la matière
extérieure et l'organiser suivant les fins de la vie. Mais
devons-nous considérer ses effets comme entièrement
différents de ceux de la vie physiologique ? Il semble
que non, si on pense aux transitions insensibles qui
unissent le travail inconscient qui produit l'organe au
travail conscient qui produit l'instrument. A vrai dire
le gâteau de cire où sont les larves d'abeilles attendant
leur nourriture quotidienne, extérieur il est vrai à
chaque individu de la ruche, est intérieur à la société

tout entière, en tant qu'elle forme comme nous venons de le voir une conscience unique, une individualité collective. Une fonction commune est en quelque sorte l'âme de la ruche; un appareil commun est en quelque sorte son corps : l'un n'est que la traduction matérielle de l'autre, et l'instrument raconte la fonction aussi fidèlement que l'organe. On peut même aller plus loin et soutenir que l'instrument est organe, dans le sens plein du mot, car la fonction qu'il est destiné à servir, fontion vitale pour la communauté, subit toutes les altérations, profite de tous les accroissements que les circonstances lui apportent. La domestication masque cette vérité par les abeilles; elle reste facilement vérifiable en ce qui concerne l'appareil d'élevage des fourmis. En résumé l'industrie n'est donc que l'élaboration de l'organisme social et comme tout organisme, elle est l'expression exacte de la fonction; elle est la fonction visible. L'art nous apparait de ce point de vue dans le règne animal comme une éxtension de la vie, et l'un et l'autre doivent être régis par les mêmes lois. Une seule différence essentielle distingue leurs œuvres; elle résulte de ce que les œuvres de l'un sont le produit d'une intelligence plus ou moins consciente, tandis que les œuvres de l'autre sont le produit d'une force inconsciente, bien qu'il y ait sans doute encore quelque intelligence en elle. Cette différence, la voici : l'organe comme par exemple la coquille du mollusque, le fourreau de la serpule, le tégument de l'insecte est composé d'éléments matériels dont le nombre comme l'arrangement est indéterminé, ou plutôt indéterminable (ce qui revient au même pour nous); — et c'est ce qui

faisait dire à Leibnitz que toute matière vivante enveloppe un infini actuel, — tandis que l'instrument est
composé de parties en nombre défini dont l'agence-
ment peut être compris dans un système limité d'idées.
Seulement cette différence s'évanouit à mesure que le
microscope aidé du calcul nous découvre la formule
des structures organiques les plus délicates.

Examinons maintenant une à une les sociétés sur
lesquelles nous venons d'émettre les considérations
générales qui précèdent; nous le ferons brièvement,
car notre but est plutôt de les interpréter que de les
faire connaître, et nous nous contenterons d'attirer
l'attention chemin faisant sur les faits les plus propres à
élucider la théorie.

Il est difficile de fixer le rang que doivent occuper
les unes par rapport aux autres les sociétés d'Hyménoptères ; elles ne forment pas une série linéaire, mais
des séries divergentes douées d'attributions malai-
sément comparables. Nous rencontrons d'abord les
Anthophores qui vivent à côté les unes des autres sans
entretenir aucun commerce entre elles. L'observateur
qui les étudie n'a à redouter que celle qu'il moleste.
Viennent ensuite les Andrénides (genres Halictes et
Panurge) que l'on rencontre quelquefois seules, quelquefois établies au nombre de 8 à 10 dans un même
nid, pourvu d'une entrée unique. L'entrée seule est-
elle commune, ou bien le nid l'est-il aussi? est-il édifié
en commun? c'est ce qu'on ignore. Reconnaissons, en
tout cas, que les deux dispositions sont voisines et que
l'une peut aisément conduire à l'autre des insectes dont

le genre de vie ne suscite, entre les divers individus, que de rares occasions de rivalité. Immédiatement après se présentent les espèces à neutres qu'on peut considérer, pour établir entre les faits un lien théorique, comme constituées par des femelles nidifiant en commun chez la plupart desquelles les organes sexuels se seraient atrophiés (1), mais qui auraient gardé leurs habitudes d'architectes et de nourrices. Deux séries commencent ici à diverger, celle des Apiens et celle des Vespides. Cette dernière paraît, dans son ensemble, un peu inférieure à l'autre, car la division du travail y est portée moins loin, et en Europe, les sociétés sont moins durables, elles ne vivent qu'un an. En revanche, le nid est généralement d'une architecture plus complexe, bien que les mélipones, qui sont des Apiens, suspendent aussi leurs nids aux arbres et les entourent aussi d'une enveloppe. Quoi qu'il en soit, commençons par les Vespides.

Les sociétés de Polistes construisent un nid dépourvu d'enveloppe, comptent un petit nombre d'ouvrières (15 à 20) et ne durent qu'un an. Le miel qu'elles produisent ne paraît pas servir. Cependant elles ne se bornent pas à la fabrication de ce nid en forme de coupe que l'on voit fréquemment attaché aux plantes ; quelques-unes, observées à Dijon par M. Rouget (2), établissent leur demeure dans l'intervalle des laves, sur

(1) Cette atrophie a pu provenir soit de la rareté des mâles, soit de l'impossibilité de nourrir la progéniture de tant de femelles fécondes réunies, etc.

(2) *Mémoires de l'Académie de Dijon*, 1872-73, Coléoptères parasites des Vespides.

les toits des murs de clôture, obtenant ainsi un abri
plus sûr et plus chaud ; elles sont aussi plus nombreuses et plus actives ; d'autres, observées également
à Dijon par le même naturaliste, ont eu la pensée d'uti-
liser pour leur nid de vieilles timbales et des cafetières
bossuées, jetées parmi les immondices, habitudes qui
n'ont été rencontrées nulle part ailleurs, variations
toutes locales de l'instinct. De là, nous passons naturellement à la fois aux guêpes qui font leur nid dans
la terre en l'environnant de mousse, les unes normalement (*Vespa vulgaris*), les autres accidentellement
(*V. Crabro* et *Vespa sylvestris*) et à celles qui le suspendent, soit aux arbres, soit au bord des toits et le
garantissent également d'une couche papyracée. Certains polistes joignent un second rang au premier ; les
guêpes font ordinairement ainsi, liant (complication
nouvelle) les rayons l'un à l'autre par des piliers qui
les consolident. L'enveloppe des nids terrestres, d'a-
bord simple, devient elle-même plus complexe à
mesure que la colonie augmente, et se compose de
plusieurs couches. La division du travail est poussée
assez loin dans les sociétés des guêpes frelons (*Vespa
crabro*), qui nous montrent pour la première fois certains individus occupés exclusivement à veiller pour
le salut commun. Le nid est gardé par des *sentinelles*
qui veillent aux abords, rentrent lors du danger et aver-
tissent les guêpes qui sortent en colère et piquent les
agresseurs. Nous verrons ce fait se reproduire doré-
navant dans toutes les sociétés organisées. Examinons-
le un instant ainsi que d'autres particularités offertes
par les mœurs des Vespides.

Première question : comment les sentinelles peuvent-elles avertir leurs compagnes de la présence d'un ennemi ? Disposent-elles donc d'un langage assez précis pour communiquer des renseignements ? On ne voit pas les guêpes se servir de leurs antennes pour se communiquer leurs impressions d'une manière aussi délicate que les fourmis, mais dans le cas donné, tout langage précis leur est comme on va le voir inutile. Il suffit, pour l'explication du fait, que nous concevions comment une émotion d'alarme et de colère se communique d'un individu à l'autre. Chaque individu, remué soudain par cette impression rapide, s'élancera au dehors et suivra l'élan général ; il se précipitera même sur la première personne venue, de préférence sur celle qui fuit. Tous les animaux sont entrainés par l'aspect du mouvement. Il ne reste donc plus qu'à dire comment les émotions se communiquent à toute la masse. Par le seul spectacle, répondons-nous, d'un individu irrité. C'est une loi universelle dans tout le domaine de la vie intelligente, que la représentation d'un état émotionnel provoque la naissance de ce même état chez celui qui en est le témoin. Au-dessous des régions où commence l'intelligence, il faut que les circonstances extérieures agissent isolément sur chaque individu d'une manière simultanée pour qu'il y ait accord dans les impressions ressenties ; mais dès que la représentation est possible, il suffit qu'un seul soit ébranlé par les circonstances extérieures pour que tous le soient également presque aussitôt. En effet, l'individu alarmé manifeste extérieurement son état de conscience d'une manière énergique ; la guêpe, par

exemple, bourdonne d'une manière significative correspondant chez elle à un état de colère et d'inquiétude ;
les autres guêpes l'entendent et se représentent ce
bruit ; mais elles ne peuvent se le représenter sans que
les fibres nerveuses qui, chez elles, le produisent d'ordinaire, ne soient plus ou moins excitées. C'est un fait
psychologique facile à observer chez les animaux supérieurs que toute représentation d'un acte entraîne un
commencement d'exécution de cet acte ; la chèvre à
qui on présente un morceau de sucre, le chien à qui on
présente un morceau de viande, se lèchent les lèvres
et salivent aussi abondamment que s'ils l'avaient dans
la bouche. L'enfant et le sauvage miment la scène qu'ils
racontent. Et M. Chevreul a montré qu'en l'état de repos
parfait il suffirait qu'un homme adulte, un savant, d'esprit rassis, ait l'idée d'un mouvement possible de son
bras pour que ce mouvement commence à s'effectuer,
même à son insu. Nous ne pensons pas seulement avec
notre cerveau, mais avec tout notre système nerveux,
et l'image, envahissant d'emblée, avec le sens qui perçoit, les organes qui correspondent d'ordinaire à la
perception, y provoque inévitablement des mouvements appropriés qu'un contre-ordre énergique peut
seul parvenir à suspendre. Plus la concentration de la
pensée est faible, plus les mouvements nés de cette
sorte suivent impétueusement leur cours. Nos guêpes
voyant l'une des leurs entrer dans le nid, puis en
sortir d'un vol rapide, seront donc elles-mêmes tirées
au dehors, et au bruit produit par elle, leur bourdonnement répondra à l'unisson. De là une effervescence
générale de tous les membres de la société. Et cette

agitation ne sera pas un vain semblant de colère ; l'état émotionnel suit les actes qui l'expriment, alors même que ces actes sont des démonstrations toutes fictives. De même que l'homme qui tient un fleuret dans un assaut courtois s'anime au jeu et éprouve quelque chose des sentiments qu'il aurait dans une véritable lutte, de même que le sujet magnétisé passe par tous les états correspondant aux postures qu'on lui fait prendre, s'enorgueillissant quand on le dresse, s'humiliant quand on l'accroupit, de même les animaux éprouvent rapidement les émotions dont ils reproduisent les signes extérieurs. Le singe, le chat, le chien en viennent vite, en simulant le combat dans leurs jeux, à une véritable colère, tant il y a de connexion entre les actes et les attitudes qui expriment d'ordinaire un état de conscience et cet état de conscience lui-même, tant ces deux moitiés d'un seul et même phénomène s'engendrent facilement l'une l'autre. Les guêpes seront donc toutes au bout d'un instant, non seulement agitées et bruyantes, mais véritablement irritées.

J'ajoute que cette colère croîtra avec leur nombre. Les effets du nombre sur les êtres vivants sont très singuliers. On sait maintenant que l'homme isolé ne sent ni ne pense comme le même homme transporté au sein d'une foule ; et c'est une observation souvent répétée par un célèbre critique qu'au théâtre la réunion seule des spectateurs les rend tout autres qu'ils ne seraient chacun en leur particulier. Examinons ce qui se passe dans une assemblée devant laquelle parle un orateur. Je suppose que l'émotion ressentie par lui puisse être représentée par le chiffre 10 et qu'aux pre-

mières paroles, au premier éclat de son éloquence, il
en communique au moins la moitié à chacun de ses
auditeurs qui seront 300, si vous le voulez bien. Chacun
réagira par des applaudissements ou par un redouble-
ment d'attention ; il y aura dans l'attitude de chacun
je ne sais quoi de tendu, de tragique, et l'ensemble de
ces attitudes soudainement manifestées produira ce
qu'on appelle dans les comptes rendus un *mouvement*
(sensation). Mais ce mouvement sera ressenti par tous
à la fois, car l'auditeur n'est pas moins préoccupé de
l'auditoire que de l'orateur, et son imagination est soudainement envahie par le spectacle de ces trois cents
personnes frappées d'émotion : spectacle qui ne peut
manquer de produire en lui, d'après la loi énoncée
tout à l'heure, une émotion réelle. Admettons qu'il ne
ressente que la moitié de cette émotion et voyons le
résultat. La secousse ressentie par lui sera représentée
non plus par 5, mais par la moitié de 5 multipliée par 300,
c'est-à-dire par 750 ! Que si on applique la même loi
à celui qui est debout et parle au milieu de cette foule
silencieuse, ce ne sera pas le chiffre de 750 qui expri-
mera son agitation intérieure, mais 300 fois $\frac{750}{2}$ puisqu'il
est le foyer où toute cette foule profondément remuée
renvoie les impressions qu'il lui communique. C'est ce
qui fait que tant d'orateurs encore mal aguerris sont
arrêtés à leur premier élan, précisément par le succès
de leur parole ; l'effet qu'ils produisent revient à eux
tellement accru qu'ils en sont pour ainsi dire accablés.
Mais quand l'orateur réussit à vaincre son émotion et
réagit sur la foule, on voit quelle répercussion de chocs
électriques doit s'établir entre lui et son auditoire et

comment l'un et l'autre sont en quelques instants emportés bien au delà de leur diapason moral accoutumé. Il en est de même dans une réunion quelconque d'êtres sentants, quels qu'ils soient ; non seulement l'émotion d'un seul se communique à tous, mais encore plus l'agglomération est considérable, plus l'émotion commune croît en intensité. Seulement ce n'est que dans des cas fort rares que la communication s'établit ainsi de tous à un seul et présente ce caractère de concentration organique. La plupart du temps le concours est tumultueux, en sorte qu'une grande partie des émotions, faute d'être visibles à tous dans leurs effets, restent sans écho. Dans ces cas, qui sont les plus fréquents, l'intensité de l'émotion n'offre plus le même rapport avec le nombre des assistants, l'accélération des mouvements passionnés est beaucoup moins rapide. Mais la loi générale n'en subsiste pas moins. Les observations de M. A. Forel en sont une vérification éclatante. « Le courage de toute fourmi, écrit-il (1), augmente chez la même forme en raison directe de la quantité de compagnes ou amies qu'elle sait avoir, et diminue en raison directe de l'isolement plus grand où elle se trouve de ses compagnes. Chaque habitant d'une fourmilière très peuplée est beaucoup plus hardi qu'une ouvrière exactement semblable d'une très petite peuplade. La même ouvrière, qui se fera tuer dix fois lorsqu'elle est entourée de ses compagnes, se montrera extrêmement timide, évitant le moindre danger, même une fourmi beaucoup plus faible qu'elle, lorsqu'elle

______

(1) Page 249.

sera isolée, à vingt mètres de son nid. » C'est par le
même principe que s'expliquent les faits relatés par
M. Rouget au sujet des Vespides. Plus les frelons qu'il
a observés étaient nombreux, plus il les a trouvés irri-
tables. L'ensemble de ces remarques fera comprendre
comment les sentinelles peuvent communiquer à toute
la société des frelons non seulement leur agitation,
mais l'irritation dont ils sont transportés, et comment
en peu d'instants la colère de tous ces animaux une
fois avertis peut prendre des proportions redoutables.

Mais il reste à savoir de qui ces sentinelles tiennent
leur fonction. Voilà un partage d'attribution remarquable. Quelle en est l'origine, et quelle est l'origine
en général des différenciations jusqu'ici opérées dans
l'organisation des sociétés maternelles. Il est très probable qu'elles sont toutes spontanées. Nul ordre n'est
transmis de la mère aux ouvrières. Celles-ci prennent
chacune la tâche qui leur paraît le plus utile à la fin
générale. Le concours a son point de départ dans l'initiative absolue de chaque individu. Nous voyons se
dessiner ici plus nettement la loi que nous n'avions fait
qu'entrevoir en examinant la formation du cormus
d'ascidies. Toute société est formée par épigénèse,
c'est-à-dire par apparition successive et adjonction
spontanée de chacune de ses parties. La mère ne fait
dans le cas présent que produire les éléments matériels
de la société ; ce n'est qu'ensuite que ces éléments se
différencient et se groupent de manière à produire un
organisme. Une société est donc toujours le produit
de sa propre activité ; elle se fait elle-même et suscite

les énergies qui concourent ensuite à sa formation : tout organisme suit la même loi.

Les sociétés de guêpes ne durent qu'un an dans nos pays ; cependant M. Blanchard assure que les gros nids ne cessent pas, même pendant l'hiver, d'être habités par un certain nombre d'ouvrières ; et Lacordaire a observé à Cayenne des sociétés qui durent plusieurs années, ce qui prouve que ce qui arrête le développement de celles de nos pays, ce n'est pas l'insuffisance de leur structure mais le froid de nos hivers. Les nids de ces guêpes exotiques témoignent aussi d'une industrie bien supérieure à celle des nôtres, corrélative à la durée supérieure de leur existence. C'est que l'économie de leur organisation permet aux guêpes, en général, d'atteindre dans des circonstances favorables le même développement social que les abeilles. Elle est fondée en effet sur un principe déjà fort élevé : la délégation de la fonction commune à un seul individu. Une seule guêpe ayant gardé la fécondité, toutes les autres (dont le nombre va jusqu'à vingt et vingt-cinq mille), font concourir leur activité au service de la sienne, en sorte qu'elle est le centre visible de la société tout entière. Nous avons vu qu'une telle délégation d'une fonction essentielle est la condition de tout progrès social. La mère personnifie l'individualité collective formée par le concours de ces milliers d'individus ; « lorsque la femelle fondatrice vient, dit M. Rouget, à être tuée ou à périr au dehors par accident, la colonie diminue rapidement, et ses habitants, qui perdent alors une grande partie de leur activité, disparaissent peu de temps après l'éclosion des dernières nymphes renfermées dans les cellules (1).

Les Bourdons, les Mélipones et les Abeilles marquent trois phases progressives d'un même plan social. De même que les Vespides inférieurs sont moins nombreux, que leur industrie est moins complète. et leur union moins capable de durée, de même les Bourdons ne s'élèvent guère en moyenne au delà du nombre de deux cents individus qui construisent des loges isolées ou grossièrement agglomérées et périssent tous au bout d'un an, sauf les femelles fécondées. Les abeilles ont en général la même organisation sociale que les guêpes ; mais soit qu'elles aient été mieux observées, soit qu'en effet elles soient supérieures, elles doivent aux particularités suivantes un rang certainement plus élevé dans nos classifications.

1° Premièrement on a remarqué chez les abeilles un degré de division du travail dont les Vespides n'offrent pas d'exemple, du moins à en croire le silence des études les plus complètes. Non seulement en effet des sentinelles gardent l'entrée de la ruche (2), mais les ouvrières se distinguent en deux classes, les cirières et les nourrices, dont les premières se chargent spécialement de la construction, les secondes de l'élevage. On ne sait jusqu'ici si les individus composant ces deux groupes adoptent ces deux genres de travaux successivement, en sorte que la même abeille, d'abord

(1) Op. cit., p. 180.
(2) Huber, vol. II, p. 413.

nourrice, devienne ensuite cirière, ou si les divers individus gardent toute leur vie la même fonction une fois adoptée. La première de ces hypothèses ne paraît devoir être accueillie qu'avec défiance.

2° Secondement la mère n'est pas, dans la ruche, unique dès l'origine, elle le devient par son triomphe sur des rivales, et ce triomphe ne peut être obtenu que par une certaine sélection. La femelle la plus vigoureuse, la plus adroite, la plus tôt apparue a des chances de l'emporter sur ses rivales. Ce fait est encore une preuve du caractère spontané de toute organisation. Nul pouvoir central n'existe encore qui provoque ce combat pour l'utilité générale ; les femelles s'y livrent d'elles-mêmes, poussées par un mobile qui leur est propre, j'allais dire personnel, la jalousie (1). Par là elles servent d'une manière presque consciente leur intérêt particulier, et d'une manière absolument inconsciente l'intérêt de la société. C'est de même spontanément que les ouvrières exécutent tous leurs travaux. Loin de recevoir les ordres de celles qu'on a appelées les reines, elles exercent souvent une sorte de pression sur leurs actes, soit quand celles-ci sont molles au combat, soit quand elles veulent indûment détruire les nymphes prêtes à éclore. En toutes choses elles ont l'initiative dans le choix d'un emplacement, dans la construction des cellules, dans l'élevage des larves, dans le massacre des mâles, jusque dans la fixation de l'heure où les jeunes femelles fécondes peuvent sortir de leurs cellules. Singulier état en vérité que

(1) Huber, v. 1, p. 168.

celui où il n'y a pas l'ombre de gouvernement ! L'a-
mour maternel, également fort chez toutes les ouvrières, et l'intérêt personnel, tels sont les deux mobiles
(le second subordonné au premier) qui obtiennent
sans aucune contrainte de ces milliers d'individus la
plus harmonieuse conspiration. Il résulte de ces remarques deux choses, l'une que le consensus social est
obtenu de plus en plus à mesure qu'on s'élève dans
l'échelle des sociétés par la coopération spontanée des
individus, en sorte que l'organisme collectif se crée
lui-même bien plus qu'il n'est produit, — l'autre que
cette coopération n'a pas besoin d'être expressément
voulue pour être efficace, car ce n'est pas le seul cas
où la prospérité collective est assurée par des efforts
tentés sinon à l'encontre, du moins en dehors des intérêts communs.

3° Des observations nombreuses ont montré que
l'intelligence a une part considérable dans l'organisation sociale des abeilles. Des idées, ou (si le mot
convient mieux) des représentations sont les ressorts
de tous ces mouvements concertés dont se compose la
vie d'une ruche. D'abord il est certain que les ouvrières
se connaissent entre elles ; un jour qu'il était né dans
une ruche observée par Huber des ouvrières noirâtres,
d'aspect singulier, elles furent toutes massacrées et
leurs corps jetés hors de la ruche. Ensuite elles
connaissent la mère ; leur en donne-t-on une autre
dans les premières heures qui suivent l'enlèvement
de la première, elles lui refusent toute coopération et
l'étouffent sous leur masse. Non seulement elles la connaissent, mais encore elles ne cessent d'avoir son

image présente, car si on la leur ravit, une heure n'est pas écoulée que la ruche est en ébullition. La raison de ce trouble est que d'ordinaire la mère est en communication constante par ses antennes avec un grand nombre d'ouvrières et que celles-ci à leur tour tranquillisent par leur attouchement leurs compagnes plus éloignées. La société tout entière se sent donc pour ainsi dire dans son unité de moment en moment ; ce contact vient-il à être rompu, la source de ces communications vient-elle à manquer, c'est en vain que la femelle féconde sera là au milieu d'elles, si elle ne peut se faire comprendre au moyen de ses antennes, le désordre est jeté rapidement dans la foule des travailleuses. Cette communication n'est d'ailleurs pas la seule qui unisse celles-ci à la femelle mère. A certains moments la mère fait entendre comme un chant particulier ; aussitôt les ouvrières s'arrêtent, restent immobiles, et paraissent frappées de stupeur. C'est encore une représentation de qui dépend l'avenir de la société quand, la mère commençant à pondre des œufs de mâles, et annonçant ainsi son départ prochain, les ouvrières se mettent aussitôt à élargir quelques cellules pour y élever les femelles qui la remplaceront. C'est une représentation enfin qui détermine le départ d'un essaim après que la vieille mère a parcouru en tous sens la ruche en manière d'avertissement. Ainsi les liens qui unissent les divers membres de cette société domestique sont ceux d'une connaissance réciproque et d'une espérance commune ; bien que la mère représente l'unité collective, et que la fonction sociale ait en elle sa personnification, la ruche tout entière

n'en forme pas moins un organisme moral, une véritable conscience dont la mère n'est que la partie prépondérante, « l'idée directrice. »

4° Le rôle considérable attribué à l'intelligence dans
la constitution sociale des abeilles fait de l'organisme
qui en résulte le plus simple, le mieux résistant que
nous ayons examiné jusqu'ici. L'organe essentiel vient-
il à être enlevé, des mesures sont prises aussitôt pour
le remplacer, et pourvu qu'il y ait lieu d'espérer le
succès, quinze jours peuvent s'écouler avant l'éclosion
des nymphes « royales » sans que le découragement
pénètre dans la ruche. La vie de l'organisme que nous
considérons est donc suspendue à une idée, à la représentation d'un fait à venir ; quel organisme purement
physiologique serait capable de franchir ainsi l'intervalle qui séparerait la suspension de sa fonction essentielle du rétablissement de cette fonction ? C'est grâce
à de telles ressources que les sociétés d'abeilles durent,
même dans nos pays, en quelque sorte indéfiniment,
tandis que celles des guêpes ne vivent qu'une année.
L'essaimage dépend lui aussi de cette faculté de
réviviscence et il assure à l'espèce des chances éminemment favorables dans le combat pour la vie. On
sait que les sociétés de guêpes en sont incapables.

En résumé, les sociétés d'abeilles offrent, par rapport à ces dernières, une organisation sociale à la fois
plus concentrée et plus différenciée, plus individuelle
par conséquent, plus cohérente et plus durable. Les
fourmis présentent un type social très différent quoique appartenant au même groupe. Examinons-le brièvement.

La grande différence entre la fourmilière et la ruche, c'est que celle-ci ne contient jamais qu'une mère fécondée et pondant, tandis que celle-là en contient fréquemment plusieurs. Les mâles restent indifférents aux travaux de la société, et les neutres sont encore ici des femelles stériles ; mais l'organe maternel fécond n'est plus unique ; lui-même est sinon différencié, du moins multiplié en plusieurs individus, d'ailleurs peu nombreux par rapport aux ouvrières. Les ouvrières ont ici une importance croissante : les ouvrières, c'est-à-dire la partie intelligente et agissante de la société. Les femelles, s'il faut en croire M. A. Forel, auraient, dans la fondation d'une colonie, une part beaucoup moins active que celle qu'on leur attribue d'ordinaire. On croit généralement, en effet, qu'elles s'arrêtent, dans quelque coin propice, s'arrachent les ailes, se font un nid, y pondent et y soignent elles-mêmes leur progéniture. Suivant cet exact observateur, une femelle serait incapable, à elle seule, de suffire à l'élevage des larves ; elle réussit, il est vrai, à creuser une petite galerie pour y déposer ses œufs, mais elle ne peut aller plus loin et ne laisse point de postérité. Un seul animal ne peut exécuter les travaux mutiples et simultanés que suppose l'élevage d'un certain nombre de larves (1). Tout l'avenir, comme la naissance même d'une fourmilière, dépend donc des ouvrières ; bien que les femelles fécondes se mêlent quelquefois à leurs travaux, c'est sur ces femelles stériles que tout repose, puisque si elles ne retenaient pas les femelles

____

(1) M. Forel, op. cit., p. 253.

fécondes, la communauté périrait. Un certain artifice
se superpose donc ici à la nature. La fonction repro-
ductive se subordonne à la vie de relation. L'activité
intelligente prend de plus en plus le rang de fin,
la fonction physiologique celui de moyen.

Mais si cette multiplicité des mères dans une société ne fait pas descendre les fourmis au-dessous des
sociétés d'abeilles, faut-il y voir un caractère assez
important pour que la société où il se manifeste mérite
le nom d'Etat? M. Jœger, naturaliste allemand, divise
à peu près comme nous l'avons fait — et cette coïnci-
cidence nous est précieuse — les groupes permanents
d'êtres vivants en trois ordres. L'individu collectif,
formé d'éléments anatomiques continus, pour lequel
nous avons proposé le nom de blastodème, il l'appelle,
avec Hœkel, *bion*. Il voit, comme nous, dans la famille,
l'individualité collective secondaire ; elle est formée de
bions ; suivant son degré de concentration, il la divise
en famille acéphale et en famille céphalée. Enfin,
l'individualité collective tertiaire, *formée des familles*,
est l'Etat. Elle est caractérisée par une division du
travail souvent assez avancée pour entraîner des différences morphologiques ; elle comporte différents *mé-
tiers*. Selon lui, les sociétés d'abeilles et de fourmis
constituent de véritables Etats. Nous ne pouvons nous
ranger à cet avis. La ruche n'est évidemment composée que d'une seule famille, puisqu'il n'y a qu'une seule
mère. Quant aux fourmilières, bien qu'il y ait plusieurs
mères, et que, par ce fait, le type essentiel de la famille soit nécessairement modifié, comme les œufs
pondus par ces mères multiples y sont soignés et les

larves qui en proviennent élevées indifféremment par toutes les femelles stériles ; comme entre les femelles fécondes et les mâles il n'y a pas de société conjugale permanente, comme enfin il y a dans beaucoup de sociétés domestiques des différences morphologiques tout aussi grandes entre le mâle et la femelle qu'entre les neutres et les individus sexués, nous ne pouvons reconnaître en elles des sociétés politiques. Elles ne forment qu'une seule famille, et par conséquent n'atteignent pas, d'après la définition même de M. Jœger, le troisième degré de l'évolution sociale. Autrement, il faudra donner le nom d'Etat à tous les groupes permanents où il y a plus d'une femelle, ce qui est évidemment contraire aux habitudes de langage et de pensée les mieux établies.

M. Forel a trouvé dans le Simplon (1), sous une pierre, une cinquantaine de fourmis femelles fécondées (*Formica rufa*) agglomérées étroitement ; ailleurs, dans le Tessin, à Loco, une fourmilière de *Formica fusca,* dont une moitié se composait de femelles aptères et l'autre moitié seulement d'ouvrières. Faut-il voir dans ce double fait une figure de ce qui s'est passé à l'origine lorsque, dans un groupe nombreux de femelles, la division du travail s'est progressivement établie, les unes gardant la faculté reproductrice, les autres la perdant pour devenir plus aptes aux travaux de l'élevage? C'est ce que nous ne saurions affirmer. Des observations ultérieures sur des faits de même sorte viendront sans doute jeter quelque lumière

(1) Page 257.

sur cette question si obscure des origines. Quoi qu'il en soit, si le partage des attributions maternelles entre plusieurs individus met, ce semble, la fourmilière au-dessous de la ruche quant à la concentration organique, les fourmis ont sur les abeilles un considérable avantage quant à la souplesse de leur organisation sociale, à la variété de leurs travaux, à l'énergie de leur coopération. Leur supériorité est attestée du reste par le jugement le plus décisif de tous : celui du combat. En Amérique, les fourmis Ecitones attaquent fréquemment, au témoignage de Bates (1), les nids de guêpes dont l'organisation est la même que celle des abeilles, et malgré une défense furieuse, emportent leurs œufs et leurs larves ; la victoire est complète.

Ce qui donne aux fourmis cette supériorité, c'est qu'elles ont des habitudes terrestres. L'assertion peut sembler paradoxale, mais qu'on songe aux avantages exceptionnels qu'offre pour le développement des facultés intellectuelles le milieu terrestre comparé au milieu aérien. Dans l'air, de longues routes sans accident, des courses étourdies loin des objets réels, une instabilité, un vagabondage, un oubli sans fin des choses et de soi-même. Sur terre, au contraire, pas un mouvement qui ne soit un contact et n'apporte un enseignement précis, pas une marche qui ne laisse ses souvenirs ; et comme les courses sont limitées, il est inévitable qu'une partie du sol occupé se peigne avec ses ressources et ses dangers dans l'imagination de l'animal qui le traverse incessamment. De là une com-

(1) Cité par Blanchard, *Revue des Deux-Mondes*, 15 oct. 1875, p. 809.

munication beaucoup plus directe et plus étroite avec le monde extérieur. Mais de plus, l'usage de la matière est beaucoup plus facile à l'animal terrestre qu'à l'animal aérien. Faut-il construire? Celui-ci devra sécréter comme l'abeille la matière de son nid, ou comme l'abeille encore quand elle récolte la propolis, comme la guêpe, quand elle recueille les éléments de son papier, l'aller chercher au loin. L'animal terrestre a près de lui les matériaux de son travail, et comme ces matériaux sont variés, son architecture pourra l'être aussi. C'est donc vraisemblablement à leur habitat que les fourmis doivent leur supériorité sociale et industrielle. S'il y a eu une fourmi qui la première a eu l'idée de se débarrasser de ses ailes en les tordant pour travailler plus aisément sur le sol, elle a rendu à sa race un immortel service. Mais il n'est pas probable que les choses se soient passées ainsi, pas plus dans ce cas que dans d'autres.

Ce sont les fourmis qui nous fournissent le premier exemple de propriété. Les animaux inférieurs ne possèdent que le sol qu'ils occupent ; les fourmis, en sillonnant incessamment de leurs convois un vaste terrain, se l'approprient sans l'occuper d'une manière permanente. Ce terrain est leur, parce qu'elles y sont fixées et qu'elles y ont leur demeure. La propriété nous apparaît donc d'abord comme un effet direct, puis comme une extension de l'industrie. Le champ où les ouvrières circulent régulièrement en longues files porte en quelque sorte l'empreinte affaiblie de l'organisation, imprimée si nettement sur toutes les parties du nid. Ce champ est un instrument à l'usage

des fourmis, comme le nid lui-même, quoique à un
moindre degré. En effet, les sentiers battus sont la
suite des galeries, et comme les galeries, les fourmis
sont prêtes à le défendre contre les incursions étrangères. Comme les différentes parties du nid communiquent entre elles, de même un courant non interrompu
d'informations unit les sentiers à la fourmilière. C'est
ainsi que l'activité animale conquiert le sol et l'incor-
pore à son organisme. Nous étudierons dans la suite le
développement de ce fait curieux qui se montre à nous
pour la première fois.

Tandis que les guêpes et les abeilles des différentes
espèces n'exécutent qu'un petit nombre de travaux
presque toujours semblables, les fourmis appliquent
leur activité d'une manière presque indéfiniment variable à toutes les circonstances qui se présentent. Les
unes creusent, les autres sculptent, les autres bâtissent,
les autres accumulent, un grand nombre chassent,
quelques-unes récoltent et emmagasinent; celles-ci
sucent le suc des fleurs, celles-là broutent leur corolle,
nous les voyons ici se faire esclavagistes, là élever des
pucerons, et tous ces actes divers sont susceptibles de
modifications sans limites, suivant les tendances héri-
tées et les circonstances particulières. Il résulte de
cette aptitude de leur activité à varier ses effets que la
division du travail doit être, dans une fourmilière donnée, poussée beaucoup plus loin que dans une ruche.
En effet, on pourrait, en examinant une fourmilière au
travail, déterminer plusieurs catégories de travailleuses;
mais (et c'est là le propre d'un organisme élevé) la division du travail n'a rien de rigide et n'entraîne des

modifications organiques que chez un nombre d'espèces relativement restreint. M. Forel, corrigeant Lacordaire, montre que parmi les fourmilières indigènes, une très petite proportion présente la différenciation morphologique en quatre sortes d'individus : mâles, femelles, ouvrières et soldats. Il ne l'a observée que chez là *Pheidole pusilla*. Mais il assure que ces soldats n'exercent qu'une action individuelle et ne jouent jamais le rôle de chefs. « Huber, dit-il, a déjà montré que les fourmis n'ont jamais de chefs, et que même les *Formica fusca*, auxiliaires des *Polyergus rufescens*, ne subissent pas la moindre contrainte. Je ne puis que confirmer son opinion ; je n'ai jamais vu une fourmi jouer envers ses semblables un rôle prééminent (1). » Il est vrai que Lacordaire après Lund assure avoir vu de ses yeux les soldats des Ecitones se comporter à la Guyane et au Brésil en véritables officiers dans une marche en colonne de ces fourmis (2). Cela suffit pour établir que la société des fourmis *peut* atteindre une différenciation morphologique aussi marquée que la société d'abeilles (car cette différenciation est plus marquée que celle des ouvrières d'une ruche en cirières et en nourrices), sans cependant qu'on puisse en inférer la supériorité des premières, vu le peu de généralité du fait.

Un autre fait, bien connu maintenant, nous paraît autoriser cette conclusion ; c'est l'aptitude des fourmis à se soumettre comme on dit des esclaves. On va voir

(1) Page 355.
(2) Introd., t. II, p. 499.

que la différenciation obtenue ainsi et le partage d'attributions qui en résulte dépasse de beaucoup les faits d'ordre analogue observés chez les abeilles, et place à ce point de vue les fourmis bien au-dessus d'elles.

Mais nous devons nous arrêter un instant sur ce fait pour lui donner sa véritable signification sociologique. Ce ne sont pas, en effet, des esclaves que s'adjoignent les fourmis *Polyergus rufescens* et *Formica sanguinea*. « Les *P. rufescens,* dit M. Forel(1), sont, comme Huber l'a montré, dans une dépendance absolue de leurs auxiliaires. Ils ne savent ni maçonner, ni soigner leurs larves, *ni même manger eux-mêmes.* » S'il y a des tentatives de contrainte exercées par les unes sur les autres, c'est par des fourmis conquises sur leurs conquérantes et non par celles-ci sur celles-là. Nous avons vu nous-même certaines amazones rentrant à vide d'une expédition, mal accueillies et houspillées par des ouvrières noir cendrées ; Huber avait constaté le fait (2). M. Forel raconte qu'au premier départ de l'année (4 juillet) les amazones furent tiraillées par les *Fusca* et même que celles-ci couraient après leurs compagnes de l'autre espèce, puis les chargeaient sur leur dos et les ramenaient à la fourmilière commune. Nées en cette saison même, elles n'avaient jamais vu d'expédition et ramenaient ainsi au nid celles qu'elles prenaient pour des fugitives (3). Le même observateur a vu aussi les mêmes *Fusca* pendant des journées de grande sécheresse, importunées des sollicitations des amazones à

(1) P. 308.
(2) P. 214.
(3) P. 311.

qui elles n'avaient plus rien à dégorger, se jeter sur elles, les mordre et les tirailler vivement jusqu'à ce que celles-ci se servissent de leurs terribles mandibules. Rien de tout cela ne ressemble à la conduite d'esclaves. Il est donc fâcheux que l'on se soit servi, cette fois comme tant d'autres, d'un terme poétique pour désigner le phénomène au lieu de chercher un mot scientifique qui en exprime la véritable nature. En général, ces assimilations des faits présentés par l'animalité inférieure avec les faits manifestés par la société humaine sont périlleuses. La distance entre les mobiles qui déterminent les uns et les autres est si énorme que, même lorsque les faits revêtent la même apparence, ils n'ont pas la même nature. A plus forte raison, doit-on se garder de réunir sous une même appellation des faits aussi dissemblables. La confusion des termes entraîne, dans de tels cas, une durable confusion d'idées. Il nous semble donc que cette métaphore qui fait de l'une des deux espèces cohabitant dans une fourmilière une esclave de l'autre, métaphore peut-être inévitable au début de la science sociologique, doit être soigneusement évitée.

Reste à savoir quelle idée nous devons concevoir du fait lui-même, et par conséquent quel nom nous devons lui donner. Si nous pouvions remonter à son origine nous en connaîtrions la nature. Ici encore nous repoussons le hasard, qui n'est cause de rien. Ce ne sont pas, d'ailleurs, des possibilités indéterminées qu'il convient à la science d'invoquer, mais des vraisemblances positives, tirées de faits réels, aussi analogues que possible au fait inexpliqué. Or M. Forel a noté un

certain nombre de cas qui nous conduisent bien près
de l'établissement d'une fourmilière où deux espèces
hostiles servent chacune la communauté suivant son
génie. « Croirait-on, dit-il (1), que des espèces de
fourmis fort différentes, ennemies naturelles, et qui à
l'ordinaire vivent en fourmilières simples, des fourmis
chez lesquelles on n'a jamais observé d'instincts esclavagistes se trouvent dans certains cas fort rares former
entre elles des fourmilières mixtes ? » Et il cite cinq
observations décisives par lesquelles une union intime
a été constatée entre des *Formica exsecta* et des *F.
fusca*, entre des *Tapinoma* et des *Botriomyrmex*,
entre des *F. fusca* et des *F. truncicola*, entre des *F.
pratensis* enfin et encore d'autres *F. fusca*. Ces observations prouvent déjà que le fait d'annexion n'est pas
exclusivement propre à une ou deux espèces, qu'il
n'est pas chez elle un attribut natif et pour ainsi dire
fatal, bref qu'il ne résulte pas d'un instinct spécifique
immuable (2), mais qu'il se produit çà et là sur l'invitation des circonstances dans des fourmilières quelconques. Quelles sont les circonstances où peut naître
une telle habitude ? Il y en a plusieurs. En vertu de la
loi qui veut que l'animosité des combattants soit pro-
portionnée à leur nombre, les individus des espèces
les plus hostiles, réduits à un petit groupe, s'allient et
travaillent en commun. M. Forel a retiré du milieu de

____

(1) P. 371.

(2) « Il y a des *F. sanguinea* qui n'ont pas d'esclaves du tout et élèvent
elles-mêmes leurs larves. » (Forel, p. 359.) ... Ailleurs « j'ai vu au col de
Malloggia des fourmilières *sanguinea* sans esclaves et d'autres qui en
avaient beaucoup. »

deux armées de *F. pratensis*, engagées dans une mêlée ardente, sept individus, dont quatre d'un camp et trois de l'autre : mises dans un bocal, elle se traitèrent amicalement (1). Donc, première circonstance favorable : réduction de deux fourmilières ou de deux fractions de fourmilières à un petit nombre ; en voici une seconde. On sait que des espèces sont très friandes des cocons d'autres espèces. Les *formica sanguinea* mangent avidement des cocons de *F. fusca* et de *F. rufibarbis*... Lorsqu'on donne à des *F. pratensis* ou *exsecta* des cocons de *F. fusca*, elles les mangent toujours. Enfin les cocons de ces mêmes *F. pratensis* sont un mets de choix pour les Sanguinea. Or les espèces qui forment pour la plupart (2) des fourmilières mixtes sont précisément celles-là, c'est-à-dire celles qui mangent les cocons avec celles dont les cocons sont mangés. L'expérience a du reste été faite et a parfaitement réussi. Des *Sanguinea*, ayant déjà noué une alliance avec des *Rufibarbis* ou des *Fusca* et à qui M. Forel a offert des cocons de *F. pratensis*, tantôt les ont mangés, tantôt les ont fait éclore pour s'allier avec les produits, tantôt en ont mangé une partie et ont élevé l'autre (3). Il est démontré par cette expérience que les fourmilières qui pillent les cocons des fourmilières voisines pour les manger, ont pu, si elles y ont trouvé un avantage et l'ont compris, les piller pour les faire éclore.

(1) Page 269.

(2) Nous disons pour la plupart ; il y a certaines fourmilières mixtes où l'espèce paresseuse est incapable de piller l'autre (Forel) ; mais, dans ce cas, ne serait-ce pas elle qui a été pillée ?

(3) Page 321.

Il faut remarquer en effet que les fourmis dites esclavagistes devaient nécessairement, au moment où elles
ont commencé à le devenir, élever leurs larves et délivrer elles-mêmes leurs nymphes de leurs cocons : le
sentiment maternel était donc en elles très développé,
et il est difficile de croire qu'en présence des cocons
pillés comme un aliment, ce sentiment n'ait pas lutté
contre la faim. On n'a plus dès lors à se mettre en
grands frais d'imagination pour deviner dans quels cas
il a triomphé. Mais voici une troisième et une qua-
trième circonstances non moins favorables que les précédentes à la naissance des fourmilières mixtes. Deux
fourmilières ennemies (*F. sanguinea* et *pratensis*) en-
levées subitement de leurs nids bouleversés et mises
dans un même sac, y restent une heure ; après ce
temps on les fait descendre dans un appareil. Il y a
des morts qui indiquent comment l'heure a été employée ; mais les survivants, après quelques tiraille-
ments et quelques démonstrations hostiles, prennent
le parti de déménager ensemble leurs cocons dans le
logement qu'on leur offre. L'alliance est définitivement
scellée (1). Les situations désespérées sont donc pro-
pices aux alliances inattendues. Les fourmis qui viennent d'éclore, d'autre part, apprennent d'abord les
travaux domestiques et le soin des larves ; elles n'arrivent que plus tard à distinguer un ami d'un ennemi
et à se conduire en conséquence. M. Forel a disposé
une expérience pour démontrer le fait ; elle est con-
cluante. En confiant des cocons de diverses espèces à

(1) Page 279.

de jeunes fourmis également de diverses espèces, il eut, dit-il, le plaisir de voir naître sous ses yeux une fourmilière on ne peut plus artificielle, composée de cinq espèces vivant toutes dans la meilleure intelligence (1). » Par conséquent si le fait s'est présenté dans la nature, une fourmilière mixte a pu en résulter. On remarquera qu'il se présente quotidiennement dans les fourmilières qui pillent pour les manger les cocons d'autres fourmilières, puisque de jeunes fourmis y sont en contact avec des cocons étrangers dont elles ne savent pas la provenance. Le lecteur choisira entre ces diverses sortes de circonstances favorables; la question est de savoir laquelle a dû le plus souvent naître du concours des événements. Mais quoi qu'on en puisse penser, on voit avec clarté par quelle sorte de rapports ont pu être unies les fourmis de différentes espèces que les circonstances ont amenées à cohabiter. Ces rapports ne sont pas ceux de maîtresses à esclaves, mais ceux de nourrices à nourrices empressées autour d'une même mère et d'une même progéniture. Toutes, aussitôt réunies, obéissent à leur penchant maternel et se mettent à soigner les larves de la communauté avec une égale sollicitude; toutes s'empressent de dégorger leur miel dans la bouche de leurs nouvelles compagnes ou de les porter sur leur dos, comme elles se portent entre elles. C'est donc bien une association qui résulte de ces mélanges d'espèces. Une nuance légère la rapproche de la domestication, puisque la contrainte est à l'origine ; mais ce premier moment passé, —

_____

(1) Page 262.

alors la fourmi n'est pas encore éclose ! — il y a incorporation réciproque des deux familles. Seulement
chacune suit ses aptitudes et apporte à la communauté
le concours le plus conforme à sa tendance et à ses
moyens naturels. Les guerrières deviennent de plus
en plus exclusivement guerrières, les autres donnent
carrière de plus en plus à leurs goûts pacifiques et va-
quent avec une préférence de plus en plus marquée
aux travaux intérieurs. De là une division du travail
toute spontanée qui devait produire les résultats qui
sont sous nos yeux.

Ce n'est pas, disions-nous tout à l'heure, la différenciation des formes, mais aussi et surtout la différenciation des actes et des fonctions qui atteste la supériorité d'un organisme social. Or à ce point de vue le
rôle de chaque individu est chez les fourmis des plus
frappants. Il faut pour le bien comprendre les observer
soi-même, ou lire quelqu'un de ces recueils d'observations minutieuses auxquels nous empruntons ici tant
de faits intéressants. Dans les espèces supérieures
l'individu développe une initiative étonnante. On sait
maintenant comment débutent les travaux, les expéditions ou les migrations des fourmis. Il n'y a pas entre
elles la moindre trace de consultation ni de résolution
collective. La seule éloquence que ces animaux aient
à leur service, c'est l'éloquence d'action ; je veux dire
que quand un individu désire persuader aux autres de
l'aider dans quelque projet, il commence simplement
par exécuter lui-même ce projet sous leurs yeux après
en avoir heurté le plus grand nombre possible pour
attirer leur attention. Ce fameux langage antennal sur

lequel on a fait tant de conjectures, se réduit à des différences dans la manière dont se rencontrent deux corps délicats pourvus de nerfs nombreux. L'attouchement léger est une caresse ou une prière ; le battement est un avertissement d'autant plus grave qu'il est plus fort, plus pressé qu'il est plus rapide. Avec cela et le penchant à l'imitation fondé sur les raisons psycho-physiologiques exposées plus haut, on peut expliquer toutes les démarches des fourmis. Nous avons nommé les principales : examinons-les. Une fourmi veut-elle émigrer ? l'habitude où elle est de vivre avec ses compagnes a engendré un besoin correspondant ; elle ne peut émigrer seule. Elle va donc auprès des autres fourmis, les frappe de ses antennes, et part. Refuse-t-on de la suivre ? elle recommence son manége. La vue du mouvement, avons-nous dit, entraîne le mouvement ; une ou deux la suivent ; puis elles se joignent à elle .pour déterminer les autres et peu à peu l'émigration devient générale. Au besoin on porte les récalcitrantes ; c'est un moyen simple à l'usage des intelligences obtuses (1). Du reste le seul exemple est presque toujours compris. Nous-mêmes ne le comprenons-nous pas quand un chien jappe et bondit avec insistance dans la même direction, regardant alternativement le maître qu'il appelle et le point où il veut l'appeler ? Le chat fait de même ; il miaule et il marche, revenant et recommençant jusqu'à ce qu'on le suive. C'est sur des indications semblables qu'une personne dont le témoignage est pour nous absolu-

(1) M. Forel, p. 333.

ment certain suivit un chat à travers un long corridor et une cour jusque dans une pièce éloignée, près d'un placard qu'elle ouvrit et où elle trouva au milieu d'une abondante fumée des linges en feu. Rien ne s'oppose à ce que nous accordions aux fourmis sauf la voix le même mode de communication. Il suffit à expliquer les migrations; il suffit de même à expliquer les expéditions des Amazones et des *Sanguinea*. Faut-il rendre compte de l'assurance avec laquelle l'armée s'engage dans une direction qu'elle n'a jamais parcourue? Plusieurs observations y pourvoient de la manière la plus satisfaisante. On a vu maintes fois des amazones, marchant par saccades, à l'aventure, explorer les environs de leur fourmilière en assez grand nombre et, à plus de trente pas de leur nid inspecter les retraites des *F. fusca* pour en trouver les ouvertures (1). Que ces éclaireurs spontanés veuillent entraîner le soir même ou le lendemain leurs compagnons à une expédition générale, rien de plus naturel. Mais dans ce cas, la rectitude (d'ailleurs souvent fort imparfaite) de la marche collective dépendra de la netteté des souvenirs de ces éclaireurs. Il faut que dans certains cas les souvenirs de ces éclaireurs soient bien précis, car les armées montrent parfois une très ferme résolution. Nous avons vu en septembre 1872 une forte colonne d'amazones aller en droite ligne, avec de très courtes hésitations, jusqu'à un escarpement de sable de deux mètres au moins de profondeur qui descendait à pic d'abord, puis se creusait au-dessous en une assez pro-

____

(1) Pages 308-321.

fonde cavité. Elle était à plus de dix mètres du nid et nous croyions l'expédition manquée puisqu'elle rencontrait par là le vide devant elle, quand nous vîmes le flot continuer sa marche vers l'escarpement et y disparaître. Descendant nous-même au plus vite, nous vîmes l'armée tout entière qui se laissait choir en pluie de toute la hauteur de cette terrasse. Le saut terminé, elle alla encore à vingt mètres de là piller un nid de *fusca*. Puis elle revint par le même chemin, grimpant l'escarpement malgré la charge et les chutes. Certes il fallait que le chemin fût bien connu de quelques-unes de ces fourmis pour qu'elles déterminassent la troupe à de pareilles évolutions. On objecte que la direction ne peut être donnée par une seule amazone, puisque la tête de colonne est au bout de quelque temps dépassée et forme bientôt la queue. D'abord ce n'est pas une seule amazone, mais plusieurs qui entraînent le gros de la troupe. Ensuite quand l'impulsion donnée par l'une d'elles s'épuise, en admettant qu'il n'y en ait point d'autres capables de la renouveler d'instant en instant, une hésitation devra se produire à la tête de la colonne, et c'est ce qui arrive en effet très fréquemment ; mais au bout d'un certain temps, le mouvement incessant de tête en queue ramène au premier rang les éclaireurs et l'armée reprend sa marche. Mais comment comprendre que les explorateurs puissent avertir leurs compagnes qu'il y a une expédition à tenter ? n'est-il pas nécessaire d'admettre ici une résolution prise en commun ? Pas davantage. Ici encore une observation de M. Forel tranche la difficulté. Il suffit d'admettre une trépidation de quelques-unes

accompagnée de coups d'antennes et suivie de départ
pour expliquer l'irruption de l'armée hors du nid et
son ébranlement. On peut en effet provoquer ce départ
artificiellement en passant simplement le doigt au
milieu des amazones qui errent sur le nid. L'émotion
qui se répand de proche en proche est prise pour un
signal d'expédition : tant il est vrai que le langage des
fourmis consiste bien plutôt en impulsions tactiles de
signification très générale qu'en signes doués d'un
sens précis. Il nous reste à expliquer par ce même
principe de l'initiative individuelle suivie d'imitation
les travaux des fourmis. Nous pouvons présenter sur
ce point notre propre témoignage. Nous avons vu par
une nuit d'été, à la lumière d'une lampe, la fourmi des
jardins exécuter en se servant de brins d'herbe pour
charpente ses délicates constructions. Y a-t-il un
arceau à bâtir sur un brin d'herbe, une seule des travailleuses commence certainement à en avoir l'idée ;
toute possédée de son projet, elle apporte activement
les grains de terre pour le réaliser, sans prendre garde
qu'elle les enlève parfois aux constructions de ses voisines. Les autres n'accordent d'abord aucune attention
à ce qu'elle fait. Bientôt cependant une fourmi
inoccupée qui passe se joint à elle ; puis deux, puis
trois : évidemment l'idée a été comprise et les voilà qui
travaillent ensemble, déterminées par le seul exemple de la première à l'exécution d'une même œuvre.
Les observations des deux Huber et de M. Forel ne
laissent sur ce point aucun doute. C'est ainsi que sont
accomplis tous les travaux des hyménoptères vivant en
société. Est-ce à dire que les imitateurs du mouvement

initial ne modifient pas les vues de l'inventeur alors qu'ils s'y associent? Bien au contraire, et non seulement ils doivent le modifier, mais en le modifiant ils le perfectionneront. Car ils ne peuvent le comprendre sans le comprendre à leur point de vue, ni combiner leurs différents points de vue, sans que la meilleure direction possible ne soit par là imprimée à leurs efforts. L'intelligence, bien qu'on ne le croie pas communément, même en des individus différents, est susceptible d'addition et d'accumulation, et il est impossible que chacune des pensées, si rudimentaires qu'on les suppose, d'une grande multitude s'appliquent aux détails d'une grande œuvre sans varier presque à l'infini leur activité dans l'exécution de ces détails et par suite sans que l'ensemble n'en profite. C'est ce que font les fourmis à un plus haut point que les abeilles. L'individu chez elles apporte dans la construction des abris une bien plus grande liberté de conception que les abeilles. Celles-ci, l'imagination attachée à une forme régulière, ne savent s'en départir qu'exceptionnellement quand on leur suscite des obstacles ; et encore plus dans la position que dans la forme des alvéoles. Les fourmis sont affranchies, pour ainsi dire, de toute régularité géométrique ; elles n'ont pour règle que la particularité des circonstances, et c'est ce qui fait la dignité de leur industrie. C'est par cette puissance inventive qu'elles ont conquis le sol sur une si vaste étendue, car partout où la culture n'a pas pénétré, il leur appartient. On le voit, pourvu qu'on accorde aux hyménoptères sociaux un peu d'intelligence, les phénomènes qu'ils manifestent s'expliquent sans grande difficulté. Ils n'ont rien de merveilleux. Ils ne passent pour des prodiges qu'auprès de ceux qui ôtent à ces animaux toute faculté de penser, ou de ceux qui leur accordent étourdiment autant de réflexion qu'à l'homme même. La plupart de ces contempteurs ou de ces admirateurs à outrance n'ont sans doute que peu observé les animaux ou n'ont que peu analysé leurs mobiles. Plus on le fait, plus on se convainc de la vérité de cette sage parole d'Huber jeune : « Ainsi le grand secret de l'harmonie qu'on admire dans ces républiques n'est point un mécanisme aussi compliqué qu'on le suppose : c'est dans leur affection réciproque qu'il faut le chercher (1). » Je dirais plutôt dans leur commune affection pour leurs larves, et j'ajouterais (car à côté de la fin, il faut indiquer le moyen) dans la faible dose d'intelligence individuelle dont jouissent les hyménoptères, multipliée par les lois d'imitation et d'accumulation que nous avons invoquées.

Si la division du travail est poussée à ce point dans les fourmilières, si les individus qui les composent y manifestent ce degré d'initiative personnelle, l'individu total qui résulte de leur concours doit offrir une concentration énergique ; son unité sociale doit être plus marquée qu'aucune de celles que nous avons étudiées jusqu'ici, malgré le nombre considérable de ses éléments intégrants (2). Cette unité se révèle dans la forme définie du dôme, véritable appareil d'éclosion et

---

(1) Page 138.

(2) Voir le calcul, établi sur des observations positives, d'après lequel M. Forel, qu'on ne trouve nulle part enclin à l'exagération, attribue à une fourmilière de *F. pratensis* 400,000 individus, p. 366.

d'élevage, dans le concert des travaux, dans la solidarité des travailleurs, dans toutes les manifestations, en
un mot, de la vie sociale, mais surtout dans l'opposition de chacune des familles avec les familles voisines,
même entre fourmilières de la même espèce, même
entre métropoles et colonies (1). La conscience commune est une conscience fermée, par cela même qu'elle
est une conscience définie. Il faut pour l'entamer des
circonstances exceptionnelles, des vicissitudes inouïes.
Certaines fourmilières sont doubles, en ce sens que
dans l'épaisseur même des parois d'un grand nid vivent
de petites fourmis qui n'ont avec les grosses que des
rapports d'inimitié ; le voisinage ne fait qu'exaspérer
les haines. Aucun fait ne montre mieux cette vigueur
de haine que le suivant, provoqué par M. Forel dans
un appareil ; deux fourmilières ayant été placées successivement dans cet espace resserré, la seconde assié-
gea la première, bien qu'elle fût de la même espèce
(*Tapinoma erraticum*) avec un acharnement qui n'eut
d'égal que l'acharnement de la défense ; des murs en
terre élevés par les assiégés furent percés par les assié-
geants, puis rétablis plus loin et de nouveau pénétrés
pendant un mois et demi, jusqu'à ce que l'appareil
ayant été exposé au soleil de mai, les assiégés, réduits
à un étroit espace, furent forcés dans leurs retranche-
ments et annexés à la fourmilière victorieuse. Ils
étaient restés un mois et demi sans manger. Que l'on
compare cette expérience aux perpétuels mélanges de
ruches que raconte Huber, on verra que l'énergie avec

(2) **Page 285.**

laquelle l'individualité de la conscience collective s'affirme dans l'une et dans l'autre famille varie considérablement.

Mais, dira-t-on, quelle conscience est-ce donc que celle que l'on peut scinder en deux parties, ou amener à une autre conscience? Qu'est-ce qu'une individualité qu'on fractionne ou qu'on augmente? Ce sont assurément, répondrons-nous, une conscience et une individualité inférieures; mais qui ne perdent pas cependant leur droit à porter de tels noms. La transfusion du sang qui rend à un anémique désespéré l'abondance des pensées et le plein sentiment du moi, alors que l'instant d'avant sa conscience s'évanouissait, à peine traversée çà et là de pensées rares et confuses, n'empêche pas plus l'individualité d'exister que ne le fait une blessure par où le sang s'échappe, entraînant par sa perte des phénomènes opposés; l'unité du moi est seulement raffermie dans un cas, affaiblie dans l'autre cas. Il en est de même de l'individualité sociale; elle est, elle aussi, susceptible de plus ou de moins. Mais une conscience affaiblie est une conscience dispersée. Il ne faut donc pas s'étonner de voir dans les régions inférieures de l'échelle des sociétés des individualités collectives dont les éléments mal liés peuvent se désagréger et s'adjoindre à des touts différents; nous verrons bientôt que toutes les sociétés n'ont pas le même et insuffisant degré de concentration, il en est au sommet de l'échelle dont les éléments ne peuvent se désagréger sans périr, ni sans entraîner la perte de l'ensemble. Deux fœtus peuvent, dans le sein de leur mère, se fondre en un seul; mais les mêmes êtres arrivés à l'état adulte restent invinciblement séparés.

Tout est relatif : malgré cette infériorité, les familles d'Hyménoptères nous montrent déjà un type élevé d'organisation sociale, si on envisage le point de départ de la série tout entière. Deux êtres vivants sont, au début, une proie l'un pour l'autre, rien de plus. Ici nous voyons les jeunes soignés avec sollicitude, et l'individu qui transmet la vie entouré d'attentions inquiètes par une immense multitude d'individus dénués de ce pouvoir, mais étroitement unis dans un même sentiment d'amour maternel. Nous trouvons dans de telles sociétés des preuves de dévouement, aveugle encore, mais absolu. Des fourmis malades sont portées par leurs compagnes (1). A côté d'exécutions impitoyables, on voit parfois des ennemis affamés secourus en dehors du feu de la bataille (2). Quelque chose comme de la bonté et de la pitié semble donc déjà apparaître ici. Pour retrouver des familles offrant des traits aussi relevés, nous devrons remonter pendant longtemps l'échelle des formes animales, dès que nous aurons quitté la classe des insectes. La série qui leur succède prend naissance à un point beaucoup plus bas de l'arbre de la vie ; elle doit, il est vrai, monter beaucoup plus haut.

Mais avant de quitter la classe des insectes, disons un mot des Névroptères sociaux, les Termites. Ils sont mal connus. Nous ne pouvons affirmer d'eux que trois

(1) M. Forel, p. 367.
(2) Id., p. 277.

particularités ; la première est des plus étranges et demeure inexpliquée : des larves aident des nymphes à se débarrasser de leur peau lors de l'éclosion ! L'instinct maternel paraît ici chez des neutres avant que ceux-ci aient revêtu la forme adulte ! La seconde leur est commune avec les fourmis Ecitones, les *Atta cephalotes*, les *Pheidole* et les *Colobopsis;* la différenciation morphologique aboutit chez eux à la création de quatre types concourant aux travaux de la communauté, à savoir : 1° les mâles; 2° les femelles (il y en a de deux tailles); 3° les ouvriers (1); 4° les *soldats*. La troisième particularité est propre aux Termites : tandis que chez les fourmis les efforts sont coordonnés, chez les Termites ils sont subordonnés; les soldats jouent, sur le témoignage de M. de Quatrefages, le rôle de chefs et de surveillants. « Je les voyais, dit-il, en petit nombre, mêlés aux ouvriers, toujours isolés et ne travaillant jamais eux-mêmes. Par moments, ils faisaient avec le corps entier une sorte de trémoussement et frappaient le sol avec leurs pinces; aussitôt, tous les ouvriers voisins exécutaient le même mouvement et redoublaient d'activité (2). » Nous renonçons à chercher la philosophie de ces faits, puisque l'ensemble de la vie des Termites n'est pas suffisamment exploré. Nulle synthèse ne peut avantageusement précéder l'analyse expérimentale. Contentons-nous de signaler ce qu'il y a d'extraordinaire à voir l'ordre le plus infime des

(1) *Sic*, et non ouvrières. Les neutres sont ici non plus des femelles, mais des mâles dont les organes ont subi un arrêt de développement.

(2) *Souvenirs d'un naturaliste,* vol. II, p. 405.

insectes offrir une société aussi complexe et aussi puissamment organisée.

Jetons enfin un coup d'œil sur l'industrie des Termites, mais en la comparant à celle des sociétés qui nous ont paru inférieures à la leur. Nous pouvons diviser les habitations des insectes sociaux en deux grandes classes : les édifices suspendus et les trous creusés dans le bois ou la terre. Les premiers nous montrent des nids peu complexes, ceux des Polistes, puis des nids qui le sont davantage, ayant une enveloppe, ceux des frelons. A une place intermédiaire entre les habitations aériennes et les demeures creusées, nous trouvons les guêpes communes, les bourdons et les abeilles, dont le nid est caché dans la terre ou dans le bois, mais construit avec des matériaux apportés d'ailleurs. Les gâteaux des abeilles n'offrent que deux sortes de cellules, complication à laquelle il faut ajouter les portes de propolis, organe accidentel. Vient ensuite la série des trous proprement dits. Les larves de plusieurs espèces s'en creusent de très simples. Les odynères, à demi sociales, ajoutent à leur trou un tube extérieur. Certaines araignées des bords de la Méditerranée ferment leur trou tapissé avec une trappe à charnière; quelques-unes dont le tube est recourbé, presque bifurqué, ajoutent une trappe intérieure à celle qui clot l'orifice. Les courtilières creusent des galeries souterraines au milieu desquelles s'étend une chambre d'incubation. Les fourmis mineuses ont, avec de nombreuses galeries, des chambres d'incubation, et savent fermer au besoin les ouvertures de leur nid avec de la terre, ou les défendre par des entonnoirs à pa-

rois croulantes. Le dôme extérieur est une complication nouvelle, il sert de chambre d'incubation en même
temps que de toit. Au dôme extérieur et aux galeries
souterraines peuvent se joindre, chez certaines espèces,
soit des chambres d'approvisionnements profondément
cachées, soit des chemins couverts extérieurs et des
pavillons pour la conservation des *Aphis*. Enfin, la
complication semble atteindre son summum quand ces
travaux essentiels sont, comme dans le cas cité par
M. Forel (1), multipliés sur un vaste espace, au nombre de vingt, trente, cent nids reliés par des galeries
entrecroisées. Les Termites vont pourtant plus loin ;
ils construisent d'énormes demeures où, avec les galeries profondes et les chemins couverts, avec les chambres d'incubation, se voit une chambre de ponte, séjour de la femelle, et une voûte libre qui couronne le
tout, destinée sans doute à rafraîchir l'air de ce vaste
nid (2). On le voit, cette énumération rapide des œuvres se trouve parallèle à l'énumération des sociétés,
et confirme la loi générale que nous avons indiquée, à
savoir que dans l'échelle des sociétés la perfection de
l'industrie correspond à la perfection de l'organisme.

(1) Page 170.
(2) Voir, sur les Termites, M. De Quatrefages, op. cit., et *Annales des
Sciences naturelles*, 4ᵉ série, Zoologie, t. V, 1856. — Ch. Lespès, *Organisation et mœurs du Termite lucifuge*.

CHAPITRE V

FONCTION DE REPRODUCTION (suite)

**Société domestique paternelle : la Famille chez les Poissons,
les Reptiles, les Oiseaux et les Mammifères.**

Accession du mâle dans la famille, son rôle exclusif d'abord, particulièrement chez les poissons ; tentative d'explication du fait ; la solution proposée convient également à l'amour maternel ; confirmation de l'hypothèse. — Batraciens et Reptiles. — La famille chez les oiseaux : les variations en apparence capricieuses de leurs mœurs rendent les générations périlleuses. Oiseaux polygames, oiseaux monogames. Pourquoi le mâle revient ou séjourne auprès de la femelle dans les différents cas ; solidarité des consciences et continuité des traditions dans la famille d'oiseaux ; industrie collective ; territoire ; comparaison de la famille d'oiseaux avec celle des insectes. — Rôle du mâle dans la famille des mammifères ; les monogames, les polygames ; valeur relative des deux types ; de l'industrie des mammifères ; elle est le plus souvent individuelle.

L'accession du mâle marque une phase nouvelle dans le développement de la société domestique chez les animaux. Cette complication commence avec l'embranchement des Vertébrés et dès la classe des Poissons on en trouve de curieux exemples ; mais elle n'a pas dès l'abord toute la signification dont elle est capable. Le mâle en effet, en entrant dans la famille, y joue un rôle tellement prépondérant qu'il va jusqu'à remplacer la femelle dans les soins donnés à la progéniture ; de cette façon son apparition, loin d'introduire dans l'organisme social reproducteur une plus grande variété de fonctions, lui interdit au contraire celle qu'il avait manifestée chez les plus élevés des invertébrés, car il n'y a point de neutres au-dessus des insectes. Réduit à un seul individu qui à lui seul assure par sa sollicitude l'avenir des jeunes une fois éclos, l'organe paternel absorbe donc pour ainsi dire la famille tout entière dès qu'il y entre. Ce n'est que postérieurement, non plus chez les Poissons, mais chez les Batraciens et surtout chez les Oiseaux que la femelle ayant repris ses attributions ordinaires et se chargeant de l'élevage, le secours du mâle peut apporter à la famille un réel avantage en y développant une variété de fonctions jusqu'alors inconnue.

Il est vrai que partout où il y a des sexes séparés le mâle et la femelle sont, nous l'avons vu, au moins momentanément rattachés l'un à l'autre par des représentations réciproques et que cette réciprocité de pensées accompagnée d'une réciprocité de sentiments correspondante fait de leur couple une conscience commune. Mais nous avons remarqué combien ce concours de représentations et de désirs était limité dans le temps ; nous avons vu que le mâle, disparaissant, comme cela arrive si fréquemment chez les insectes aussitôt après la copulation, ou ne vivant que pour végéter sans prendre part aux travaux de la famille, la femelle devenait dès lors le centre de l'organisme reproducteur et constituait par ses rapports avec les jeunes comme un second.épisode de la vie domestique où le mâle n'avait aucune part. Ainsi coupé en deux fragments successifs tels que de l'un à l'autre aucune autre communication n'était possible que celle des influences héréditaires organiques, le groupe que nous étudions restait dépourvu de cette continuité de conscience qui fait l'individualité véritable. De quelle concentration au contraire ne sera-t-il pas capable et en même temps de quelle continuité, quand la société conjugale sera sans intervalle suivie de la société domestique et confirmée par les rapports communs des parents avec les jeunes !

Mais avant d'en venir à cette perfection relative, la famille traverse plusieurs états inférieurs que nous devons signaler rapidement : celui tout d'abord, disons-nous, où les rôles sont confondus et la place de la femelle usurpée par le mâle. Ce sont les Poissons qui nous présentent cette anomalie. Dans l'immense majorité des espèces les jeunes des poissons éclosent sans le secours des parents et dès leur naissance savent se suffire. Les parents se contentent de déposer les œufs en des localités favorables : quelques-uns seuls les agglutinent et les fixent. Ce n'est que dans quelques rares espèces, dont le nombre, il est vrai, augmente tous les jours, qu'on a découvert des exemples d'amour paternel. Les Syngnathes et les Hippocampes mâles portent, dit-on, les œufs dans une poche incubatrice ; les hippocampes assistent à la ponte le corps enroulé autour de celui de la femelle. Le Saumon et la Truite creusent une dépression dans le sable pour y

déposer leurs œufs ; ici le mâle et la femelle travaillent
ensemble. On ne sait auquel des deux sexes il faut
attribuer le nid de Sargasses du *Chironectes pictus* et
le nid d'Algue de la Vieille, du Crénilabre, de la Blen-
nie et de la Spinachie : même incertitude au sujet du
Cotte noir, gardien si vigilant de ses œufs. Mais on
sait que c'est le mâle du Cotte d'eau douce qui manifeste des habitudes identiques, que c'est le mâle du
couple formé par les Lompes qui veille sur les œufs
pondus par sa compagne et emporte les jeunes sur son
dos à la haute mer, que ce sont les mâles des Épi-
noches et des Epinochettes qui construisent les nids,
qui y poussent les femelles pleines, et qui y font
rentrer les jeunes en cas de péril. Un Labyrinthi-
forme observé par M. Carbonnier (*rainbowfish*, poisson
arc-en-ciel) aide comme l'hippocampe sa femelle dans
la ponte et dépose les œufs sur un nid de bulles flottantes qu'il accompagne et répare jusqu'à l'éclosion.
« Il y a des poissons dans les parages de Ceylan qui
couvent réellement leurs œufs dans la cavité de la
bouche et nous en avons vu au Musée d'Edimbourg
étiquetés sous le nom de *Arius Bookei*. Agassiz a fait
la même observation sur un poisson de l'amazone, ce qui
a été reconnu également par Jeffreys Wiman (1) ».
Voici enfin un autre poisson non moins original, le
Chromis paterfamilias du lac de Tibériade, qui protége
et nourrit jusqu'à deux cents alevins dans la gueule et
la cavité branchiale. D'après les études de M. Lortet,
lorsque la femelle a déposé ses œufs dans une dépres-

______

(1) Van Beneden, *Parasites et commensaux*, p. 21.

sion sablonneuse du sol, ou entre les touffes des joncs, le mâle s'approche et les fait passer par aspiration dans la cavité buccale. De là il les fait cheminer entre les feuillets des branchies. La pression exercée sur les œufs par les lamelles branchiales suffit pour les maintenir. Là au milieu des organes respiratoires, les œufs subissent leurs métamorphoses ; les petits prennent rapidement un volume considérable et paraissent bien gênés dans leur étroite prison. Ils en sortent par l'ouverture qui fait communiquer la cavité branchiale avec la bouche et non par les ouïes. Ils restent dans la bouche pressés les uns contre les autres, comme les grains d'une grenade mûre. La bouche du père nourricier est alors tellement distendue que les mâchoires ne peuvent se rapprocher... On ne sait à quelle époque de leur vie les petits quittent la bouche paternelle (1). C'en est assez pour nous permettre de croire qu'en effet chez les poissons le mâle joue d'emblée un rôle prépondérant dans l'éducation, là où les petits ne sont pas abandonnés à eux-mêmes. Cherchons la signification sociologique de ce fait.

Nous nous sommes demandé quelle était la cause de l'affection maternelle chez les Invertébrés et nous avons dû renoncer à la découvrir. Nous n'avons pu admettre ni que chaque insecte comprît le besoin qu'ont de son secours des œufs qu'il ne doit jamais voir éclore, ni que la race tout entière reçût par voie d'hérédité une impulsion appropriée, alors que les progéniteurs possibles ne présentaient aucune des

______

(1) Comptes rendus de l'Académie des sciences, séance du 20 déc. 1875.

conditions nécessaires à la naissance d'un tel instinct.
La question se présente à nous encore une fois en des
termes nouveaux. Ce n'est pas seulement la femelle,
c'est le mâle dont il faut expliquer l'affection. On pourrait ici recourir à une influence héréditaire qui aurait
transmis aux deux sexes un penchant d'abord propre à
l'un d'eux ; mais pour que cela fût possible, il faudrait
que l'héritage de l'instinct maternel fût possible dans
la classe même des Poissons. Or si nous en croyons le
représentant le plus autorisé des doctrines zoologiques
nouvelles, Hœckel, les premiers des Poissons, les
Vertébrés acraniens se sont séparés des Vers à une
période très peu avancée du développement de ces
derniers, et il est infiniment peu probable qu'à ce
moment les Vers aient pu éprouver les sentiments et
concevoir les représentations que suppose la naissance
de l'amour maternel. La voie est donc fermée encore
de ce côté : c'est ailleurs qu'il nous faut chercher une
explication rationnelle des instincts qui fondent la
famille. Il nous semble certain que les instincts n'ont
pas été produits en une fois dans la série organique,
pour y être ensuite seulement étendus et affermis.

Une autre voie s'ouvre dans une direction tout à fait
différente, bien qu'encore sur le terrain de l'évolution.
On se demande si les soins donnés aux jeunes ne sont
pas l'effet d'impulsions organiques qui auraient toujours été telles, c'est-à-dire qui n'auraient jamais été
l'effet d'une volonté en quelque degré intelligente. Des
modifications avantageuses aux œufs ou aux jeunes se
seraient produites dans l'organisme de l'un ou de
l'autre des parents au moment où ils se débarrassaient

des produits de la génération ; ces modifications auraient été développées par la sélection naturelle, et c'est ainsi qu'un besoin impérieux pousserait actuellement les parents à tel ou tel acte d'où dépend la préservation de leur progéniture ; ils y seraient contraints par le jeu même de leur organisme. Ainsi les œufs ou les nids de plusieurs poissons (1) sont agglutinés avec des mucosités sécrétées par eux à ce seul moment de la ponte ou de l'élevage ; il est certain que la sécrétion ne dépend pas à l'origine de leur volonté, car elle exige un arrangement organique préétabli, héréditaire. Dès lors elle devient un besoin inné qui s'impose à la volonté même et qui lui imprime, à un moment donné, une certaine direction. Il en est de même des organes par lesquels l'incubation est favorisée chez les oiseaux. Une certaine fièvre se développe en eux au moment de la ponte ; fièvre générale, mais ayant surtout son siége dans le plexus de vaisseaux sanguins situé sous le ventre et qui a reçu le nom de plexus incubateur. Cette fièvre doit leur imposer le repos et leur faire un besoin de la sensation rafraîchissante (2), que les œufs leur procurent. Elle les dispense également de nourriture. Les petits sont-ils éclos ? plusieurs espèces leur dégorgent une substance sécrétée parfois dans le gosier du mâle comme dans celui de la femelle, et ce que nous avons dit de la sécrétion des poissons s'applique à celle-ci : elle est un besoin. C'est par un acte mécanique en quelque sorte

(1) Œufs de mollusques, œufs des crabes, œufs de la perche, œufs des batraciens ; presque tous les nids cités plus haut.
(2) M. Joly, thèse sur *l'Instinct*, prem. édit., p. 69.

ou du moins réflexe que les oiseaux s'en débarrassent
en faveur de leurs jeunes. La sécrétion avec laquelle
les salanganes construisent leurs nids est soumise à la
même loi. Du reste, les femelles des mammifères eux-
mêmes y obéissent quand elles donnent le sein à
leurs petits. L'amour, dans toutes ces circonstances,
est un accompagnement possible du phénomène; il
n'en constitue pas la cause déterminante. C'est lui, au
contraire, qui résulte des actes réflexes dont nous
venons de parler, comme l'amour sexuel naît du penchant physique qui pousse les sexes l'un vers l'autre
dès que le jeu des organes reproducteurs cesse de pouvoir s'accomplir isolément.

Cette théorie dont malheureusement la preuve n'a
pas été poursuivie dans le détail des faits pour tous les
groupes du règne animal paraît reposer sur des fonde-
ments plus solides. Un mouvement organique initial
est le plus souvent, en effet, la cause déterminante du
processus mental destiné à le servir. Et il est difficile,
pour ne pas dire impossible, d'expliquer par des représentations la constitution même de l'organisme, en tant
qu'il assure dans ses premières phases la reproduction
de l'espèce. Que la sélection naturelle ou une création
spéciale soit invoquée pour expliquer la conformation
des organes, celle-ci exige indubitablement une autre
cause que l'intelligence des sujets qui en sont doués,
car au moins dans les dernières régions du règne animal, chez les ascidies par exemple, qui gardent leurs
œufs sous leur manteau, et chez les astéries qui leur
font une place sous la partie centrale de leur corps,
aucune représentation déterminée, encore moins

aucune prévision ne peut être raisonnablement admise
à expliquer le phénomène. Cependant quelle que soit la
part du mécanisme inconscient dans la première naissance des organes reproducteurs et des appareils auxiliaires, nous ne croyons pas que cette part puisse être
légitimement étendue au point de bannir toute action
de l'intelligence. Il y a dans la croissance de tout animal deux époques, l'une où sa conservation est assurée
comme sa naissance par un processus de phénomènes
plus ou moins exclusivement organiques, l'autre où
son développement est protégé par un processus de
phénomènes plus ou moins intellectuels ou représentatifs, et où la vie de relation joue un grand rôle. Le
plus souvent même et dans la première époque et dans
la seconde, les deux groupes de phénomènes physiologique et psychologique concourent à l'exercice de la
fonction de reproduction d'une manière simultanée,
bien que dans des proportions variables. Ainsi (nous
croyons l'avoir suffisamment prouvé), dès la classe
des insectes les manifestations esthétiques exercent
une action considérable dans le rapprochement des
sexes, et inversement les nécessités physiologiques
exercent une action considérable dans le développement de l'amour, sinon du père, du moins de la mère
pour ses jeunes, même chez les Vertébrés supérieurs.
Il y a donc là, quant à l'importance relative des deux
ordres de phénomènes, une question de degré, que
l'examen de chaque groupe zoologique peut seul résoudre définitivement. Mais nous pouvons dès maintenant affirmer que le second groupe de phénomènes,
les phénomènes psychologiques, croît en importance

à mesure qu'on s'élève dans l'échelle des organismes sociaux et que la solidarité des consciences y efface de plus en plus la correspondance des organes dans les rapports qui unissent les différents membres de la famille. L'industrie collective, telle qu'elle vient de nous apparaître dans les sociétés d'Hyménoptères, n'est certainement pas l'effet d'impulsions automatiques ; elle n'a rien de leur rigidité et de leur monotonie. Que sera-ce quand nous aborderons l'étude des sociétés supérieures ? Peu à peu, si nous ne nous faisons illusion, le lecteur sentira naître en lui cette conviction que les divers procédés d'élevage et d'éducation, loin de dériver des sollicitations mécaniques, sont eux-mêmes la source de modifications organiques nouvelles et que si l'organe ébauche la fonction, la fonction peu à peu achève l'organe et le modèle par l'habitude qu'elle lui impose. C'est là la cause déterminante d'un grand nombre d'attributs esthétiques sexuels ; c'est la cause aussi d'un grand nombre de perfectionnements accessoires apportés dans l'échelle des organismes à la fonction de reproduction. On peut se demander si au lieu que la sécrétion des pigeons engendre en eux l'amour maternel, ce n'est pas l'amour maternel qui développe en eux la sécrétion nutritive, à l'origine purement automatique. On peut se poser la même question à propos de la lactation (1), et ici la tendance de notre Lamarck ne nous paraît pas devoir le céder à celle de Darwin

----

(1) On sait que cette fonction se perd et que l'organe correspondant s'atrophie faute d'exercice. Les chèvres, rendues à la vie sauvage, ont des mamelles beaucoup moins volumineuses.

dans les luttes ultérieures entre les différentes écoles zoologiques.

Qu'on ne se méprenne pas d'ailleurs sur notre pensée. En invoquant dans une large mesure les influences psychiques, nous ne faisons pas appel à des forces occultes qui n'auraient rien de commun avec l'expérience. La question est seulement de savoir si les adaptations qui assurent la croissance des jeunes au milieu de circonstances de plus en plus variées et de plus en plus périlleuses sont produites par immédiation et grâce à une liaison directe entre le jeu d'un organe et le jeu d'un autre, ou bien si elles sont l'effet d'un organe intermédiaire, le système nerveux central, lequel serait chargé d'établir la correspondance entre le monde et les fins de la vie d'une manière infiniment plus complexe et détournée, mais beaucoup plus intelligible pour nous dans ses résultats généraux. Bref, le concours entre les individus dans le règne animal est-il seulement l'œuvre d'un mécanisme prodigieux dont nous ne pouvons, en beaucoup de cas, nous faire aucune idée, ou est-il en même temps l'œuvre de la pensée agissant par des procédés qui sont en grande partie les nôtres et qui sont par conséquent accessibles à de prudentes investigations ? Dans ces termes notre doctrine n'est faite pour étonner ni les psychologues spiritualistes qui tendent à expliquer partout l'inférieur par le supérieur et la nature par ses fins, ni les physiologistes qui ne nient pas que je sache la réalité des phénomènes psychiques, bien qu'ils s'appliquent surtout à en découvrir les conditions.

Nous ne nous dissimulons pas que le mode général d'explication proposé ici échoue dans la plupart des cas présentés par les animaux inférieurs. Là, le mécanisme semble régner seul ; mais aussi l'industrie est nulle. Mais à mesure qu'on s'élève, il devient de plus en plus insuffisant. Si la sécrétion avec laquelle les poissons mâles agglutinent leurs œufs trouve, pour une part, son explication dans la sélection naturelle, l'industrie qu'ils manifestent ne s'explique en aucune façon par les mêmes principes. Construire un nid parfois compliqué, y amener la femelle, y garder longtemps les œufs après leur fécondation, produire incessamment auprès de ces œufs des courants d'eau vive qui les empêchent de s'altérer, ce sont là des actes qui s'élèvent de beaucoup au-dessus de l'automatisme, non pas seulement de l'automatisme cartésien, qui n'a plus que des partisans timides, mais au-dessus de l'automatisme darwinien qui, fondé sur l'utilité, prête aux phénomènes organiques les plus aveugles quelque chose d'intentionnel fait pour séduire. Quelque admirables effets qu'on lui attribue, nous ne pouvons nous empêcher de croire, en présence d'habitudes comme celle que nous venons de rappeler, que la combinaison est d'un autre ordre, et se rattache à une autre cause. Il faut que l'utilité à laquelle il est pourvu ici par des moyens aussi complexes soit ressentie à quelque degré ; autrement l'animal ne s'emploierait pas à la servir avec cette unité de vues, avec cette persévérance de volonté. Ainsi nous arrivons, à propos de l'amour paternel des poissons, à une conclusion qui s'applique aussi bien à l'amour maternel des insectes, car le sentiment est le même dans les deux sexes. Cette conclusion, la voici : les parents des animaux, même en dehors des oiseaux et des mammifères, savent *quelque chose* de ce que renferme l'œuf, et c'est là le motif déterminant des actes complexes par lesquels se manifeste leur amour.

Eh quoi! des poissons nés de l'année précédente savent que de leurs œufs d'autres poissons doivent naître! Nous ne le prétendons pas; nous voudrions seulement qu'on admît avec nous les deux points suivants : 1° que ces animaux ressentent un puissant intérêt pour les œufs qu'ils ont fécondés; 2° qu'ils ont une obscure idée que ces œufs sont vivants comme ils le sont eux-mêmes et demandent des soins déterminés. Nous ne pouvons expliquer sur quoi repose cet intérêt et cette idée qu'en revenant aux résultats de nos premiers chapitres.

On se rappelle qu'un être vivant quelconque nous est apparu comme une société. La substance fécondante, d'une part, les œufs de l'autre, ont appartenu au corps des parents; ils en ont fait partie intégrante; ils ont compté au nombre de ces éléments dont chacun est vivant au même titre que le tout. Quand leur séparation d'avec l'organisme total s'est effectuée, et avant même, pendant que cette séparation se préparait, un trouble général s'est emparé de toute la société, et ce trouble a été profondément ressenti. Si donc l'ensemble des éléments vitaux composants est ordonné de manière à ce que les perturbations des parties aient leur

écho dans un centre (et les poissons sont dans ce cas,
ayant un système nerveux déjà développé), au moment de l'expulsion des œufs, comme des corpuscules
fécondants, les uns et les autres doivent être l'objet de
l'attention de l'animal. Celui-ci doit voir en eux une
partie de lui-même, et comme tels les poursuivre en
quelque sorte de sa sollicitude. L'intérêt qu'il a pour
lui-même et pour les différentes parties de son corps
restées associées, il l'éprouve pendant quelque temps
à un degré presque égal pour ces éléments qui se sont
détachés de lui sans lui être étrangers encore. Mais
l'intérêt qu'il a pour lui-même, il le satisfait en pour-
voyant à ses besoins, comment l'intérêt qu'il porte à
ses œufs ne se traduirait-il pas par des services analogues? De là peut-être (tout ceci n'est qu'une hypothèse, nous le reconnaissons), quelque essai de plus
en plus heureux d'élevage, un abri creusé, un nid
tissé, des périls écartés ; l'intelligence est là au commencement de ce processus, elle ne manquera pas de
génération en génération à son rôle universel de variation et de perfectionnement. Vienne l'éclosion ; les
mêmes soins, avec la nutrition en plus, pourront être
continués si le jeune ne s'affranchit pas dès l'abord en
témoignant de son indépendance par rapport à l'organisme paternel. Telle serait, suivant nous, la cause de
l'amour paternel des poissons cités plus haut : le père
s'intéresse aux œufs fécondés, parce qu'il les considère
comme une partie de son propre corps, et il les soigne
parce qu'il les sait vivants. Bref notre théorie de
l'amour paternel se rattache à notre théorie de l'individu ; et la société domestique ne nous semble possible

que comme un développement de la société organique individuelle (1).

Cette hypothèse n'est qu'une grossière ébauche. Elle soutient cependant assez bien l'épreuve des faits. Pourquoi au-dessous des insectes ne trouve-t-on que peu ou point de témoignages d'intérêt accordés à leurs œufs par les parents ? Parce que le consensus organique est dans ces régions trop faible pour que l'expulsion des produits de la génération sollicite l'activité générale et provoque de sa part un mouvement d'attention à l'égard de ses produits. Pourquoi le mâle des insectes est-il si indifférent à sa progéniture ? parce qu'il y a chez les insectes fécondation intérieure et que le mâle ne peut suivre à l'intérieur du corps de la femelle le sort de ses éléments organiques colonisants. La femelle, au contraire, qui suit sans difficulté ses œufs une fois pondus, leur accorde presque toujours quelques soins. Pourquoi le mâle des poissons est-il le plus souvent chargé du rôle qui ailleurs appartient à la mère ? Parce que c'est lui qui le dernier répand son produit générateur sur les œufs et que la femelle qui en est par là écartée ne peut plus les reconnaître dans

(1) On a essayé de rattacher les faits d'affection paternelle et maternelle à ceux de parasitisme. Nous ne croyons pas cette assimilation légitime. Le parasite est l'ennemi de son hôte, ou du moins il le devient dès qu'il cesse de vivre du superflu qu'il lui emprunte, et s'en prend non plus seulement à sa subsistance, mais à sa substance. La conscience de l'un se développe en opposition avec celle de l'autre ; or, ni l'œuf, ni le jeune mammifère ne sont les ennemis, si ce n'est en des cas exceptionnels, de l'organisme maternel. On objecte que le parasite devient au besoin commensal, et que le commensalisme confine à la mutualité. Nous ne serions plus opposé à cette vue, puisque la mutualité entre individus de même espèce c'est le concours, et que le concours, c'est la société. La gestation diffère encore du parasitisme par son caractère normal.

le milieu instable où ils sont projetés. La théorie concorde donc avec les faits dans les classes d'animaux étudiés jusqu'ici ; on va la voir chemin faisant confirmée par quelques faits nouveaux.

Il nous reste à élucider une difficulté d'ordre psychologique. On se demande en effet de quelle nature est la connaissance qu'ont les parents des liens étroits qui les attachent à leurs œufs et à leurs jeunes, et quelle sorte d'idée les leur représente comme vivants (1). Assurément ces connaissances ne sont pas de même sorte que les connaissances les plus explicites dont l'esprit de l'homme est capable. Mais elles confinent de très près à certaines connaissances que l'on observe aussi dans l'intelligence humaine. Depuis plusieurs années les recherches de la psychologie expérimentale ont suffisamment établi dans l'homme, à côté des combinaisons réfléchies d'idées abstraites, l'existence de combinaisons directes d'idées concrètes. Entre les premières et les secondes il y a une différence de degré dans la complexité et la précision, c'est-à-dire une différence de mode qu'on a prise faute de connaître les intermédiaires pour une différence de nature. Les idées et sentiments qui touchent au sexe et à la parenté sont précisément chez l'homme le plus semblables à ceux dont nous supposons en ce moment l'existence chez l'animal même inférieur. L'analyse que Longus a faite des phénomènes psychiques sexuels montre par quelles voies obscures la nature plie à ses fins les

_____

(1) On remarquera que les animaux n'ont aucun moyen de représenter un être non vivant ; ils ne connaissent qu'eux-mêmes et par eux tout le reste.

intelligences les moins prévenues de ses projets. Nous ne doutons pas d'autre part qu'une femme près de devenir mère, livrée à elle-même dans la plus profonde ignorance des conseils de l'art, ne sache se délivrer et nourrir son enfant. Qu'on pense au caractère des pensées qui président à de telles actions et qu'on mesure la distance qui les sépare des connexions d'idées scientifiques! Nous sommes, a-t-on dit, des intelligences servies par des organes ; le mot est juste, mais il arrive aussi que sur certains points nous soyons des intelligences au service de l'organisme, et que même les plus hautes de nos opérations aient à traverser d'abord d'humbles états pour émerger par des degrés insensibles de l'activité reflexe, inconsciente, à l'activité consciente et réfléchie.

L'hypothèse que nous venons de proposer sur la cause de l'amour paternel veut que partout où la fécondation est extérieure et où l'espèce est douée d'un certain degré d'intelligence le mâle prenne part aux soins de l'élevage. C'est ce qui arrive en effet chez les Batraciens. Plusieurs aident la femelle à expulser ses œufs du cloaque, et montrent pour ces œufs une remarquable sollicitude (1). Au contraire, les Batraciens

(1) « Chez le *crapaud accoucheur*, où les œufs sont réunis en un chapelet glaireux, le mâle s'en empare à mesure que la ponte s'effectue, entortille ce cordon autour de ses pattes postérieures et le transporte avec lui à sec jusqu'au moment où l'éclosion doit avoir lieu ; mais alors il se plonge dans l'eau... Le *Pipa*, ou *crapaud de Suriman*, présente sous ce rapport des particularités encore plus remarquables : le mâle aide la femelle à accoucher et place les œufs sur le dos de celle-ci...; chacun se trouve bientôt logé dans une espèce d'alvéole. Le dos de la femelle se creuse ainsi d'une cinquantaine de petites loges qui sont autant de chambres incubatrices dans lesquelles les embryons se forment et se développent. » (M. Milne Edwards, *Physiologie*, tome VIII, p. 496 et suiv.)

urodèles qui fécondent les œufs dans le corps de la
femelle n'ont point jusqu'ici donné lieu à de telles observations. « Les Reptiles proprement dits ne forment
point d'union durable, dit M. Duménil (1), le seul
besoin de la reproduction est une nécessité instinctive
qu'ils satisfont ; c'est pour l'un et pour l'autre une
excrétion à opérer... aussi cette fonction naturelle ne
semble-t-elle pas avoir exercé la moindre influence sur
l'état social des individus... Il est très rare que les
mâles se joignent à la femelle afin de préparer un nid
ou une place convenable pour y déposer les œufs.
Comme les reptiles ne développent pas de chaleur, ils
ne les couvent pas. Quelquefois *la mère* cherche à
protéger les petits dans le premier âge ; mais ceux-ci
qui naissent agiles et peuvent déjà subvenir eux-mêmes
à leurs premiers besoins paraissent bientôt ne plus la
reconnaître et lui deviennent à elle-même fort indifférents. » Il nous semble que si Duménil admet ici quelques exceptions, c'est, comme il l'ajoute plus loin,
parce qu'il comprend sous ce nom de reptiles, avec les
Ophidiens, les Batraciens, les Sauriens, les Crocodiliens et les Chéloniens eux-mêmes. Ces différents ordres
ont en effet des mœurs différentes. Les Sauriens vivent
par paires. Les femelles des Crocodiles conduisent avec
elles leurs petits. Enfin les Chéloniens inaugurent d'une
manière décidée le régime familial dont les oiseaux ont
fourni le type. Si proches des oiseaux par leurs affinités zoologiques et particulièrement leur embryologie,
ils sont comme eux très ardents au moment des amours ;

---

(1) *Erpétologie*, p. 213.

comme le mâle des oiseaux, le mâle de certaines tortues fait entendre alors des sons bruyants que Darwin compare à un mugissement; comme les oiseaux les deux sexes forment un couple. La femelle vient sur les plages sablonneuses au moment de la ponte, accompagnée du mâle, et construit un nid en forme de four où la chaleur du soleil fait éclore les œufs. On sait que plusieurs oiseaux ont des habitudes semblables. Nous sommes donc amenés par les rapports naturels de cet ordre des reptiles avec la classe des oiseaux à traiter des nombreuses sociétés domestiques que celle-ci nous présente, non sans remarquer que cette fois les ressemblances d'organisation correspondent à des ressemblances sociologiques. Chez les Tortues et chez les Crocodiliens la fécondation des œufs se fait avant leur expulsion ; il n'est donc pas étonnant que ce soit la femelle qui leur accorde des soins.

Deux faits très saillants, dont la portée échappe parfois précisément parce qu'ils sont bien connus, donnent aux familles des oiseaux et à quelques-unes de celles que nous venons de passer en revue leur véritable caractère. D'abord les œufs sont en petit nombre : tandis que les poissons qui restent indifférents au sort de leur progéniture répandent leurs œufs par centaines de mille, les poissons incubateurs et constructeurs, puis les Batraciens accoucheurs, enfin les Tortues et les Crocodiles ne pondent qu'un petit nombre d'œufs. Le nombre des œufs est donc en raison inverse de la sollicitude et de l'intelligence des parents. Traduisons cette loi en d'autres termes : nous pouvons dire que le sort des jeunes est confié dans certains cas dès la classe des poissons et toujours dans celle des oiseaux non plus à des lois physiques dont les effets sont souvent contrariés par le conflit d'autres lois, mais à des combinaisons variées, à des prévisions ingénieuses, à des soins persévérants. L'intelligence reprend donc dans l'organisme social des Vertébrés toute l'importance qu'elle a eue dans l'organisme social des Insectes; et cette importance s'est accrue encore. Car ici (et c'est là le second fait que nous devons signaler) les jeunes ne se suffisent pas à eux-mêmes; après l'incubation l'élevage est nécessaire et surtout après l'élevage, l'éducation. Ce n'est donc pas assez pour les parents de les mettre au jour, il leur faut les accompagner, les guider, les défendre pendant quelque temps. Le père a dès lors un rôle tout nouveau qui est de présider aux relations de la famille entière avec le monde extérieur. Ce trait nous paraît être la véritable caractéristique de l'ordre de sociétés dont nous commençons l'étude. Par là la vie individuelle se trouve subordonnée pendant sa première phase et rattachée pendant les autres par des liens étroits à la vie sociale ; en sorte que si l'on veut embrasser l'histoire des êtres vivants dans son ensemble, il faut faire à la sociologie une place indépendante au-dessus de la biologie.

Un grave embarras nous attend ici : il n'y a pas de classification de la classe des oiseaux, du moins il n'y en a pas qui soit universellement acceptée. Brehm en compte vingt-cinq, et en propose une vingt-sixième, qui ne paraît pas définitive. Il faut croire que la tâche est difficile, car Hœckel n'a pu remarquer d'un groupe à l'autre aucune différence qui lui permît de les disposer suivant un ordre généalogique. « Cette classe, dit-il, s'est adaptée de mille manières aux conditions du milieu extérieur, sans pour cela s'écarter notablement du type héréditaire de la structure anatomique (1). » Si un ordre rationnel est à ce point difficile à établir parmi les oiseaux au point de vue zoologique, il faut nous attendre à ce que leur organisation sociale soit elle-même très variée, sans que ces variations se laissent ramener à de grandes lignes. Et ce n'est pas assez dire ; car l'organisation sociale dépendant de l'intelligence, qui se comporte différemment en présence de circonstances différentes sans que les organes qui les servent subissent aucune modification sensible, l'organisation sociale, disons-nous, doit, dans l'enceinte des limites que la constitution anatomique lui impose, varier bien plus encore que celle-ci. En sorte que même les groupes naturels établis par les zoologistes d'après la conformation du bec et des pieds, doivent offrir d'espèce à espèce les habitudes les plus diverses. C'est ce qui arrive en effet. Ainsi, pour ne prendre qu'un exemple (une énumération complète de ces différences serait fastidieuse) si nous examinons les pulvérulateurs de Brehm, groupe zoologique assez naturel, nous y trouvons les Gangas, les Syrrhaptes, qui vivent par paires, à côté des Tétras, dont les mâles sont insociables en quelque temps que ce soit ; tandis que les Lyrures des bouleaux, tout proches voisins des Tétras, vivent en troupes permanentes. La Gelinotte

____

(1) *Histoire de la création*, p. 530.

des bois, autre Tétraonidé, « diffère notablement du
précédent par ses mœurs et son genre de vie; c'est un
gallinacé monogame (1). » Poursuivons-nous, nous
rencontrons dans le Lagopède, encore un prétendu
gallinacé, un fidèle époux et un père assidu. Les perdrix, dira-t-on, bien que rangées par Brehm parmi les
Pulvérulateurs, ne .sont pas de vrais gallinacés; les
Hoccos pas davantage (M. Gervais, dans son *Manuel de
Zoologie*, dit le contraire), mais dans un même groupe
que de différences, si nous comparons la caille au colin
et à la perdrix. Nous verrions de même, dans d'autres
familles, les mœurs varier d'espèce à espèce. Nous
sommes donc tenu à la plus grande réserve dans les
généralisations que nous serions appelé à tenter sur
les rapports sociaux des oiseaux entre eux. A vrai dire,
aucune ne peut être parfaitement exact dans l'état actuel de la classification ; mieux vaut s'en tenir à une
distribution logique des faits appuyée de nombreux
exemples.

La femelle redevient, à partir des oiseaux, d'une manière normale le centre de la famille ; sauf en des cas
très rares (autruches), c'est elle qui se charge de l'incubation et qui donne les premiers soins aux jeunes
une fois éclos. Autour de ce centre s'organisent peu à
peu les différents éléments de la société domestique :
les jeunes d'abord, puis le mâle. Nous examinerons
ultérieurement les premiers. Celui-ci nous intéresse
davantage en ce moment; il s'agit de savoir comment
il est arrivé à vivre avec la femelle au delà de la saison

(1) Brehm, v. II, page 325.

des amours après l'accouplement, alors que la fécondation étant intérieure, et la ponte non immédiate, il ne semble, d'après notre hypothèse, avoir aucune raison de ressentir pour ses jeunes quelque sollicitude.

Enumérons rapidement les faits. Dans de rares espèces, le mâle se tient toujours éloigné de la famille. Aussitôt après l'accouplement, le Tétras par exemple, et le Coucou se remettent à errer en quête de nouveaux adversaires et de nouvelles compagnes. Chez d'autres espèces, le mâle, qui a quitté la femelle, soit quand elle a commencé à construire le nid, soit quand elle s'est mise à couver, revient auprès d'elle au moment de l'éclosion, ou quand les petits sont déjà assez agiles pour la suivre, et dès lors reste avec la famille. Telles sont les habitudes de plusieurs gallinacés. Enfin, un troisième groupe d'espèces (et celui-ci contient, sauf les exceptions précitées, presque tous les oiseaux : perroquets, passereaux, rapaces, grimpeurs, échassiers, palmipèdes) nous montre le mâle aux côtés de la femelle pendant toute la belle saison, père aussi vigilant qu'époux assidu. Au delà, la famille ne peut plus chez les oiseaux que croître en durée, sans changer de type. Mais hâtons-nous de quitter ces généralités pour entrer dans le détail des causes.

Les oiseaux mâles qui abandonnent leur femelle aussitôt après l'accouplement sont précisément les moins intelligents de tous. D'une part, ils sont entraînés loin d'elle par l'ardeur inassouvie de leurs passions ; d'autre part, ils ne peuvent, dans le temps trop court d'une poursuite brutale, se graver son image assez

profondément pour que cette image les attache à elle
et les détermine à imiter ses démarches quand elle
commence le nid. Enfin, leur extrême agitation, la
fièvre érotique qui les anime ne leur permet pas de
se livrer aux pacifiques travaux de la ponte et de l'é-
levage. L'immobilité de la femelle et les soins minu-
tieux auxquels elle s'astreint les ennuient. Plus tard,
quand leur fièvre s'est amortie, le penchant social
peut reprendre sur eux quelque empire, à moins que,
comme chez les tétras, une humeur batailleuse et in-
constante n'y mette un perpétuel obstacle. Ils reviennent auprès des femelles après l'éclosion des jeunes.
Celles-ci, d'ailleurs, ne les recevraient pas toujours
avant ce moment, l'amour paternel étant si faible chez
quelques-uns (les dindons par exemple) qu'ils dévorent les œufs et obligent la femelle à les cacher. Telles
sont donc les causes qui prolongent jusqu'à l'éclosion
l'absence du mâle. Auprès de quelle femelle revient-il?
C'est ce qu'on ignore : car il a dû en visiter plusieurs
durant ses courses amoureuses. On sait seulement que
quand il revient c'est pour se faire chef de bande;
c'est-à-dire pour régner en maître sur une famille
qu'il est prêt, en revanche, à protéger au prix de sa
vie. Il est moins dès lors un père qu'un maître, et
c'est ce qui nous explique sa présence. L'amour ne
semble y avoir aucune part; le temps en est passé, et
nul animal plus que le gallinacé ne subit l'influence
des saisons; son amour tout physique croît et décroît
avec l'ardeur du soleil. Ce n'est pas cette impulsion
temporaire, c'est un penchant permanent qui explique
son séjour auprès de ses jeunes. Ce penchant, c'est

celui qui se manifeste chez tous les oiseaux forts et
querelleurs placés dans une volière avec d'autres oiseaux. Non seulement ils veulent s'assurer la meilleure place auprès de la mangeoire pour le présent et
pour l'avenir; mais ils aspirent à la domination en vue
de la domination elle-même. La poule, moins bien
armée, les poussins, qui ne le sont pas du tout, s'empressent d'accepter cette domination qui leur promet
un appui. Et en effet, le coq s'attache à eux comme à
des créatures qui, dépendant de lui, sont à lui, et les
protége comme étant des parties de sa propre personne. De là cette condescendance et cette bonté, de
là cet empressement du coq à signaler ses trouvailles,
à courir contre l'ennemi. Une société organisée se forme
ainsi, cimentée par le sentiment de la force, par l'a-
mour de soi, par l'instinct de domination, c'est-à-dire
par des penchants égoïstes; résultat qu'on est tenté
de trouver merveilleux, mais nécessaire en définitive:
avec quoi l'amour d'autrui peut-il être obtenu, si ce
n'est avec l'amour de soi? *Ex nihilo nihil.*

Faut-il encore rattacher au même ordre de sentiments la compagnie de femelles que l'autruche mâle
et le faisan se constituent au moment même des
amours? Il est probable que, en raison même de
l'heure où se forme cette compagnie, il se mêle dans
une proportion large aux sentiments orgueilleux que
nous venons de décrire l'influence du penchant sexuel.
La polygamie est sans doute chez cet oiseau comme
chez le sauvage un effet à la fois d'instincts domina-
teurs et d'une sorte d'avidité de possession. Il est à
remarquer que l'autruche mâle après ce séjour quel-

que peu prolongé avec les femelles prend part à l'incubation. Aucun coq ne va jusque-là.

Mais la plupart des oiseaux sont monogames. Ceux dont l'union est la plus étroite sont certains Passereaux, certains Rapaces, certains Echassiers, et les Perroquets. Diverses causes favorisent dans ces différentes familles la restriction de l'attachement réciproque qu'éprouvent les deux sexes, à une seule tête. Quand un grand nombre de couples s'établissent à petite distance les uns des autres les tentatives des mâles même appariés sur d'autres femelles que la leur doivent être fréquentes, à plus forte raison celles des mâles qui n'ont point trouvé de compagne et qui restent auprès de leurs congénères avec lesquels ils sont accoutumés à vivre. Les espèces faibles ne peuvent pas toujours dans les luttes qui s'en suivent protéger efficacement leur domaine. Mais les espèces bien armées et belliqueuses, ayant du reste besoin d'un vaste espace pour y exercer leurs rapines (1), vivent solitaires au milieu d'un territoire étendu : d'où il résulte que les couples ainsi constitués ne peuvent manquer d'être étroitement unis. D'autre part le genre de vie des rapaces développe leur intelligence, et leur imagination est dominée pour ainsi dire par l'image de leur compagne au point de n'en pas admettre d'autre facilement. Il est vrai que les instincts sanguinaires d'un petit nombre doivent lutter contre leurs instincts domestiques. « Entre eux, dit Brehm, les Asturidés ne se témoignent pas plus d'attachement qu'ils n'en

____

(1) Leroy, *Lettres*, p. 60.

témoignent aux autres animaux. L'amour paraît être
chez eux un sentiment inconnu. La femelle mange son
mâle, le père ou la mère dévore ses petits et ceux-ci
une fois qu'ils sont devenus assez forts dévorent leurs
parents. » Mais si ce penchant destructeur est assez
fort pour empêcher la plupart des rapaces de s'unir à
d'autres couples, il faut croire qu'il ne l'est pas assez
pour rompre les liens de la famille d'une manière aussi
constante que les expressions de Brehm le laissent
croire. Comment, autrement, l'espèce aurait-elle résisté
à cette extermination générale ? Il y aurait longtemps
qu'elle aurait disparu. Presque tous les prédateurs, y
compris les vautours, les plus farouches et les moins
intelligents d'entre eux sont monogames pendant plus
d'une année, plusieurs pendant toute la vie. Les Pics
et les Martins-pêcheurs ont pour les mêmes causes des
habitudes pareilles. Il n'est pas nécessaire d'invoquer
ces causes extérieures (vie solitaire et prédatrice) pour
expliquer dans tous les cas les affections exclusives.
Les Perroquets qui vivent en vastes communautés sont
aussi monogames ; mais il suffit d'avoir observé un per-
roquet en captivité pour admettre sans peine que chez
de tels oiseaux les liens formés par la représentation
réciproque peuvent lutter avantageusement contre les
inconvénients du voisinage. Beaucoup d'entre eux
d'ailleurs se séparent au moment des amours pour
vivre à deux dans la solitude. Quant aux Echassiers ce
sont aussi des animaux fort sagaces et plusieurs comme
nous l'avons vu servent de guides et d'avertisseurs aux
autres oiseaux ; aussi leur union conjugale est-elle en
général étroite et fidèle. La famille des Poules d'eau

est un modèle de concorde ; « grands et petits, jeunes
et vieux, ces oiseaux ne font tous qu'un cœur et qu'une
âme si je puis m'exprimer ainsi » (Brehm). Les Cygnes
offrent parmi les Lamellirostres un exemple assez isolé
de constance et d'affection paternelle ; dans tout ce
groupe la sociabilité est d'ordinaire tellement développée, les nids tellement voisins qu'en l'absence sans
doute d'obstacles représentatifs assez forts, il règne
souvent entre eux une certaine promiscuité jusqu'au
moment de la ponte. Aussi le père chez les canards
est-il fort indifférent à sa progéniture ; il ne partage ni
les soins de l'incubation, ni ceux de l'éducation. Nous
pouvons établir cette loi, qu'il serait facile de soutenir,
si nous ne craignions de dépasser toute mesure, par un
nombre plus considérable de faits, à savoir que toutes
choses égales d'ailleurs le développement de la société
domestique chez les oiseaux est en raison directe de
leur faculté de représentation et de discernement. Là
où en présence d'une intelligence marquée la société
fait défaut, c'est qu'une cause accidentelle apporte
quelque obstacle à sa formation ; ces exceptions, qui
sont rares, ne sont pas de nature à infirmer la loi.

Ce rapport général constaté, montrons dans leur
détail les faits psychologiques sur lesquels il repose.
Nous avons vu dans l'un des chapitres précédents à
quelles démonstrations se livrent les mâles devant les
femelles pendant la saison des amours. Chez les
Gallinacés polygames cette poursuite est tellement
ardente qu'elle paralyse les facultés ; un Tétra qui
rémoud, c'est-à-dire qui siffle devant sa femelle en
balançant la tête comme un ours blanc perd cons-

cience de ce qu'il fait et de ce qui se passe autour de lui ; il n'entend rien, ne voit rien ; un coup de fusil ne l'effraie pas. La plupart du temps ses congénères brutalisent la femelle au lieu de se soumettre à ses choix. L'amour est chez eux plutôt un délire des sens qu'un sentiment affectueux. Tel n'est pas le caractère de l'amour chez la plupart des espèces d'oiseaux. C'est un sentiment plus doux quoique non moins profond, et plus durable. Il se traduit par des chants, des caresses, des postures suppliantes ou des mouvements rythmés ; pendant ce temps les deux sexes apprennent à se reconnaître, à se tenir unis dans la pensée au point de ne plus pouvoir se séparer l'un de l'autre. On connaît les Perruches dites inséparables, qui ont été si fort à la mode. Mais la classe des oiseaux nous offre un certain nombre d'exemples du même attachement. « Quand mourait, dit un observateur cité avec confiance par Brehm, quand mourait l'un des Hypolaïs des saules qui avaient ainsi vécu ensemble pendant deux ou trois ans son compagnon lui survivait à peine un mois. Sous ce rapport l'hypolaïs des saules se rapproche tout à fait des Perruches inséparables. » « Ces oiseaux, dit des Panures le comte de Gourcy, ont l'un pour l'autre une grande tendresse. Le mâle et la femelle sont toujours perchés l'un à côté de l'autre, et lorsqu'ils s'endorment, l'un d'eux, le mâle d'ordinaire, recouvre sa compagne de son aile. La mort de l'un, ajoute Brehm, amène sûrement celle de l'autre. » En liberté, l'Hédydipne métallisé vit aussi étroitement uni avec sa femelle qui l'accompagne de fleur en fleur. Il est probable que réduit en captivité il en serait de lui comme du Colapte doré. Le Colapte est un grimpeur, et nous savons que ces oiseaux s'appellent en frappant sur les branches. « La femelle, dit le frère de Brehm d'un couple qu'il avait en cage, la femelle tomba malade et mourut... Rien ne fut plus touchant alors que la conduite du mâle. Pendant toute la journée il ne cessait d'appeler sa femelle ; il tambourinait, manifestant ainsi son deuil comme quelque temps auparavant il avait manifesté son amour. La nuit même ne lui apportait pas de repos. Peu à peu il devint plus calme ; mais il ne retrouva plus son ancienne gaieté, et maintenant que tous ses compagnons ont péri, il est devenu complétement silencieux. » Même attachement entre le mâle et la femelle de la Tourterelle. « L'un vient-il à périr ? la douleur de l'autre est immense. Je tuai une femelle, raconte mon père, le mâle se réfugia dans la forêt ; mais comme sa femelle ne le suivait pas, il revint et mit à se roucouler pour l'appeler. Ce pauvre isolé me fit pitié (1). » Gurney dit du Jabiru, un échassier, que la plus grande fidélité règne entre le mâle et la femelle, et qu'ils se charment mutuellement par une sorte de danse. L'un d'eux est-il tué ? l'autre reste longtemps solitaire et s'accouple très difficilement à nouveau. Ces faits établissent suffisamment que les oiseaux monogames éprouvent l'un pour l'autre une affection désintéressée qui survit à l'entraînement des premières rencontres et qui prolonge bien au delà la durée de leur union.

(1) Voir Brehm, vol. I, pag. 721, 771 ; vol. II, pag. 71, 262 ; et d'autres passages non cités, I, pag. 49, 76, 116, etc. (ara, linotte, cardinal, bec-croisé).

Un attachement de cette nature est tout entier fondé sur l'Idée que les deux oiseaux se font l'un de l'autre ; il est surtout intellectuel ; et cependant il tient aux fibres les plus profondes ; rompu, il entraîne la mort.

Suffirait-il pour fonder la famille ? Aucun des exemples cités plus haut ne nous autorise à l'affirmer. La plupart des oiseaux que nous venons de signaler pour leur attachement n'étaient sans doute unis à ce point que pour avoir élevé ensemble une couvée ; mais du moins une affection aussi vigoureuse suffit à expliquer l'assiduité du mâle auprès de la femelle jusqu'à la ponte et même quand la ponte est déjà effectuée jusqu'à l'éclosion des jeunes. C'est lui et lui seul qui justifie l'empressement avec lequel les mâles aident pour la plupart les femelles dans la confection du nid, leur apportant les matériaux qu'elles emploient ou les disposant eux-mêmes. C'est lui et lui seul qui nous donne un motif plausible de sa présence pendant l'incubation, des chants ou des évolutions aériennes par lesquels il charme l'inaction de sa compagne, de la complaisance enfin avec laquelle il la nourrit pendant ce temps ou la remplace. Comprend-il ce qui se prépare dans les limites où la femelle semble, comme nous l'avons dit, le comprendre ? Il n'est pas nécessaire de le supposer. Même il y a des faits qui paraissent indiquer le contraire : ainsi ce n'est pas le mâle, c'est la femelle qui construit les parties les plus délicates du nid, la couche molle où doit reposer un être vivant. On voit de plus dans bien des cas la femelle appeler le mâle à grands cris pour qu'il prenne sa place sur les œufs. Quel motif le détermine alors en dépit de son peu d'empressement ? C'est sans doute la prière et la lassitude de la femelle, bien plus qu'un sentiment paternel si rare, même chez l'homme, avant la naissance des jeunes. L'amour nous semble donc être le premier lien de la femelle, jusqu'à l'apparition de la progéniture. Celle-ci une fois née, le père ne peut manquer d'éprouver pour les petits les sentiments sympathiques que nous avons décrits plus haut. Mais alors ces sentiments corroborent ceux qu'il éprouve pour la mère : tous deux ne peuvent éprouver pendant de longs mois, pour les objets de leur tendresse commune, tant de craintes et tant de désirs, tant d'émotions joyeuses ou inquiètes sans en être encore plus intimement unis.

Est-il besoin d'insister sur les liens qui unissent les jeunes à leurs parents ? Non seulement ils ont tout à en attendre et meurent s'ils sont séparés d'eux, mais à mesure qu'ils grandissent ils sentent cette dépendance et correspondent de toutes leurs forces aux désirs de leurs güides. Une véritable éducation peut donc se développer dans la famille des Oiseaux : commerce incessant de signaux (1), d'avertissements, d'encouragements et de reproches, dans lequel les jeunes réagissent pour leur part avec énergie. Les parents les instruisent avec une patience inépuisable. Un rapace, le Pygargue à tête blanche, porte les siens sur son dos pour, du haut des airs, les exercer au vol ; plusieurs oiseaux d'eau font de même en nageant : les Héliornes de Surinam, les Cygnes, les Eiders et les Grèbes. Ces

(1) Voir une intéressante étude sur le langage de la poule à ses poussins, dans l'ouvrage de M. Houzeau, *Facultés mentales des animaux*, t. II, p. 346.

derniers « lorsqu'un danger menace leurs petits, les prennent sous leurs ailes et disparaissent avec eux sous l'eau ; il leur arrive même de les cacher au milieu des plumes de la poitrine et de les emporter dans leur vol. » Au sujet de ces mêmes Grèbes, Jœckel nous rend témoins d'une scène d'éducation assez curieuse : au commencement les parents mettaient toujours la nourriture sur l'eau devant les poussins ; au huitième jour de leur existence commença leur éducation. « Le vieux nagea encore deux ou trois fois devant les petits qui voulaient s'emparer immédiatement de la nourriture et plongea avec le poisson pour les engager à le suivre. Cependant, comme ils étaient encore trop maladroits, il leur tendit la nourriture de loin. Il appela les jeunes avec de bruyants *quony quony* ; ils vinrent alors en ramant sur la surface et franchirent une assez grande distance ; le meilleur nageur obtint le poisson comme récompense. » On sait que chez les Gallinacés les petits obéissent aux signaux de la mère et savent se raser à terre si bien qu'on ne les retrouve quelquefois plus malgré les plus actives recherches. Mais nous n'avons pas l'intention de raconter les phénomènes dans leur infinie variété. En voilà assez pour nous autoriser à dire qu'une double chaîne invisible attache les parents aux jeunes : et que cette communication incessante, ce partage constant de toutes les fonctions intellectuelles, cette solidarité étroite d'émotions, de pensées et de désirs fait de la famille des oiseaux un organisme moral individuel, une seule et même conscience. De ce point de vue ce n'est pas un groupe d'êtres, mais un être.

La solidarité de plusieurs êtres successifs suppose

dans l'être qui les embrasse tous une durée, et cette
durée une tradition ; la conscience collective ne peut
être douée à ce point d'unité sans jouir aussi de quelque continuité de souvenir. Les leçons des parents
transmises aux jeunes font profiter ceux-ci de l'expérience acquise par leurs devanciers immédiats et on
voit, en effet, que les modifications d'industrie ou de
tactique inventées par les premiers se perpétuent dans
les seconds. Les perdrix ont depuis quelques années
pris dans nos pays l'habitude de se garder au moyen de
sentinelles ; les jeunes, dès la première année, se livrent
à cette pratique dans la compagnie même dirigée par
leurs parents. C'est ainsi que l'indication des dangers
à redouter se communique des vieux aux jeunes : les
ouvrages des ornithologistes abondent de passages décisifs où est constaté le changement d'allure des oiseaux
en présence de nouveaux périls. Partout la présence de
l'homme, d'abord accueillie avec indifférence et curio-
sité développe au bout de peu de temps une défiance
justifiée par la portée de ses armes (1). La confiance
se développe inversement par les effets de l'éducation ;
c'est ainsi que dans un jardin public récemment ouvert
au milieu d'une grande ville, les moineaux deviennent

(1) De Castella, *Tour du monde*, 1861, p. 81. — Darwin, *Voyage du
Bengale*, p. 48, 214, 420, 430 de la traduction française. C'est une étude
complète sur la question. En voici les conclusions : « Ces faits, dit Darwin,
nous permettent, je crois, de conclure : 1° que la sauvagerie des oiseaux
vis-à-vis de l'homme est un instinct *particulier dirigé contre lui* (donc
chaque danger exige une éducation spéciale) ; instinct qui ne dépend en
aucune façon de l'expérience qu'ils ont pu acquérir contre d'autres sources
de danger ; 2° que les oiseaux n'acquièrent pas *individuellement* cet instinct en peu de temps, même quand on les pourchasse beaucoup, mais
que dans le cours des générations successives il devient héréditaire. »
Voir encore Livingstone, *Missionary travels*, chap. XV.

peu à peu de plus en plus familiers ; c'est ainsi que nos pies sont devenues en peu d'années indifférentes au bruit des trains au point de poser leurs nids sur les talus de nos voies ferrées. Plus les couvées sont fréquentes, plus la transmission des enseignements de l'expérience est rapide, plus les jeunes restent longtemps dans la compagnie de leurs parents et de leurs aînés, plus elle est sûre. Quelquefois, comme chez les Perroquets, ces deux avantages sont réunis (1). Mais si la société conjugale dure toute la vie de ses membres, la société domestique est le plus souvent bornée à la durée d'un an, et je ne sais guère que les poules d'eau où elle comprend deux couvées à la fois, formant un groupe distinct. Au delà de ces limites la famille est absorbée par la société d'ordre supérieur que plusieurs groupes forment en s'unissant. Dans un couple pris à part, la société familiale complète finit à chaque automne pour recommencer à chaque printemps.

Cette continuité toute intermittente et sporadique qu'elle paraisse suffit à expliquer le perfectionnement qu'a reçu l'industrie animale de la classe des oiseaux. Puisque la tradition des enseignements de l'expérience est possible dans une certaine mesure des parents aux jeunes, on comprend qu'il y ait eu dans la race accumulation de lumières sur les avantages à retirer ou les périls à craindre du commerce avec le monde extérieur, et par conséquent amélioration progressive de la tactique comme de l'industrie. Dans des régions entières de la France la tactique des perdrix s'est améliorée, comme s'est améliorée dans toutes les régions visitées par

(1) Brehm, v. I, page 49.

l'homme la tactique des animaux exposés à ses coups.
Tous ceux qui chassent depuis vingt ans dans les départements du centre assurent que la perdrix, qui s'envolait jadis surtout au début de la chasse par individus isolés et sous le nez du chien, s'envole maintenant par compagnies et à une grande distance du chasseur (1).
A la Plata, le même progrès n'a pas été réalisé ; « ces oiseaux, dit Darwin, ne vont pas en compagnies et ne se cachent pas comme en Angleterre ; c'est au contraire un animal fort stupide. Un homme à cheval n'a qu'à décrire autour de ces perdrix un cercle ou plutôt une spirale qui le rapproche d'elles chaque fois davantage pour en assommer à coups de bâton autant qu'il en peut désirer. Un enfant monté sur un cheval tranquille peut avec un nœud coulant au bout d'un bâton en attraper 30 ou 40 en un seul jour (2). » Ce qui a eu lieu dans ces dernières années pour cette espèce dans nos contrées s'est produit certainement partout vis-à-vis de chaque ennemi dont les oiseaux ont dû éviter les atteintes, de chaque circonstance dont ils ont été invités à profiter, de chaque nécessité qui les a poursuivis. Quand on voit par exemple les corbeaux pour briser les mollusques à coquille trop dure s'élever jusqu'au sommet d'une falaise et les laisser retom-

(1) Nous avons vu des perdrix que nous avions acculées le soir, vers l'heure du rappel, tout près d'une route couverte de voitures et de piétons, au moment où nous allions parvenir à portée de fusil, s'élever verticalement jusqu'à une grande hauteur, et là, en vol serré, parcourir comme l'eussent fait des canes pétières plusieurs kilomètres d'un seul trait. A une lieue de là, dans une chasse gardée, d'autres compagnies ne s'envolaient qu'à quelques mètres du chasseur, et presque horizontalement, suivant les habitudes autrefois caractéristiques de l'espèce.

(2) *Voyage*, etc., page 48.

ber sur les rochers, les vautours se servir du même moyen pour briser des os ou la carapace des tortues, et cela toujours sur la même pierre, les Goëlands enfin en user de même avec les mollusques et les crustacés dont ils font leur nourriture, les Torchepots se servir d'un trou creusé exprès dans un arbre pour casser toutes leurs noisettes et déposer çà et là dans les fentes des vieux troncs des provisions qu'ils savent retrouver, les Mélancrpes garnir des troncs de pins de glands fichés dans des trous exactement taillés pour les recevoir, les Colaptes du Mexique emmagasiner pour l'hiver dans les tubes creux des hampes d'agave des glands qu'ils vont chercher à dix lieues de là, on ne peut s'empêcher de croire que des actions aussi précises, répondant à des besoins divers aient leur origine dans une invention partielle, transmise ensuite de génération en génération par l'enseignement direct. C'est ainsi que les nids eux-mêmes se sont perfectionnés. On sait que les nids diffèrent en perfection suivant l'âge des individus qui les ont construits. « On ne peut, dit Leroy (1), observer avec quelque attention et quelque suite les nids des oiseaux sans s'apercevoir que ceux des jeunes sont la plupart mal façonnés et mal placés; souvent même les jeunes femelles pondent partout sans avoir rien prévu. » Mais les nids ne diffèrent pas seulement suivant l'âge des individus; ils diffèrent encore dans la même espèce, d'un individu à l'autre, suivant les facultés inventives et l'habileté d'exécution des constructeurs, comme aussi suivant les circonstances

(1) Op. cit., page 89.

extérieures et les traditions reçues dans la localité, M. Pouchet a remarqué, parmi les nombreux nids d'hirondelles qui couvrent les vieux édifices de Rouen, une amélioration récente, qui est propre aux nids de ce pays. Brehm rapporte une grande quantité de modifications de ce genre, la plupart dues à l'invitation des circonstances et généralisées en raison de leurs avantages dans un district plus ou moins étendu. En voici un exemple (1) entre cinquante dont il est inutile d'encombrer cette exposition. « Le nid des Baltimores est diversement construit et plus ou moins chaudement rembourré suivant les localités. L'oiseau le suspend à une branche et le tisse avec beaucoup d'art. Dans les États du sud de l'Amérique du Nord, ce nid est fait exclusivement de la mousse d'Espagne et les parois en sont très lâches, ce qui permet à l'air de circuler très facilement du dehors au dedans et réciproquement. L'intérieur n'est tapissé par aucune substance chaude; bien plus, le nid est d'ordinaire exposé au couchant. Dans les États du Nord, le nid est tourné de façon à recevoir les rayons du soleil, et il est tapissé de matériaux les plus fins et les plus chauds. On voit que l'oiseau s'accommode parfaitement au climat. » Du reste, les seules différences qu'offrent entre elles les constructions des diverses espèces ne favorisent-elles pas l'hypothèse d'un enseignement par les yeux transmis non sans des accroissements successifs de génération en génération. Les types de nids sont fort divers comme on sait; chacun d'eux offre une gradation de

(1) Vol. I, p. 237.

complexité telle de l'une à l'autre des formes qui s'y rattachent, que l'idée de passage insensible s'insinue irrésistiblement dans l'esprit lorsqu'on les contemple. Les nids de salanganes sont les uns composés de salive pure, les autres de salive mêlée de différents matériaux dans des proportions graduées en série continue. Depuis les oiseaux qui, comme l'Effraie, déposent leurs œufs dans un coin sur le sol, jusqu'à ceux qui élèvent des monticules de feuilles ou de terre pour les y faire éclore spontanément, depuis ceux qui logent dans la première crevasse venue jusqu'à ceux qui creusent dans les parois de terre meuble ou dans les arbres des cavités précédées de couloirs et tapissées de substances molles, depuis ceux qui font éclore leurs jeunes sur des poignées de brindilles ou de branchages mal jointes à ceux qui leur préparent une couche moelleuse en forme de coupe composée de plusieurs étages de matériaux divers, ou une boule fermée de toutes parts parfois munie d'un couloir d'entrée, ou même une habitation complète composée de plusieurs chambres, on peut trouver des intermédiaires nombreux et des transitions ménagées. Faut-il expliquer le nid double ou triple des Tisserins, on remarque que le mâle se construit tout près du nid de la femelle une demeure de plaisance où il chante pour la charmer, et on se demande si ces deux nids en se rapprochant peu à peu n'ont pas fini par n'en former qu'un seul. Aucun de ces intermédiaires ne se rencontre-t-il; en présence d'un nid comme celui de l'Ombrette qui est composé de trois chambres distinctes et assez solide pour porter le poids d'un homme, l'esprit se refuse à croire que cette savante construction soit sortie en une fois de toutes pièces de la tête d'un seul oiseau. On se dit que si des observations directes ont constaté des perfectionnements dans la tactique et dans l'art d'un si grand nombre d'individus ou de races locales, il est probable que dans toute la classe l'industrie et la ruse ont suivi un développement successif grâce à la faculté que possède chaque génération de laisser ses enseignements à celle qui la suit. Mais cette évolution, bien que presque certaine, ne mérite pas le nom de progrès dans le sens où ce mot a été appliqué à l'histoire de l'Humanité; elle est particlle; elle est confinée non seulement aux limites de l'espèce, mais aux limites de la variété et même de la race. L'accumulation des effets de l'intelligence ressemble, dans la classe des oiseaux, à l'accumulation de la pluie dans des flaques fermées et indépendantes : l'eau remplit inégalement chacune d'elles suivant l'étendue de la dépression dont elle est le centre ; mais elle ne forme point un courant unique capable d'un accroissement indéfini.

Ainsi donc la communauté de conscience qui unit les membres de la famille s'exprime au dehors dans une portion de matière qu'elle organise au service de ses fins. Mais l'accommodation du monde extérieur aux besoins d'une société domestique s'étend jusqu'aux limites en deçà desquelles elle a exploré les lieux, prévu les dangers à redouter, découvert les ressources disponibles, fait rayonner, en un mot, son activité, c'est-à-dire jusqu'aux limites d'un domaine qu'elle s'approprie. La propriété d'un territoire est un fait constant, presque universel chez les familles d'oiseaux. Ici encore le nombre même des exemples que nous avons recueillis nous interdit de les reproduire tous. Remarquons seulement que, comme on devait s'y attendre, le domaine est mieux circonscrit et plus énergiquement défendu quand il appartient à un carnivore ou à un pêcheur, et correspond à un territoire de chasse. La chasse ou la pêche offrent-elles dans la localité des produits d'une telle abondance qu'ils sont en quelque sorte inépuisables, les limites tendent à se confondre et la surveillance faiblit. La délimitation d'un domaine chez les oiseaux n'a donc pas seulement pour but de marquer, par l'opposition avec d'autres familles, l'individualité d'une famille donnée; ce n'est pas seulement une prise de possession symbolique du théâtre de son activité; c'est une appropriation réelle, et la jouissance du revenu qui en résulte est dans bien des cas suffisamment assurée vis-à-vis des voisins par le respect réciproque des droits. Du reste, l'idée de propriété se manifeste encore par d'autres actes dans la classe que nous étudions; ainsi, sans revenir aux geais, qui font des provisions, les craves, les pies, les Polyborus, les Anomalocorax, les Ptylonorrynques et les Chlamydères thésaurisent certains objets auxquels ils attachent manifestement un grand prix quoiqu'ils n'en tirent aucune utilité; mais ce phénomène, bien que frappant au point de vue psychologique, est loin d'avoir au point de vue sociologique la même importance que le fait de propriété territoriale. L'unité de la famille se montre par là manifestement; sa continuité ne s'y révèle pas moins clairement quand, d'année en année, la demeure commune, ainsi qu'on le voit par exemple chez les rapaces, les échassiers et les fissirostres, est réparée ou augmentée par un même couple, et le même territoire occupé par lui.

Si nous comparons la famille des oiseaux supérieurs à celle des insectes, nous trouverons de l'une à l'autre une distance considérable. Il semble que la prééminence appartienne à la plus nombreuse, et que les formes multiples qui la composent l'élèvent à un haut degré de perfection. Mais la famille de l'oiseau offre des caractères d'une bien autre valeur. D'abord, si elle n'est pas nombreuse, elle est susceptible de former, en se réunissant à d'autres familles, des sociétés considérables dont elle est l'élément : le nombre ne manque pas aux bandes des oiseaux migrateurs ni aux assemblées des oiseaux de mer. Ensuite, si elle ne renferme pas de neutres, c'est qu'elle n'en a pas besoin, car le mâle et la femelle, qui sont réduits chez les Hyménoptères à une fonction purement physiologique, ont ici un rôle des plus actifs ; vu le petit nombre des œufs, ils suffisent à l'élevage et à l'éducation. Quant aux jeunes, tandis que chez les fourmis, par exemple, ils sont jusqu'à leur éclosion absolument passifs, chez les oiseaux, ils répondent aux soins de leurs parents de tous leurs efforts, les imitent et leur obéissent. La différenciation des formes organiques n'est pas l'unique critérium de la perfection organique ; il faut que les formes différenciées soient unies entre elles par un certain consensus, et que la concentration s'impose aux éléments plus ou moins épars. Or, les différents membres de la ruche sont mus par des impulsions qui se communiquent de proche en proche, d'individu à individu, sans que nulle part quelque chose comme un conseil, comme un concours délibéré puisse leur être attribué. Les émotions désordonnées qui les agitent ressemblent aux mouvements de l'eau qui se répandent ainsi de proche en proche. Il n'en est pas ainsi dans la compagnie formée par une famille d'oiseaux. De perpétuels signaux échangés entre eux resserrent incessamment les liens de leur conscience commune, et quand la femelle et les jeunes ne sont pas ensemble subordonnés au mâle, les jeunes, du moins, sont toujours subordonnés à leur mère. Cette concentration toute nouvelle, avec réciprocité d'action, est un fait social d'ordre supérieur. Pour la réaliser, il a fallu que les deux attributs jadis répartis en trois classes d'êtres (les mâles, la femelle et les neutres), rentrant, pour ainsi dire, les uns dans les autres, l'intelligence, apanage des seuls neutres dans la famille d'insectes, fût attribuée aux deux sexes avec une vie plus longue et des organes plus développés. Des effets sociaux beaucoup plus complexes et variés sont donc produits avec des moyens plus simples; c'est là la marque de la supériorité organique.

Cependant, en raison même de sa perfection, le type social des oiseaux n'a que peu d'avenir. La famille monogame est fermée, pour ainsi dire. Elle peut entrer comme élément dans une société plus étendue, mais elle ne se prête à aucune organisation collective; elle n'est capable que d'une juxtaposition et d'une répétition indéfinie. Or, une agglomération d'éléments sociaux n'est pas une société. Pour qu'une société véritable soit possible entre plusieurs sociétés domestiques, il est nécessaire que le type familial des oiseaux soit abandonné, et qu'un type différent se substitue à lui, inférieur d'abord, mais capable de perfectionnements des plus favorables au développement social : je veux dire le type polygame.

Quelque classification que l'on consulte, celles qui sont proposées par les transformistes, comme celles qui sont adoptées par leurs adversaires, on doit reconnaître qu'aucun ordre régulier n'est suivi dans le progrès de la société parmi les mammifères. Des anomalies piquantes se présentent, au contraire, qui rendraient toute classification impossible dans cette classe, si l'on n'était résolu à les négliger comme accidentelles, et si l'on n'admettait que le rapport général qui existe entre la perfection organique et l'aptitude sociale peut varier largement sous l'action de causes accidentelles. Ainsi, à suivre la classification généalogique proposée par Hœckel, l'Hippopotame, qui se rattacherait aux ongulés, est monogame, tandis que les ancêtres qu'on lui attribue sont polygames; les Cerfs, proches parents des chevreuils, et tout au moins frères du Cariacou de Virginie et du Renne offrent avec eux la même différence; le Pécari à mâchoires blanches vit par troupes, tandis que le Pécari à collier va par paires; le Babiroussa n'a pas, sur ce point, les mêmes mœurs que le Sanglier, son congénère; à côté des Hamsters et des Rats, dont le mâle ne reste qu'un moment avec sa femelle, les Campagnols forment, du moins le plus souvent, des couples assez unis. Ces variations des aptitudes sociales entre animaux si rapprochés par leur organisation physique générale sembleraient indiquer que celle-ci n'est point la cause de celles-là, et que les premières dépendent de légères modifications fonctionnelles de l'appareil cérébral. Mais ces modifications peuvent se rencontrer simultanément chez les diverses espèces de groupes naturels assez étendus, et, dans leur ensemble, elles accompagnent, quoique d'assez loin, la voie tracée par le progrès organique.

Partout chez les Mammifères comme chez les Oiseaux l'amour maternel est la pierre angulaire de la famille ; et nous comprenons maintenant sans qu'il y ait besoin d'insister la raison de cette loi générale. La femelle, au moment où elle met au jour ses petits, cette fois semblables à elle, n'a aucune peine à reconnaître en eux la « chair de sa chair ; » le sentiment qu'elle éprouve pour eux est fait de sympathie et de pitié comme nous l'avons indiqué, mais on ne peut en exclure une idée de propriété qui est le plus solide soutien de la sympathie. Elle sent et comprend jusqu'à un certain point que ces jeunes qui sont elle-même sont en même temps à elle ; l'amour de soi étendu à ceux qui sortent de soi change l'égoïsme en sympathie et l'instinct de propriété en impulsion affectueuse. De même que l'amour sexuel implique l'idée de propriété réciproque, de même l'amour maternel suppose celle de propriété surbordonnée. C'est parce que cet *autre soi* est si débile que l'intérêt ressenti pour lui prend la forme de la pitié (1). Le but de nos efforts doit donc être, ce point

____

(1) Nous ne prétendons pas que ces opérations d'esprit et les sentiments correspondants se produisent soudainement tout entiers dans chaque individu ; elles ont dû au contraire se développer lentement de

de départ admis, de déterminer et d'expliquer le rôle
du mâle dans la famille des Mammifères.

Ce rôle est petit chez la plupart des espèces. Une
grande quantité d'animaux de cette classe ne s'accouplent que pour un instant. Les Tatous parmi les Eden-
tés nous offrent le plus humble degré de la série sociale
chez les Mammifères. Une rencontre qui semble due

génération en génération, et l'accumulation y a sans doute une grande
part. Ce qui le prouve, c'est que les femelles sont capables de montrer
de l'affection à des jeunes qui ne sont pas les leurs, aussi bien chez les
oiseaux que chez les mammifères. Dans les immenses sociétés d'incubation que forment les oies, chacune cherche à voler des œufs à sa voisine.
Brehm raconte quelque part qu'une femelle d'oiseau tenue en captivité
avec un couple qui élevait des petits venait leur donner la becquée, malgré
les efforts des parents, pour ainsi dire en cachette, cherchant par là à
satisfaire un instinct maternel devenu organique. On connaît la bonne
volonté avec laquelle la poule se laisse tromper quand on lui donne des
œufs de canard à couver. Parmi les mammifères, les mules nous fournissent un très curieux exemple de cet attachement aveugle, absolument
irrationnel. « La femelle des chevaux sauvages du Paraguay a souvent à
combattre contre les mules chez lequelles se manifeste de temps en
temps une sorte d'amour maternel. Celles-ci cherchent alors à enlever
un poulain soit par ruse, soit par force, et le malheureux poulain ne
tarde pas à périr. » (B , II, 310.) Il est démontré par là que dans chaque
femelle l'affection maternelle est en quelque sorte virtuelle, toute prête
à se manifester quand vient l'heure marquée par l'évolution organique.
Cette disposition est congénitale , puisque l'hérédité la transmet même
à des métis inféconds; mais elle n'a pas d'autre origine possible que
les accroissements reçus autrefois de chaque individu. C'est, en effet,
par des contributions individuelles qu'elle se perpétue; les circonstances viennent-elles à suspendre l'apport continuel par qui elle est
entretenue, elle s'affaiblit, puis disparaît. C'est ainsi que l'amour maternel a peu à peu perdu de sa vigueur chez les vaches domestiques,
moins dans les troupeaux libres, davantage dans les animaux tenus à
l'étable, tandis qu'il a presque disparu chez les brebis. Cet ensemble
de phénomènes offre la contrepartie de ceux que nous avons cités plus
haut et vérifient notre explication. L'instinct n'est pas une constante
spécifique, mais une variable dépendant de deux forces : les influences
héréditaires et les influences du milieu. Quand les secondes viennent à
manquer, les premières, fruit du temps, s'affaiblissent avec le temps;
reprennent-elles leur empire, les penchants oblitérés reparaissent et vont
se confirmant de plus en plus.

au hasard, nul refus et partant nulle instance, puis une séparation définitive, telle est l'histoire de l'union des sexes chez les Tatous. La mère, du reste, n'a pour ses jeunes que des soins brutaux ; veut-elle les cacher, elle les met en sang. Il est vrai que les Monotrèmes semblent montrer quelque chose de la fidélité et de la tendresse des oiseaux avec lesquels ils ont de si étranges affinités ; et il ne faut pas omettre de rappeler que le Pangolin vit à Ceylan dans un terrier profond avec sa femelle et ses petits. Mais en haut comme en bas de l'échelle, chez les singes comme chez les marsupiaux, les monogames sont rares. Tandis que chez les oiseaux un grand nombre de couples sont formés pour toute la vie et mettent au monde d'année en année, sans cesser d'être unis, de nombreuses générations — semblables à un arbre qui s'élèverait à une grande hauteur en s'environnant de distance en distance d'un vert bouquet de feuillage, — l'attachement réciproque exclusif est ici l'exception et ne dure en tout cas que bien rarement au delà d'une année. Les carnassiers sont ceux qui en offrent peut-être les plus nombreux exemples ; le loup, le renard, le lion surtout restent assez longtemps avec leur femelle et reviennent auprès d'elle pendant l'éducation des jeunes à laquelle ils prennent une part active. Joignons à cette catégorie assez homogène des faits de même sorte empruntés à des groupes fort disparates ; des couples d'une certaine durée se rencontrent chez les tapirs (Roulin), les morses, les chamois, les petites antilopes, les bisons, les castors, le porc-épic, le hérisson, l'ours, la belette et les singes nictipithèques. « Le Gorille et le Chimpanzé, assure

M. Topinard dans sa récente *Anthropologie* (1), sont monogames, très soucieux de la fidélité de leurs épouses, et attentionnés pour elles. » Mais souvent la mère est obligée de soustraire à son mâle les jeunes pendant leurs premiers jours, de peur qu'il ne voie dans ces petits êtres encore informes qu'une proie à dévorer. Le chevreuil fait de même, redoutant sans doute la brusquerie et la pétulance de son mâle. Ainsi donc dans les espèces monogames, quand le mâle revient auprès de la femelle, rappelé par le souvenir persistant qu'il en a gardé, c'est pour devenir chef de bande et non pour obéir à une prétendue voix du sang tout à fait muette en lui.

Cependant cette bande est toujours restreinte et de la famille ainsi formée, dès que les jeunes seront adultes, rien ne restera. C'est la famille à femelles multiples qui nous offrira le seul type capable de se prêter à une organisation sociale étendue, centralisée, durable.

Les animaux chez lesquels la société domestique revêt cette dernière forme sont les phoques, les mou-flons, les lamas, les chevaux, les éléphants et les singes. « Chez les Arctocéphales (nous laissons la parole à Brehm) le mâle a toujours plusieurs femelles et nombre de ces sultans ont un harem de trente à quarante beautés. Très jaloux vis-à-vis des autres mâles... il reste avec ses femelles, ses fils et ses filles même avec ceux d'un an et qui ne sont pas encore accouplés : une famille peut ainsi compter jusqu'à cent vingt indi-

____

(1) Page 163.

vidus (1). » -- « Les Moutons à manchettes (mou-
flons de l'Atlas) ne vivent pas en troupeaux comme les
autres ovidés, ce n'est qu'au moment du rut, en
novembre, que quelques femelles ayant à leur tête un
bélier se réunissent pour un certain temps. » Il en
est de même pour les mouflons d'Europe : « à l'époque
du rut ils se séparent en petites familles, composées
ordinairement d'un mâle et de quelques femelles qu'il
a conquises dans les combats. » — Chez les Lamas
guanacos, « chaque troupe se compose de plusieurs
femelles et d'un seul mâle ; celui-ci ne souffre dans sa
troupe que de jeunes mâles encore incapables de se
reproduire. Dès qu'ils ont atteint un certain âge, commencent les batailles à la suite desquelles les plus faibles obligés de céder la place aux plus forts se réunissent à leurs égaux et avec de jeunes femelles. Le chef
paît à quelques pas de la troupe et surveille les alentours. Au moindre indice de danger il pousse un bêle-
ment assez semblable à celui du mouton et aussitôt les
têtes se lèvent, regardent de çà de là ; puis toute la
bande part... Les femelles et les jeunes courent
devant, le mâle les suit et les pousse souvent avec sa
tête (2). » Même témoignage au sujet du Lama vigogne
avec des particularités plus significatives encore. « Les
femelles récompensent la vigilance de leur guide par
une fidélité et un attachement des plus rares. Est-il
blessé ou tué, elles courent autour de lui en sifflant et
se laissent toutes tuer sans prendre la fuite. Mais si la
balle atteint d'abord une femelle, toute la bande

(1) Vol. II, p. 788, 789.
(2) Vol. II, p. 453.

décampe. Les femelles de guanacos se dispersent au
contraire quand leur mâle est tué (1). » — « On voit
toujours les Tarpans (chevaux sauvages d'Asie) en
troupes de plusieurs centaines d'individus. Chaque
troupe se subdivise en petites familles à la tête de chacune desquelles se trouve un étalon. Celui-ci est le
chef de la bande ; il veille à sa sécurité, il exige l'obéissance. Il chasse les jeunes mâles et tant que ceux-ci
n'ont pas réuni quelques juments autour d'eux, ils sont
condamnés à ne suivre la bande que de loin. S'il flaire
quelque danger, il hennit bruyamment et toute la
bande s'enfuit au galop, les juments en avant, les étalons fermant la marche et protégeant la retraite..... »
Et ailleurs : « un étalon vigoureux est nécessaire à
l'existence du troupeau : s'il est tué, les juments se dispersent et leur chasse devient facile, car elles ne sont
pas aussi vigilantes que les étalons (2). » Les Eléphants
mènent avec leurs allures propres une existence analogue, sauf en ce que la famille ne paraît pas avoir dans
le troupeau d'existence distincte. « La famille » (le sens
de ce mot est incertain) « la famille forme un tout bien
circonscrit ; aucun autre éléphant n'y est admis ; l'éléphant le plus prudent est le chef de la bande. C'est
tantôt un mâle tantôt une femelle. » Ce guide jouit
d'une autorité effective. « Tous les éléphants sauvages
sont très craintifs et très prudents ; mais l'éléphant
conducteur l'est encore dix fois plus. Ses fonctions sont
pénibles ; il est continuellement en exercice ; par contre

(1) Vol. II, p. 458.
(2) Vol. II, p. 406.

ses subordonnés lui obéissent sans réserve..., il va et
les autres le suivent, même à leur perte (1). » Voici
enfin ce que Brehm dit des familles de singes, quant à
la primauté du mâle. « Le mâle le plus fort de la bande
en devient le conducteur, le guide, mais ce n'est pas le
suffrage des autres individus qui lui confère cet honneur. L'empire est au plus fort; le plus sage est celui
qui a de plus longues dents. Cela s'explique du reste
par ce fait que les singes les plus forts sont généralement les plus âgés, et les jeunes sont bien obligés de
se reconnaître inexpérimentés devant eux. Le guide
exige une obéissance absolue, et il l'obtient dans toutes
les circonstances. Sultan jaloux et brutal il s'arroge un
droit exclusif sur toutes les femelles, éloignant celles
qui s'oublient; aussi peut-on dire qu'il est le père de
sa bande... Le guide exerce son emploi avec beaucoup
de dignité. L'estime qu'il a su conquérir exaltant son
amour-propre lui donne une certaine assurance qui
manque à ses sujets; ceux-ci lui font toujours la cour.
On voit même des femelles s'efforcer de recevoir de
lui la plus grande faveur qu'un singe puisse accorder
ou obtenir. Elles mettent tout leur zèle à débarrasser
son pelage des parasites incommodes, et il se prête à
cette opération avec une grotesque majesté. En retour
il veille fidèlement au salut commun. Aussi est-il de
tous le plus circonspect; ses yeux errent constamment de côté et d'autre; sa méfiance s'étend sur tout,
et il arrive presque toujours à découvrir à temps le
danger qui menace la bande (2). »

(1) Vol. II, p. 712.
(2) Vol. I, p. 8 et 9.

Nous n'avons plus besoin de nous appesantir sur de
tels faits : ce que nous avons dit des Gallinacés (1) les
éclaircit suffisamment à notre gré. Y a-t-il là plus
qu'une famille? Pas encore. Car il n'y a rien de plus
que ce que nous a montré la famille des oiseaux construite sur le même type, celle des brévipennes par
exemple. Seulement ici la femelle, au lieu d'être sup-
pléée par le mâle, garde sa fonction normale qui est
celle de nourrice (fonction que ses organes propres
lui assignent) et le mâle est exclusivement consacré à
la direction de la bande : c'est par lui que s'établissent
les rapports de l'organisme social avec le monde extérieur. Cette différence nous explique pourquoi, tandis
que chez les oiseaux nous avons placé la famille
polygame au bas de l'échelle, nous lui avons donné ici
le premier rang. En soi elle n'a pas plus de valeur que
la famille monogame; peut-être même en a-t-elle
moins; elle est fondée en effet plus sur la force que sur
l'amour; mais comme forme de transition, au point
où nous sommes de la série zoologique, elle atteint une
importance considérable. C'est elle, et non l'autre qui
se rapproche le plus de la société non plus domestique,
mais ethnique : c'est d'elle que nous pouvons le plus
aisément passer de la famille à la peuplade. Elle ne
mérite pas encore ce nom, puisque c'est la passion
sexuelle du mâle qui lui donne naissance ; mais qu'on
imagine plusieurs femelles de même nature réunies,
on sera en présence de la horde et de la horde organisée.

(1) P. 258 du présent volume.

Si l'industrie est, comme nous l'avons observé jusqu'ici, en raison directe de l'intelligence, elle doit être dans les sociétés domestiques de mammifères bien plus développée que dans les sociétés domestiques d'oiseaux. Et en effet les demeures atteignent ici une complexité de structure et de parties qui accusent un degré supérieur d'évolution organique. Cependant, presque partout, le mâle et la femelle, au lieu de travailler en commun, comme cela se voit chez les oiseaux, à une même habitation, en construisent une chacune de son côté; celle de la femelle étant seulement plus complexe, puisque, en outre des autres chambres, celle-ci en ouvre une où sera disposé le berceau de ses petits. Mais cette absence d'homogénéité des deux demeures ne nous étonnera point, puisque les deux existences sont si souvent séparées. Ici encore l'industrie reflète exactement, avec le degré d'intelligence de ses auteurs, le caractère de leurs mœurs et apparaît comme l'expression extérieure de leur âme même.

Les mammifères peuvent, à ce point de vue, se diviser en deux groupes : les nidifiants et constructeurs d'une part, les fouisseurs de l'autre. La souris naine construit un nid quelque peu semblable à celui des oiseaux ; des feuilles de roseaux lui servent à le tisser, et la forme en est sphérique. « L'intérieur est tapissé avec le duvet des épis de roseaux, avec des chatons, des pétales de fleurs. Les vieilles femelles construisent des nids plus parfaits que les jeunes. » L'écureuil fait servir à la confection de sa demeure les matériaux arrachés à celles des oiseaux ; cette habitation est couverte d'un toit imperméable à la pluie, et elle a deux ouvertures, l'une, dans la partie inférieure, qui sert à l'entrée dans les cas ordinaires, l'autre, percée au travers du toit, et qui favorise la fuite en cas de surprise. Un sanglier, au Bengale, coupe avec ses dents, aussi nettement qu'avec une faux, une graminée de 1 mètre à 1 mètre 25, et se fait une meule énorme avec une galerie à laquelle viennent aboutir de petits regards ou fenêtres qui lui servent à observer les environs. Les Chimpanzés se construisent un nid élevé sur les arbres, muni d'un toit en parasol. Les constructions de l'Odontara et du Castor sont intermédiaires entre le terrier et la hutte. Celles de l'Odontara, comme celles de beaucoup de rongeurs, ont des couloirs qui servent à déposer les ordures, et d'autres par où l'animal va chercher sous terre ses aliments. La demeure du castor est plus compliquée. Elle a, outre son dôme, un plancher, avec chambre de résidence et chambre de provisions ; le bas des murs, plongeant dans l'eau, est construit de matériaux particuliers. Presque tous les rongeurs ont des terriers composés de parties plus variées encore. Nous y trouvons des trous à ordures quelquefois nombreux, plusieurs chambres de provisions, une chambre de résidence et une d'élevage tapissées de substances moelleuses, enfin des couloirs dont les uns servent à l'entrée, d'autres à la fuite, d'autres enfin à l'aération. Le renard et le blaireau ont des habitations analogues, mais plus vastes. Les couloirs y sont multipliés, et les ouvertures sont à la fois éloignées les unes des autres et fort distantes du centre, lequel se trouve quelquefois à 4, à 5 mètres au-

dessous du sol. Ce centre porte le nom de donjon.
Chez le renard, à côté du donjon du mâle, au moment
de la vie conjugale, la femelle a sa chambre et les petits
la leur, sans préjudice du garde-manger où la famille
conserve des provisions, et d'une sorte de guérite
située près de l'une des nombreuses entrées où l'animal vient de temps à autre se placer en observation.
Un renard se construit plusieurs terriers. Nulle part,
dans le règne animal, l'industrie n'a été portée plus
loin, si ce n'est chez la taupe. Une figure peut seule
faire comprendre la complexité des voies qui composent un seul terrier, surtout l'habile intrication de
celles qui environnent le donjon. Il s'y ajoute un puits,
ou si l'eau est trop loin, une citerne que remplissent
les eaux pluviales. Maintenant, si nous montons plus
haut dans la série des mammifères, nous ne trouvons
plus aucun fait de même importance. A quoi tient cette
disparition de l'industrie, et faut-il croire qu'elle cesse
d'accompagner le progrès de la société? Remarquons
d'abord que dans certains ordres, comme les Ongulés,
aucune industrie n'était possible faute d'organes. Ensuite, les animaux qui ne construisent pas n'ont pas
pour cela renoncé à employer leur intelligence; seulement ils l'ont employée autrement. Les solitaires sont
des carnassiers qui déploient leurs ruses dans la rapine
ou la défense. Les sociaux ont dépensé leurs ressources intellectuelles dans l'établissement de la société
même; l'organisme social n'est-il pas une œuvre aussi,
et la tactique variée que demande sa conservation ne
mérite-t-elle pas l'attention autant que les galeries
souterraines et les chambres multiples? Mais nous

reviendrons à ces phénomènes en un endroit plus favorable à leur interprétation.

Dès maintenant nous pouvons signaler un fait qui est propre aux mammifères, c'est le caractère mobile, momentané de certains de leurs procédés industrieux. Raulin raconte que la femelle d'un couple de Babiroussa observé en captivité allait chaque soir couvrir le mâle d'une couche de paille disposée avec soin. Chacun des chiens du Levant, habitant au voisinage des villes égyptiennes a, dit Brehm, deux trous, l'un à l'est, l'autre à l'ouest, et ils vont trois fois de l'un à l'autre, suivant les différentes heures de la journée. « La montagne est-elle orientée de telle sorte que les deux trous soient exposés au vent du nord, le chien s'en creuse un troisième sur le versant opposé ; mais il ne l'habite que lorsque le vent trop froid lui rend incommode le séjour de l'un des deux autres. Le Hérisson bouche son terrier, l'Ecureuil son nid, quand le vent vient les troubler. L'Alactaga-flèche dissimule toutes les ouvertures de son terrier une fois qu'il y est entré, et les Psammomys, comme les souris naines, recouvrent leurs petits de paille quand elles les quittent. Ce sont là des mesures qui témoignent d'une assez haute faculté de combinaison intellectuelle dans l'individu. C'est en effet par le développement de l'individu que la plus grande partie des mammifères se recommande à l'attention du psychologue; et cela vient précisément de ce que l'éducation, soit par les deux parents, soit par la femelle seule développe chez eux plus que chez les oiseaux l'expérience et la réflexion. Chacun d'eux, en effet, a été compris pendant son jeune âge dans un groupe organisé , et pendant que seul, ou avec ses frères, il recevait de la mère l'alimentation première, il a nécessairement profité de ses leçons. Ici encore, par conséquent, l'individu isolé puise dans l'individu collectif les éléments de sa personnalité. C'est la vie sociale qui développe en lui le germe de la conscience comme le germe de l'organisme.

CHAPITRE VI

VIE DE RELATION

La Peuplade.

Fonctions tout intellectuelles sur lesquelles repose la peuplade. —
Réunions accidentelles involontaires. — Réunions volontaires momentanées : mobiles qui les provoquent. — Sociétés volontaires
durables, permanentes; rapport de la Peuplade et de la Famille;
nature du lien social, sympathie, intérêt. — Peuplade d'oiseaux.
Pourquoi les oiseaux de mer se réunissent précisément au moment
où le plus grand nombre des autres oiseaux se séparent en familles?
Degrés divers d'organisation et de concentration, 1° dans les peuplades d'oiseaux; 2° dans les peuplades de mammifères. Langage,
industrie collective et tactique. — De la naissance et de l'accroissement de la peuplade ; de son extinction. — Point de départ et
point d'arrivée de nos recherches.

Vivre c'est d'abord se nourrir et se perpétuer comme
espèce. C'est à cette double fin que conspirent tous les
phénomènes étudiés jusqu'ici. Mais quand l'être vivant
atteint un haut degré d'organisation, il est en rapport
avec des circonstances trop diverses pour que son existence ne soit pas entravée de mille obstacles et assaillie
de mille périls. Les deux fonctions physiologiques

essentielles se trouvent dès lors soumises au développement de l'activité psychique et la vie de relation prend le pas d'une manière de plus en plus décidée sur les besoins qu'elle a d'abord été appelée à satisfaire. C'est ainsi que nous avons vu la société domestique, bien que reposant toujours sur l'union des sexes et se proposant toujours pour but essentiel l'éducation des jeunes, trouver son unité dans un échange d'idées, d'affections et de services. A mesure que nous nous sommes élevés dans l'échelle des sociétés, à mesure aussi l'activité physiologique s'est trouvée plus complétement engagée dans la sphère de l'activité psychique, à mesure le consensus organique a été subordonné à la conscience. Celle-ci a eu bientôt l'initiative et la garde des individualités collectives dont la fonction de reproduction était la fin essentielle, et elle a suscité une multitude d'habitudes et de tendances qui ont été enfin cultivées pour elles-mêmes indépendamment de leurs résultats. De ce nombre sont les deux penchants sans lesquels nulle société domestique complète ne serait possible ; la sympathie et le double instinct de domination et de subordination. Il n'est plus besoin, remarquons-le, pour que ces deux sortes de liens unissent différents individus que ceux-ci diffèrent physiologiquement et soient pourvus d'organes de reproduction correspondants mais dissemblables. Entre des individus quelconques de la même espèce, ils peuvent former une société, pourvu qu'il y ait à cela une raison suffisante. Cette raison ne peut être qu'un intérêt, car nul être ne fait rien qui ne lui soit ou ne lui paraisse avantageux, et tous les intérêts se ramènent

en dernière analyse au développement de la vie physiologique. Mais il n'en est pas moins vrai que dans ce
cas ce ne sera pas d'abord pour vivre, mais pour
défendre et améliorer la vie que les relations sociales
seront entretenues et qu'ensuite le point de départ du
mouvement social ne se trouvera dans aucun organe
spécial affecté à l'une ou à l'autre des fonctions biologiques essentielles. Les sociétés ainsi constituées formeront donc, en dépit des transitions nécessaires, un
ordre nouveau qui se superposera aux ordres inférieurs, puisqu'il les embrassera en les dépassant. Il
aura pour caractères propres de pouvoir se prêter à
des combinaisons en quelque sorte indéfinies, puisque
aucune particularité physiologique ne lui imposera une
structure déterminée, et d'être susceptible d'accroissements très étendus, puisqu'il aura pour bornes en ce
sens non la capacité du corps maternel, mais la faculté
de représentation de l'espèce, très largement perfec-
tible. C'est ce nouvel ordre de sociétés, différent des
deux autres en ce qu'il ne suppose entre les membres composants aucune communication des tissus
ni des cavités, mais seulement une correspondance
des mouvements cérébraux, que nous allons étudier
ici.

Mais si tels sont les caractères des plus élevées de
ces sociétés, leur apparition est précédée et comme
annoncée dans toute la série animale par une multitude de groupements analogues. Nous devons les comprendre dans notre exposition. Nous distinguerons
trois classes de sociétés ethniques ou de peuplades :
1° Les réunions accidentelles involontaires ; 2° les réu-

nions volontaires momentanées ; 3° les agrégats volontaires permanents.

Passons rapidement sur les premières. Elles sont dues à deux sortes de causes, soit à l'action simultanée des forces physiques sur des organismes simples, soit aux hasards de la naissance qui réunissent dans un même lieu un nombre considérable d'individus. La mer est fréquemment le théâtre de phénomènes de ce genre. Certains animaux dits pélagiques forment des bandes énormes. Elles n'ont pour raison d'être que la température des différentes couches d'eau qui convient à la fois à tous les individus de cette bande, la direction des courants qui les entraîne tous ensemble, et peut-être aussi l'abondance en certains endroits d'aliments recherchés par eux. Les membres de telles agglomérations sont le plus souvent les Noctiluques, les Méduses, les Cténophores, les Sagitta, les Crustacés copépodes, les Mysis, les Mollusques ptéropodes, les Polycistines. Les tout jeunes poissons peuplent les eaux de la mer par myriades et paraissent réunis par les mêmes causes. Les actinies et plusieurs mollusques parmi lesquels les plus connus sont les moules et les huîtres vivent en bancs pressés les uns contre les autres. Le mode de reproduction de ces espèces explique une telle disposition. C'est encore à la naissance ici successive, là simultanée en un même lieu, qu'il faut attribuer les agglomérations des pucerons, des cochenilles, les paquets de chenilles du paon de jour sur nos orties, du bombyx sur nos arbres, les nuées de papillons qu'on cite comme extraordinaires, mais qui sont fréquentes et dont tout le monde a pu être témoin. Ces agglomérations n'ont point de but ; elles sont les effets en quelque sorte mécaniques de causes extérieures. Déjà les migrations des criquets cherchant de nouvelles terres à dévaster sont déterminées par un besoin ressenti de ces insectes ; les danses des Tipulaires et des moucherons paraissent avoir quelque rapport avec l'union des sexes. Enfin quelques chenilles et quelques larves nées ensemble sur le même point devant rester quelque temps réunies prennent des dispositions pour se garantir des périls qui les menacent. Les chenilles du *Bombyx liparis* se fabriquent en commun sur les hautes tiges une tente soyeuse. Plusieurs chenilles de la même famille font de même. Celles qui ont reçu le nom de Processionnaires se suivent pendant leurs marches dans un ordre déterminé qui figure un coin allongé. D'autres processionnaires (*Papilio archelaus*) du Brésil (1) font preuve d'une certaine communauté d'impressions remarquable. « Toutes sont placées côte à côte en colonne serrée et la tête dirigée dans le même sens ; si l'on en touche une, elle agite aussitôt avec vivacité la partie antérieure de son corps, et toutes les autres l'imitent à l'instant. » Les jeunes larves des hannetons vivent d'abord réunies : « les débris de végétaux enfouis dans le sol, les racines les plus voisines suffisent aux besoins de la couvée entière pendant cette première saison. Les froids venus, on ne se sépare pas encore ; on mine plus profondément et on pratique une loge spacieuse à l'abri de la gelée, où l'on passe l'hiver en commun. Au printemps, toutes

(1) Lacordaire, Introd., vol. II, p. 292.

ces larves plus grandes et plus voraces ne sauraient
plus trouver sur le même point une nourriture suffisante ; elles se séparent alors et chacune se creusant une
galerie particulière remonte vers la surface du sol jusqu'à la région des racines (1). » Nous trouvons donc
dans ces agglomérations à l'origine fortuites quelque
chose de volontaire et comme une conspiration inten-
tionnelle. On a cherché des raisons métaphysiques à
l'ordre géométrique observé par quelques-unes d'entre
elles. La plupart du temps cette régularité n'a pas
d'autre cause que l'absence de motifs qui pourraient
justifier une disposition différente. La régularité des
loges chez les abeilles est due, comme Buffon l'a bien
vu, à cette même condition, et à ce titre mérite beaucoup moins notre admiration que la liberté de plan que
montrent dans leurs constructions d'autres hyménoptères comme les fourmis. Nous n'analyserons que deux
exemples de ce fait. Au bord de la Manche, on trouve
fréquemment des Patelles sur lesquelles des Balanes
forment des cercles réguliers montant le long du cône
jusqu'au sommet. Tout d'abord le dessin de ces guir-
landes concentriques étonne ; mais en réfléchissant on
s'aperçoit que des larves de balanes glissant le long de
la pente du cône ont dû s'arrêter à son bord inférieur
en aussi grand nombre que la place disponible l'a permis, que les suivantes, une fois le premier rang formé,
n'ont pu s'empêcher de faire de même et d'en dessiner
un second. Cette régularité n'a rien de mystérieux, et
toutes les fois que la nature se plie aux figures géomé-

(1) M. Quatrefages, *Métamorphoses*, etc., p. 81.

triques les plus simples, c'est, comme en ce cas, parce qu'elle n'a pas de raison pour s'en affranchir. Les Scolytes sont des coléoptères qui causent d'assez graves dégats dans nos forêts. La femelle s'introduit sous l'écorce des arbres, y creuse un sillon longitudinal à bords nettement coupés, et de distance en distance dépose un œuf dans ce sillon. Puis elle s'envole et les larves naissent. Celles-ci vivent aux dépens du bois qu'elles entament facilement de leurs vigoureuses mandibules. Aussitôt nées, elles se mettent à cheminer sous l'écorce. Elles ne peuvent s'avancer dans le sens de la galerie maternelle où elles ne trouveraient que le vide ; elles s'avancent donc perpendiculairement à elle. Mais comme chaque larve, si elle dirigeait obliquement ses travaux, rencontrerait la rainure où travaille sa voisine, elle est amenée à suivre une voie parallèle ; toutes font de même ; si ce n'est que celles de chaque extrémité, étant moins serrées, divergent en rayonnant à partir de leur point de départ. Rien de plus nécessaire que toute cette géométrie. Cependant quand on découvre le bois où les scolytes ont travaillé, on est en présence d'une figure vraiment gracieuse dans sa simplicité, qui ressemble au dessin d'une main intelligente.

Le phénomène de l'agrégation prend un caractère différent quand il est manifesté par des animaux primitivement séparés et qu'il est déterminé par la recherche commune d'une commune utilité. Les migrations des Criquets présentent déjà à un certain degré ce caractère. Celles des oiseaux sont déterminées par des causes diverses, mais peuvent toutes se

rattacher à la présente catégorie. Tantôt l'abaissement
de la température les provoque, tantôt la disette.
Pourquoi elles se font en aussi grand nombre et réunissent d'abord tous les individus d'un même district,
puis tous ceux d'une contrée, puis tous ceux d'un
même continent au bord d'une mer à traverser, c'est
ce qui se conçoit facilement, si on veut admettre chez
l'oiseau une idée confuse du long voyage qu'il se prépare à accomplir et des dangers dont le moindre est
de s'égarer en route. Les incertaines lumières de l'individu font alors appel aux lumières plus sûres d'une
bande considérable où les chances d'erreur se détruisent l'une par l'autre, l'ignorance des jeunes s'appuie
sur les souvenirs des plus anciens. Les migrations des
mammifères rongeurs ou ruminants s'expliquent de
même. D'autres réunions ont pour causes le penchant
sexuel agissant simultanément sur un grand nombre
d'individus. Nous avons signalé ce fait chez plusieurs
poissons et plusieurs oiseaux. Les mammifères nous
montrent des rassemblements analogues ; le cerf par
exemple a des « places de rut » où il revient d'année
en année provoquer ses rivaux. D'autres groupes se
forment pour un but déterminé de défense ou d'attaque. On sait quel effet produit sur les oiseaux de jour
l'apparition d'un hibou, l'étonnement et l'indignation
qu'ils ressentent à sa vue. Un très grand nombre d'oiseaux se réunissent comme le font chez les insectes les
Nécrophores et les *Ateuchus* pour repousser un intrus,
combattre un ennemi, s'emparer d'une proie. Les
Corbeaux réunis attaquent des lièvres, des agneaux,
de jeunes gazelles, qu'ils ne pourraient capturer seuls.

Les loups se réunissent de même pour des expéditions difficiles. Mais le fait est ailleurs assez rare ; il est probable que dans les cas où l'action concertée est d'ordinaire utile à un groupe, ce groupe devient permanent. Ainsi les chiens qui chassent en meute restent constamment unis. Les plus extraordinaires des réunions temporaires sont celles qui ont lieu entre les oiseaux d'une même contrée dans le seul but de se trouver ensemble et de satisfaire le besoin de la vie sociale indépendamment de toute autre. Ce fait éclaire tous les autres d'une vive lumière en ce qu'il nous montre chez les oiseaux un penchant social latent, toujours prêt à se manifester quand nul autre penchant ne le combat, à plus forte raison quand un but utile peut être poursuivi en commun. Ainsi le matin à la lisière des bois on voit tous les oiseaux non carnivores des alentours s'attrouper et saluer joyeusement l'aurore. « Vers le soir, dit Brehm des Corneilles, elles se réunissent en grand nombre à des endroits déterminés pour se communiquer les impressions de la journée... elles ne s'y rendent qu'avec une prudence extraordinaire et après avoir eu soin d'envoyer plusieurs fois des espions pour inspecter la localité (1). » Nous avons vu à Dijon chaque hiver des bandes immenses de Corneilles (2) se rendre tous les soirs à la nuit tombante de tous les points de l'horizon vers le Parc des Condé et là se livrer au plus haut des airs à de majestueuses

(1) Brehm, vol. I, p. 293.
(2) Certaines bandes comptaient plus de cinq cents oiseaux; l'assemblée en comprenait plus de dix mille. Plusieurs bandes devaient franchir au moins 15 kilom. pour atteindre le lieu de réunion.

évolutions, accompagnées de grandes clameurs, avant
de s'endormir. Un jour vers la fin de l'hiver ils se
réunirent au milieu de la journée pour les mêmes
exercices ; à partir de ce moment (1) les rassemblements cessèrent. « Dès que les jeunes Étourneaux
sont éclos, les deux parents s'occupent de les nourrir
et le père n'a plus le temps de faire entendre sa voix.
Il sait cependant dérober une heure à ses devoirs
paternels, et vers le soir, on voit les mâles se réunir et
chanter de concert (2). » Au Havre les passereaux de
tout le quartier du port se donnent rendez-vous chaque soir par milliers sur un bouquet d'arbres, devant
le théâtre, à une place où nul aliment ne peut les tenter, et là, ou immobiles, ou sautillant de branche en
branche, poussent des cris assourdissants jusqu'à la
nuit : ils recommencent le lendemain dès l'aube avant
de se séparer. Un très grand nombre d'oiseaux qui
vivent épars pendant le jour se réunissent ainsi le soir
et chantent, puis conversent encore quelque temps le
matin. (Ex : serins des Canaries, Meinas, Palœornis,
Parasididés, Streptopélies.) Houzeau raconte qu'il a
vu « dans un *settlement* du Texas les jeunes chiens des
colons se réunir à la même place tous les jours dans
l'après-midi pour se livrer à leurs exercices et à leurs
jeux. Après une heure et demie ou deux heures d'absence, chaque animal retournait chez lui. Les chiens
adultes ne prenaient aucune part à ces assemblées (3). »

(1) 29 février 1876. Nous avons assisté au même spectacle sur la rivière
de Morlaix, au point du jour, en janvier 1873. Le nombre des oiseaux
ainsi assemblés dépasse l'imagination.

(2) B., vol. I, p. 244.

(3) Vol. II, p. 67.

La périodicité de ces réunions nous conduit à celles qui durent un certain temps comme un mois ou une saison de l'année, d'une manière continue.

Ce sont, dans toutes les classes, les jeunes qui se forment le plus facilement en bandes. Nous en verrons tout à l'heure la raison. Les sociétés quelque peu durables composées de tels éléments sont très communes chez les oiseaux. Tandis que les grands corbeaux adultes vivent par paires, les jeunes forment des bandes; ainsi des jeunes hiboux, des jeunes Téléphones, etc.; mais il est inutile de prolonger cette énumération, puisque tous les oiseaux dits sociables (1) qui ne prennent pas leur livrée d'amour dès la première année, et se séparent par paires du printemps jusqu'à l'automne, sont évidemment dans ce cas, les jeunes restant seuls toute la belle saison. Plusieurs jeunes mammifères manifestent les mêmes habitudes, particulièrement chez les Cervidés, et aussi les vieux mâles. Dans certaines espèces d'oiseaux et de mammifères, les femelles fécondées forment de grandes troupes d'où les autres individus sont exclus. Chez les Chauves-souris, les mâles, sauf le court moment de l'accouplement, vivent toujours séparés des femelles. Mais en général, dans les espèces sociables, après la naissance des petits, la peuplade se reforme au complet sous l'empire des penchants étudiés plus haut.

Nous voici arrivé en présence de la peuplade, le

____

(1) Nous serons forcé de donner, conformément à l'usage, le nom de sociables aux animaux qui vivent en bandes (*gregarious* des Anglais), bien que, suivant nous, ceux qui ne vivent qu'en familles forment aussi société.

plus élevé des groupes sociaux qu'il nous soit donné d'observer chez les animaux. Elle est, ce semble, composée de familles. Nous devons chercher tout d'abord quels rapports la société ethnique soutient avec la société domestique dans l'ensemble de la série zoologique au-dessous de l'humanité.

Nous nous efforcerons d'établir les trois propositions suivantes :

1° Le seul passage qu'il y ait de la famille à la peuplade se trouve non dans les relations du père avec la mère et de ceux-ci avec les jeunes, mais dans les relations des jeunes entre eux;

2° Même à l'origine, la famille et la peuplade sont antagoniques; elles se développent en raison inverse l'une de l'autre ;

3° Le véritable élément de la peuplade est l'individu, et l'amour d'un être pour ses semblables en tant que tels ou la sympathie y est la source de la conscience collective.

1° Si l'on se demande par quelle voie on peut passer de la famille à la société supérieure, on s'aperçoit, non sans quelque surprise, que tant que la famille subsiste il ne s'en trouve aucune. En effet, d'après ce que nous avons essayé de démontrer, le père, en général, est surtout attaché à la mère, et la mère à ses jeunes. Or, la possession sexuelle réciproque ne peut être étendue qu'à un petit nombre d'individus; elle est nécessairement jalouse, de la part du mâle tout au moins, et cela suffit pour clore la famille de ce côté. Celui-ci ne peut manquer de déchaîner sa colère contre toute atteinte portée aux droits qu'il s'attribue, et comme il a la force, la femelle est condamnée par sa volonté à lui rester unie. On comprend qu'elle se résigne à partager son privilége avec un certain nombre de compagnes; mais enfin ce nombre est nécessairement limité, et le fût-il moins, la nature du lien qui unit ces femelles multiples au mâle reste la même, quelle que soit son étendue. Donc, l'affection réciproque du mâle et de la femelle ne souffre point de partage dans la plupart des cas, et quand elle en admet, ce n'est que d'un côté, et dans des limites assez étroites. D'autre part, la mère ne peut suffire à l'éducation d'un petit nombre de jeunes. De même que les forces du mâle restreignent le nombre des femelles sur lesquelles il s'arroge l'empire, de même les forces de la femelle limitent le nombre des petits qu'elle peut élever. Et quand le nombre des petits est multiplié en cas de polygamie par celui des femelles, bien que la bande ainsi formée soit plus considérable, le lien qui unit les parents aux jeunes ne change pas pour cela de nature; nous sommes toujours en présence d'une famille, bien que cette famille soit composée. Que si la femelle et le mâle s'attachent à d'autres individus de la même espèce, ce ne peut être par conséquent que le temps des amours passé et sous l'empire de penchants qui n'auront rien de commun avec les sentiments domestiques. Quant aux jeunes, ils forment en effet entre eux une société qui ne repose sur aucun lien ni de sexe ni de filiation, et qui n'a point la reproduction pour but; les affections qui la cimentent peuvent s'étendre sans obstacle à un nombre bien plus considérable d'individus, et ainsi on conçoit que quand la famille se dissout, une peuplade puisse naître des fruits qu'elle laisse après elle.

2° Suivons maintenant cette agglomération des jeunes, germe du groupe ethnique. Jusqu'à ce que les individus qui la composent deviennent adultes, la société subsistera, du moins les sentiments domestiques n'y auront mis aucun obstacle. Mais que va-t-elle devenir à ce moment? La jalousie, comme un dissolvant énergique, y pénétrera; elle y suscitera entre les mâles des batailles furieuses; elle séparera les femelles pour les unir à des mâles ennemis. Les couples une fois formés, les besoins de la famille croissant avec le nombre de ses membres, la recherche des aliments allumera entre eux de nouvelles hostilités. Un territoire de plus en plus étendu ne tardera pas à les séparer. La peuplade sera dispersée au moins pendant un temps, et cela précisément sous l'action des affections domestiques. C'est par ces causes que, comme nous l'avons dit, les deux tiers des sociétés d'animaux sont rompues pendant la belle saison. Quant aux espèces qui ne sont pas sociables du tout, c'est, le plus souvent encore, parce que la voracité des jeunes étend le territoire de chasse des parents et fait la solitude autour d'eux. Chez les mammifères, même antagonisme entre la femelle et la société. Il n'est pas parmi eux une bande composée de familles qui ne soit troublée, et, sinon toujours dissoute, au moins relâchée, par les effets de l'amour et les nécessités de l'éducation. Et là où la famille est étroitement unie, nous ne voyons pas de peuplade se former, du moins le cas est-il rare et suppose-t-il des circonstances éminemment favorables, entre autres l'absence du régime carnassier. Au contraire, les peuplades s'établissent en quelque sorte naturellement là où règne soit la promiscuité soit la polygamie. Nous voyons donc que partout la cohésion de la famille et les probabilités pour la naissance des sociétés sont inverses. Il faut, pour que la horde prenne naissance, que les liens domestiques se soient détendus en quelque sorte, et que l'individu ait repris sa liberté. C'est pourquoi les peuplades organisées sont si rares chez les oiseaux. Les familles juxtaposées, en nombre immense quelquefois, y sont nombreuses; mais nulle part elles ne montrent hiérarchie ni gouvernement. En revanche, c'est parmi les mammifères que nous trouvons des sociétés quelque peu organisées, précisément parce que dans cette classe l'individu ne se laisse pas absorber par la famille. On comprend du reste que les affections domestiques liées de si près à l'amour de soi aient les mêmes effets par rapport à la formation de sociétés plus amples que l'égoïsme individuel, ou mieux, des effets plus énergiques. L'égoïsme domestique est d'autant plus impérieux qu'il a pour centre un moi plus compréhensif et qu'il y a en lui du dévouement. La conscience collective de la peuplade ne doit donc pas avoir à sa naissance de plus grand ennemi que la conscience collective de la famille. N'hésitons pas à le dire : si une société supérieure à la famille s'est établie, ce ne peut être qu'en s'incorporant des familles profondément altérées, sauf à leur permettre plus tard de se reconstituer dans son sein à l'abri de conditions infiniment plus favorables.

3° Ce n'est donc pas à l'origine le couple ni la famille en qui nous devons voir l'élément essentiel d'une société supérieure. Il est certain que si l'individu qui entre comme élément dans une peuplade n'était pas sexué (hypothèse absurde, car comment existerait-il comme individu sans exister comme espèce ?) la peuplade ne pourrait durer au delà de sa vie. Il est certain — et cette raison est plus sérieuse — que si les jeunes n'étaient façonnés dès leur naissance par leur éducation commune à la vie sociale, jamais ils ne se fussent constitués en peuplades sur aucun point de la série zoologique. On ne soutient donc pas que la société ethnique eût pu se former sans être précédée de l'organisation domestique ; on ne nie pas que la famille soit la condition de la peuplade. Ce qu'on soutient, c'est que quand l'individu se trouve amené à vivre avec ses frères, à former avec eux un groupe permanent, ce n'est ni le penchant sexuel, ni l'un des sentiments qui attachent les parents aux jeunes et les jeunes aux parents qui l'y pousse, mais une disposition qui n'attend pas l'âge des amours pour se manifester, qui dure après que cet âge est passé, une disposition enfin qui rencontre dans les affections domestiques, non des appuis, mais des obstacles. Mais, dira-t-on, c'est de l'amour fraternel qu'il s'agit ; n'est-ce pas une affection domestique ? Nous répondrons que l'amour fraternel lui-même doit son existence à la disposition que nous venons de signaler, qu'il en est un effet. L'affection des frères les uns pour les autres ne résulte pas des *liens du sang* : ces liens sont ignorés des animaux. Un jeune d'une autre famille élevé avec les petits d'une

famille de même espèce sera considéré par eux comme
un frère sans aucune restriction. L'influence de la
famille dans la formation de la société se réduit donc
à assurer pour les premiers temps qui suivent la naissance la vie en commun à un certain nombre de jeunes ;
quant à la disposition qui se développe pendant ce temps
et d'où doit sortir la société, elle se manifeste en dehors
de la famille comme en elle, elle unit tout animal avec
son semblable. C'est en effet en raison de leur ressemblance seule que deux organismes suffisamment centralisés et capables de représentation réciproque sont
nécessairement attirés l'un vers l'autre. S'il est vrai
que, comme nous l'avons déjà supposé, la représentation s'exécute au moyen non du cerveau seul, mais
de tout le système nerveux et du corps tout entier, en
sorte que l'être intelligent qui imagine une attiude,
qui reproduit en lui-même idéalement un son, commence toujours en quelque degré à prendre cette attitude, à proférer ce son ; la représentation la plus facile
à chaque animal doit être celle d'un animal semblable
à lui. La plus facile est en même temps la plus agréable (1). C'est donc un plaisir pour tout être vivant
d'avoir présents autour de lui des êtres semblables à
lui, et ce plaisir fréquemment ressenti ne peut manquer de créer un besoin. Plus ce besoin sera satisfait,
plus il deviendra impérieux, et la sympathie se déve-
loppera davantage à mesure qu'elle sera plus cultivée.

____

(1) Un animal intelligent a d'autant plus de peine, partant de déplaisir,
à se représenter un autre animal, que celui-ci est plus éloigné de lui
dans l'échelle (pourvu que la comparaison reste possible) ; ainsi, un singe
montre en présence d'un caméléon la terreur la plus comique.

Le ressort de toute société dépassant la famille est donc la sympathie. C'est elle qui explique et que les sociétés permanentes se soient presque toutes formées entre animaux de même espèce, et que quelques-uns aient pu prendre naissance entre animaux d'espèces voisines. C'est elle qui nous donne la raison des faits exposés tout à l'heure et qui nous apprend pourquoi, dans certaines espèces, les jeunes s'unissent aux jeunes, les mâles aux mâles, les femelles fécondées avec les femelles fécondées. C'est elle enfin qui nous permettra de comprendre comment plusieurs consciences n'en font qu'une seule et comment une société composée d'individus ne cesse pas d'être individuelle, bien que ces individus n'aient entre eux aucune communication physiologique.

Est-ce à dire que le lien social est pour nous exclusivement intellectuel? Tel serait, en effet, son caractère si l'intelligence et l'affection étaient deux puissances séparables. Mais elles sont au contraire étroitement unies. Le monde extérieur n'est représenté dans une conscience que comme utile ou nuisible, c'est-à-dire dans son rapport avec les fins de l'individu. A toute représentation correspond donc un désir ou une impulsion. Cette différence entre les deux ordres de phénomènes psychiques est, chez les mammifères supérieurs et probablement chez tous les vertébrés, la même qui existe entre les nerfs afférents et les nerfs efférents, entre les appareils sensitifs et les appareils moteurs. Dans la conscience comme dans l'organisme cette différence implique une corrélation. Les phénomènes par lesquels un être vivant se trouve lié à d'autres êtres sont donc doubles, c'est-à-dire à la fois représentatifs et appétitifs; ils appartiennent à la fois à l'ordre de la pensée et à l'ordre du sentiment. Transportés dans l'humanité on dirait d'eux qu'ils relèvent du cœur comme de l'esprit. La sympathie peut donc croître avec l'intelligence et la sociabilité avec l'aptitude représentative, sans cesser d'êtres rangées parmi les inclinations; car on ne sait ce que serait un désir qui se développerait indépendamment de la connaissance de son objet.

Cependant cette corrélation nécessaire peut être voilée aux yeux et en apparence suspendue sous l'action de l'hérédité. Une représentation, maintes fois répétée dans les expériences individuelles de la race, peut finir par engendrer une conformation spéciale de l'appareil nerveux, en sorte que les jeunes individus héritent en naissant du fruit de ces expériences sans avoir eu à les recueillir eux-mêmes. Dans ce cas la seconde partie du processus double indiqué plus haut subsiste seule; l'activité de l'être se trouve sollicitée par des impulsions appropriées aux circonstances et répond aux excitations venues de l'extérieur par des combinaisons de mouvements convenables, et pourtant son intelligence n'a pu recueillir les renseignements, enchaîner les vues qu'exigent de telles combinaisons. En faut-il conclure que l'intelligence en est absente ? Assurément non ; puisque l'activité n'a été sollicitée et le besoin ressenti que grâce aux effets des opérations antérieures. L'intelligence est là, dans les organes qu'elle a façonnés, dans l'inconscient qu'elle a éclairé, dans le mécanisme qu'elle a semé d'intentions. Telle est la sympathie ; née de la représentation, elle devient dans l'individu d'abord, dans la race ensuite, un penchant de plus en plus confirmé par les causes qui lui ont donné naissance ; et quand le psychologue l'envisage, elle ressemble à un désir irrationnel, à une inclination irréductible : la rupture semble définitive, en cette occurrence comme en tant d'autres, entre l'entendement et la sensibilité.

La sympathie se trouve dans la famille mêlée en une large proportion à tous les penchants qui relient entre eux les parents et ceux-ci aux jeunes, mais elle n'est pas le ressort principal de cette association. Elle y apparaît comme le couronnement, comme la forme ultime de tous les sentiments domestiques ; elle n'est pas un sentiment domestique proprement dit. Au contraire, elle est la cause première essentielle de la société ethnique. C'est sur ce fond commun que se dessinent les sentiments particuliers qui sont propres à chacun des membres de la peuplade selon sa fonction. Nous allons en étudier les déterminations variées.

Les oiseaux nous offrent d'abord deux sortes de peuplades bien différentes, les unes qui ne durent que pendant le temps de l'amour et de l'élevage, les autres qui ne durent qu'en dehors de ce temps. La première catégorie ne comprend que les sociétés d'oiseaux de mer ; toutes les autres sociétés de la classe rentrent dans la seconde catégorie. On sait quel singulier spectacle offrent quelques points des côtes continentales (surtout au nord de l'Europe et dans les contrées du sud, partout où l'homme n'a que peu ou point pénétré),

et les îles inhabitées. Le nombre des oiseaux de mer
qui pondent leurs œufs et élèvent leurs petits en ces
endroits dépasse l'imagination. Les espèces qui présentent cette particularité de mœurs sont les Lummes,
les Mergules, les Macareux, les Alques, les Manchots,
les Bernaches, les Eiders, les Sternes, les Goëlands,
les Risses tridactyles, lés Chroïcocéphales, les Fous,
les Frégates et les Cormorans. Nulle organisation ne
préside à ces sociétés qui sont presque toujours des
juxtapositions de familles innombrables. Le seul concours général que se prêtent les membres a pour but
la défense commune contre les oiseaux de proie ; mais
leurs principaux ennemis sont les grands poissons
contre lesquels ils ne peuvent rien. Certaines espèces
donnent l'exemple d'un concours plus restreint, mais
plus efficace. Ainsi les jeunes de certains plongeurs
qui ont perdu leurs parents sont élevés par d'autres
couples ; chez les lummes, les femelles se suppléent
pour l'incubation, et chez les eiders elles pondent et
couvent à plusieurs dans le même nid. Chez les Manchots, en revanche, les femelles voisines s'enlèvent les
œufs de vive force, ce qui engage le mâle à se fixer sur
le nid aussitôt qu'elle le quitte. L'avantage de la société
est, dans ce cas, fort douteux. Les mêmes Manchots
nous offrent un exemple curieux de l'attraction du
même au même. « Ceux qui sont sur terre, dit Ben-
net (1), sont organisés comme un régiment de soldats
et rangés, non seulement en lignes, mais d'après leur
âge. Les jeunes sont à une place, les adultes, les cou-

(1) Brehm, vol. II, p. 893.

veuses et les femelles libres à l'autre. Le triage est fait si rigoureusement que chaque catégorie repousse impitoyablement les oiseaux des autres catégories. » On ne voit pas quel profit ils peuvent tirer de cette habitude. Tels sont les faits : si nous cherchons quelle conclusion on en doit tirer au sujet de l'origine de ces sociétés, il ne semble pas que l'assertion de Brehm puisse être acceptée sans réserve. « S'ils forment pour nicher, dit-il en parlant des Sternes, des sociétés nombreuses, c'est probablement qu'ils ont conscience de pouvoir mieux résister à leurs ennemis en réunissant leurs forces qu'en agissant isolément (1). » Nous ne nions pas que chez les Sternes particulièrement l'association n'ait cet effet ; et quand le même auteur affirme par exemple que les Chroïcocéphales adultes sont continuellement occupés à prévenir les dangers qui menacent leurs petits, quand il nous dit que tout oiseau de proie qui paraît dans le lointain cause une agitation dans la colonie, qu'il s'en élève aussitôt d'épouvantables clameurs, et qu'on voit d'épaisses phalanges s'élancer à l'instant pour fondre sur l'ennemi, son témoignage est assurément incontestable : il suffit à établir que la coopération défensive est pratiquée dans une telle société. Mais il en est tout autrement de la question de savoir si cette coopération est le résultat ou la cause du groupement de tant de couples sur les « montagnes d'oiseaux. » Il est probable d'abord que l'occasion en a été rencontrée dans des circonstances fortuites qui ont amené simultanément

(1) B., II, p. 788.

un grand nombre de ces animaux à nicher en des lieux
favorables, falaises ou rochers non loin les uns des
autres ; ils ne pouvaient, en effet, nicher sur la vague,
et, devant pour subvenir à leur alimentation, rester
près de la mer, ne trouvaient sur les côtes qu'un nombre restreint de places avantageuses. Quant à la cause
déterminante de leur rapprochement progressif, c'est
encore à notre avis cette attraction du même au même
qui a opéré petit à petit entre les bandes de manchots
le triage dont nous avons été témoins tout à l'heure.
Ces animaux ont pris plaisir à vivre réunis parce que
nulle représentation n'est aussi agréable à un être
vivant que celle de son semblable. A mesure qu'ils ont
été rapprochés de la sorte , chaque individu a senti
l'idée qu'il avait de sa force accrue par l'idée qu'il a prise
de la force de ses semblables, et c'est ainsi que l'habitude de la coopération défensive s'est établie chez
quelques-uns d'entre eux. Entre la dispersion primitive et le concours normal, la sympathie nous semble
offrir un intermédiaire indispensable. Aussi voyons-
nous ce dernier sentiment cultivé par eux avec une
sorte de passion. Les cris qu'ils poussent constamment
tous ensemble sur des tons variés, les évolutions simultanées, les stations en lignes aux endroits favoris
occupent dans leur existence une bien plus grande
place que les opérations défensives, nécessairement
espacées. On voit que c'est un besoin pour eux de se
sentir vivre côte à côte et qu'indépendamment de tout
autre but, ils recherchent pour lui-même le plaisir correspondant. Du reste, il serait peut-être dangereux
d'insister trop vivement sur les différences qui sépa-

rent des phénomènes psychiques éminemment complexes et toujours si voisins les uns des autres. Quelle
part le sentiment d'un accroissement de sécurité a-t-il
eue dans l'agglomération première de ces oiseaux, c'est
ce qu'il serait aventureux de vouloir déterminer avec
une entière exactitude ; qu'il nous suffise de constater
que le sentiment sympathique a très promptement été
cultivé pour lui-même et qu'il a contribué pour une
large part au développement des autres.

C'est un principe très juste que celui si souvent
invoqué par Darwin que nul être ne revêt un attribut
nouveau si ce n'est un attribut avantageux à l'espèce.
Et pour le cas présent on voit que nous ne contestons
pas les résultats avantageux de la sympathie. Cependant il arrive très fréquemment : d'abord que l'attribut
nouvellement acquis, bien qu'utile pour l'avenir, soit
acquis sous l'empire de motifs tout autres que celui de
l'utilité ; ensuite que cet attribut, utile en général et
dans un grand nombre de circonstances, soit défavo-
rable dans des circonstances particulières. Ainsi il
n'est certainement pas avantageux aux Eiders de nicher
en masses dans des lieux voisins des habitations
humaines où ils sont exploités, non pas seulement
pour leur duvet, mais aussi pour leur chair et pour
leurs œufs ; et il n'est pas avantageux aux Mergules de
s'attrouper en groupes tellement compactes sous le
fusil du chasseur que celui-ci peut en abattre trente-
deux d'un seul coup. Mais le penchant social n'a pas
été cultivé en vue de ces résultats ; il leur survit cependant. De même les pingouins de l'île Saint-Paul n'ont
pas pris l'habitude de nicher sur le haut des rochers

où ils ne se hissent qu'à grand'peine et où ils sont, eux et leurs jeunes, une proie facile pour les oiseaux carnassiers en vue de subir ces inconvénients : l'habitude demeure en dépit d'eux. Il est donc possible que les nécessités de la défense collective ne soient venues qu'en seconde ligne parmi les causes qui ont déterminé les mœurs sociales des oiseaux de mer : sans cela pourquoi ne subsisterait-elle pas toute l'année ? Nous inclinons à admettre que l'occasion fournie par le rapprochement inévitable des nids a contribué pour beaucoup à les faire naître, puis que la sympathie croissante née de ces circonstances favorables a resserré les agglomérations, et qu'ainsi elles n'ont servi que plus tard à une action concertée qui n'a pu se produire tout d'un coup. En tout cas il n'est pas besoin de recourir pour expliquer la fixation de cette habitude à une élimination des peuplades où elle n'aurait pas existé ; il en est qui ne la manifestent à aucun degré et qui n'en prospèrent pas moins dans les lieux où l'homme n'est pas établi.

D'autres sociétés également temporaires ne durent, avons-nous dit, qu'en dehors du temps consacré à la reproduction. Cette opposition est remarquable, et nous devons tenter de l'expliquer. Remarquons d'abord que les aliments ne se présentent pas au milieu des continents avec la même prodigalité qu'au bord des mers poissonneuses. Rien ne s'oppose à ce que les oiseaux de mer nichent en aussi grandes quantités qu'ils peuvent le souhaiter sur le même rivage; les poissons, les mollusques ne leur manquent jamais, quel que soit le nombre des couvées à nourrir. De même

certains pêcheurs, qui vivent solitaires sur nos rivières
épuisées et près des bords où les armes à feu retentis-
sent souvent, habitent par joyeuses bandes les rivages
à demi solitaires du Nil (Céryle-pie). Il n'en est pas de
même au milieu des terres, où la nourriture, en proportions restreintes, est ardemment disputée. Il n'est
donc pas étonnant que les oiseaux continentaux aient
des habitudes différentes sur ce point de celles des
oiseaux maritimes, quand on songe surtout qu'un
grand nombre d'entre eux, qui se nourrissent de
graines pendant l'hiver, se nourrissent d'insectes pendant la saison des amours. A ce moment, force leur est
donc de s'écarter les uns des autres, sans préjudice
des autres motifs qui les invitent à s'isoler, et que nous
avons signalés ailleurs. L'oiseau est-il petit, les aliments sont-ils, relativement à ses besoins, abondants,
ou les couples se poseront à petite distance, comme le
font les alouettes, ou ils cesseront de s'écarter et, laissant libre carrière à leurs sentiments sympathiques,
ne formeront qu'une seule société. Du reste, cette cause
n'agit pas seule, comme on le devine. De telles généralisations sont toujours dangereuses, et il convient de
revenir aux faits pour s'en tenir le plus près possible.

Les oiseaux qui nichent par couples et se réunissent
en bandes le reste du temps sont en majorité ; les Passereaux et les Perroquets, auxquels il faut ajouter
quelques échassiers. Un certain nombre de passereaux
errent l'hiver en familles composées des vieux et des
jeunes de l'année ; nous n'avons plus à nous en occuper ici. D'autres errent en grandes bandes, souvent
mêlées d'espèces différentes, souvent aussi composées

d'oiseaux d'une seule espèce. Ces peuplades n'offrent
rien de remarquable comme organisation. L'imitation,
fruit de la sympathie, entraîne d'une manière presque
fatale la simultanéité des mouvements. Les perroquets
n'offrent pas, du moins si nous en croyons une lecture
attentive de Brehm, un état social plus élevé. Dans de
telles bandes, les yeux de chaque individu incessamment fixés sur ses compagnons et ses oreilles incessamment tendues vers leurs cris le rivent en quelque
sorte à la masse mobile dont il fait partie, et de même
la masse est attachée à chaque individu. La cohésion
n'est pas toujours aussi forte. Mais le nombre n'est pas
petit des sociétés où les liens de la représentation
réciproque sont si étroits qu'ils donnent aux actes de
leurs membres toute l'apparence d'un dévouement
absolu. En voici des exemples empruntés à différents
groupes. Audubon témoigne que quand on a frappé
quelques individus dans une bande de perroquets, les
autres se lèvent, crient, volent en cercle pendant cinq
ou six minutes, reviennent près des cadavres de leurs
compagnons, les entourent en poussant des cris plaintifs et tombent eux-mêmes à leur tour victimes de leur
amitié (1). Wilson ajoute (2) que dans de telles circonstances les coups répétés des chasseurs semblent sur-
exciter le dévouement des perruches, et qu'elles s'approchent de plus en plus de celles qui ont succombé.
On en tue ainsi des centaines. « Ce qui domine tout
son être, dit Brehm du bouvreuil, c'est l'amour de
ses semblables. Un d'eux est-il tué, tous les autres se

(1) Brehm, vol. I, p. 12.
(2) I, p. 54.

lamentent, ne peuvent se décider à quitter le lieu où gît
leur compagnon ; ils veulent l'emmener avec eux (1). »
Même témoignage au sujet des Sizerins, des Mésan-
geais, des Cardinaux, des Orites à longue queue, etc.
Ces faits, bien que limités à quelques espèces, expriment aux yeux en quelque sorte l'unité de conscience
qui tient attachés en un seul tout ces êtres inconstants,
mais capables de représentation, et hantés de l'image
de leurs congénères.

L'organisation, toute faible qu'elle est en de telles
bandes, n'est pas entièrement absente. Les Perroquets
et les passereaux vulgaires ont des gardes à l'imitation
desquels toute la peuplade picore en paix ou s'enfuit
précipitamment. Ces fonctions toutes spontanées, et qui
n'impliquent aucun commandement sont, paraît-il, remplies chez les Perroquets par les plus âgés. Il y a aussi
chez ces derniers oiseaux une certaine entente, puisqu'ils savent, au moment où ils dévastent les récoltes,
étouffer tous ensemble leurs cris d'ordinaire si épouvantables, de sorte que l'on n'entend que le bruit des
graines qui tombent à terre. Mais les Échassiers sont
passés maîtres en ce genre de précautions, et leurs
peuplades sont bien mieux organisées. Les Vanneaux
rendent toute chasse impossible ; ils servent d'avertisseurs non seulement à leurs semblables, mais à tous
les oiseaux. Ils savent agir de concert : « Des vanneaux attaquant une buse, un milan, un corbeau ou
un aigle offrent un spectacle des plus divertissants.
Dans ces circonstances les vanneaux se prêtent mu-

(1) P. 93.

tuellement secours, et leur courage augmente avec leur nombre. L'oiseau de proie en est tellement harcelé que, de guerre lasse, il finit par abandonner la partie (1). » La Grue mérite d'être prise comme type de la famille tout entière au point de vue où nous sommes en ce moment. « Réunie à ses semblables, elle pose toujours des sentinelles qui ont à veiller au salut commun ; a-t-elle été dérangée d'un endroit, elle y envoie des éclaireurs avant d'y retourner. En Afrique, lorsqu'elles eurent connu nos procédés hostiles, elles envoyaient un éclaireur, puis plusieurs ; ceux-ci examinaient tout, cherchaient s'il n'y avait plus rien de suspect, revenaient vers la communauté qui n'avait pas toujours pleine confiance ; alors d'autres éclaireurs étaient envoyés comme pour contrôler leurs rapports ; puis enfin la bande arrivait (2). » Si l'on demande à quoi tient cette supériorité sociale des échassiers sur les perroquets, qui pour le reste ne leur cèdent en rien, peut-être le trouvera-t-on dans le régime de ces oiseaux : les seconds sont arboricoles et se nourrissent de substances végétales ; ils sont, à l'état libre, bruyants et étourdis ; les premiers sont des marcheurs ; ils pêchent des poissons défiants ou chassent de petits mammifères agiles : pour surprendre les uns et les autres, ils sont forcés de rester de longues heures silencieux, et ainsi s'instruisent à l'observation. Leurs démarches doivent être plus posées et plus réfléchies.

(1) Vol. II, p. 567.
(2) Id., p. 573.

De telles coutumes sont évidemment avantageuses et nous ne doutons pas que les avantages ainsi obtenus ne soient de puissants motifs pour le développement de la société. Cependant il ne faut pas oublier que l'agglomération n'est pas toujours un avantage et qu'à suivre le principe Darwinien de l'utilité directe, les oiseaux cités plus haut auraient parfois le plus grand intérêt à y renoncer, et y renonceraient en effet si le penchant sympathique ne les tenait enchaînés. Ainsi il ne peut être profitable aux Perroquets pas plus qu'à certains passereaux de se laisser massacrer jusqu'au dernier quand l'un d'eux est tombé sous le premier coup du chasseur. « Leurs instincts de sensibilité les perdent, dit Brehm des Sizerins ; l'un d'entre eux est-il pris, il attire les autres qui se font prendre à leur tour (1). » D'autre part, si la société limitée éveille la prudence ; comme elle augmente la sécurité, elle doit inspirer en proportion une confiance de plus en plus marquée : l'oiseau se repose sur ses compagnons. Qu'on suppose dès lors la société étendue jusqu'à un nombre considérable, ses membres devront éprouver une sotte confiance en leur nombre et oublier toute précaution. Les Loriquets d'Australie nous en fournissent un exemple : les Toucans, bien que différents des perroquets, nous en présentent un autre qui peut trouver place ici : « Ils sont curieux comme les corneilles dont ils paraissent avoir le régime ; ils poursuivent en commun les oiseaux de proie et se réunissent en grand nombre pour harceler leurs ennemis (2). »

(1) I, p. 118.
(2) I, p. 29.

Voilà donc des oiseaux habiles à l'action concertée. Cependant, s'il faut en croire Bates, « craintifs et défiants tant qu'ils sont en petites sociétés, ils perdent toute prudence lorsqu'ils sont réunis en grand nombre (1). » Et en dehors des familles citées jusqu'ici, on sait à quel degré de stupidité arrivent les pigeons quand ils traversent l'Amérique formant ces bandes immenses qu'Audubon a décrites. Ainsi donc la société nombreuse n'est pas toujours une garantie de sécurité à elle seule, et quand elle se produit sans être accompagnée d'une organisation capable de la régir, c'est sans doute plutôt à un autre motif qu'à celui-là qu'elle doit son existence ; car alors elle irait trop évidemment contre son but.

Les peuplades dont les membres restent toujours réunis ne sont pas à beaucoup près aussi fréquentes que les précédentes ; mais elles occupent le sommet d'une série dont plusieurs formes sociales intermédiaires forment les degrés. Il ne manque pas de sociétés où les couples sont assez rapprochés pour ne pas se perdre de vue même pendant le temps consacré à la reproduction : les combats entre les mâles, les nécessités de l'élevage troublent ces sociétés et les relâchent sans parvenir à triompher du penchant qui les a formées. Telles sont les sociétés d'Alouettes et d'Embérizidés (bruants). Les Hirondelles de rivage et nos martinets, certains perroquets, les Céryles, les Guépiers, les Coccolarynx construisent déjà leurs nids plus rapprochés ; les Hérons placent le leur sur des arbres voi-

<hr>

(1) Vol. II, p. 203.

sins et plusieurs passereaux ainsi que les Ibis sur le même arbre.

Quand les nids sont juxtaposés certaines modifications peuvent résulter de leur voisinage soit dans la part que chaque oiseau prend à la construction, soit dans l'architecture du nid lui-même. Les Salanganes présentent ce fait curieux que comme chez les abeilles chaque oiseau travaille indifféremment à tous les nids de la peuplade, ou peut-être seulement aux nids voisins du sien propre. Le Républicain social construit un nid ou plutôt un amas de nids recouvert d'une toiture commune. L'Alecto de Dinemelli, oiseau assez petit (20 centimètres de longueur) dispose également sur des arbres des branches de mimosas en si grandes quantités qu'elles forment un monceau de un mètre 50 à deux mètres de diamètre. A l'intérieur de ce buisson artificiel une peuplade peu nombreuse de trois à huit couples établit des couches moelleuses où les œufs sont déposés (1). Tels sont les spécimens les plus accomplis de l'industrie collective chez les oiseaux (2). Si l'industrie d'une société est le miroir fidèle des relations réciproques entretenues par ses membres, il faut reconnaître que celles-ci sont chétives du moins pendant le temps des amours. C'est en effet le moment où même chez les peuplades qui ne se dispersent jamais les relations sont les plus faibles. A d'autres époques on voit les vols d'oiseaux adopter certaines formes géométriques qui expriment

(1) Brehm, v. II, p. 190.
(2) Citons encore les dindes, les Leipoas et les Mégapodes ; couvaison en commun naturelle ou artificielle.

en effet la nature de leur coopération ; il s'agit pour
eux de voir loin et de voler longtemps (1). Les Pintades marchent à la file. Les Manchots et les Autruches, oiseaux dont l'aile est atrophiée, ont des sentiers
battus aplanis autour de leur demeure (2). Mais tous
ces phénomènes ne constituent aux peuplades d'oiseaux que des titres médiocres au point de vue sociologique. Agglomérations assez cohérentes, et capables
d'une coopération dont le but est d'assurer le salut
commun, elles n'offrent pas d'autre partage des fonctions que celui d'où résultent les familles et celui qui
suscite les sentinelles ou éclaireurs. Nulle part on ne
trouve un chef commandant la troupe. Aucune délégation d'autorité, partant aucune véritable organisation
sociale. Du reste le langage dont se servent les oiseaux,
d'autant plus bruyant et plus tumultueux d'ordinaire
que la société est plus nombreuse et plus cohérente,
ne paraît en aucune façon se prêter à l'expression d'i-
dées précises. Bon à chanter l'amour, il paraît pauvre
en inflexions explicites. A moins qu'il ne soit considéré
dans la famille comme moyen de communication entre
la mère et les petits, chez la poule domestique, par
exemple, il est destiné plutôt à faire sentir aux membres d'une peuplade la présence de leurs compagnons
qu'à leur transmettre des représentations ou des sentiments distincts. Pour toutes ces raisons la société
ethnique semble chez les oiseaux, en dépit du grand
nombre d'individus qu'elle embrasse quelquefois, fort

(1) Ibis, grues, etc.
(2) L'attaque concertée d'un lièvre par deux corbeaux aux deux bouches d'un terrier, la pêche en cercle des pélicans , se rattachent à ce
groupe de faits.

loin d'acquérir la perfection dont elle est capable. Du
reste si la loi que nous avons posée quant aux rapports
de la famille et de la peuplade est vraie, la classe d'a-
nimaux où la famille est le plus hautement organisée
devait être celle où la société supérieure le serait le
moins.

L'organisation de la peuplade est un peu plus élevée
chez les mammifères ; mais non pas dans les espèces
où la famille est elle-même organisée. Les grands carnassiers ne vivent jamais réunis. La plupart des chiens
se groupent en meutes à l'état sauvage, et ce sont précisément ceux dont les sexes ne forment que des paires
momentanées. Il est à remarquer que ces penchants de
sociabilité si prononcés, et auxquels l'homme a dû de
réussir presque partout dans la domestication de cet
animal, sont accompagnés chez le chien d'une fécondité extrême ; certaines femelles ayant de quatre à
neuf et même quinze petits en une seule portée. Pour
former des meutes de cinquante à soixante individus
il suffit donc d'un petit nombre de ces groupes naturels,
accoutumés dès le jeune âge à l'action concertée sous
la direction de la mère. Le Colsun (*Canis primœvus*),
qui habite le Dekhan, vient à bout, grâce à cet esprit
de combinaison, des proies les plus redoutables. Ils
coupent la retraite au cerf et au léopard, et tandis que
les uns attaquent le sanglier par devant, d'autres le
saisissent par les côtés. Ils livrent des combats au tigre
même et à l'ours, combats où les individus sont plus
ou moins maltraités, mais où la meute est souvent
victorieuse. La bande formée par les Colsuns n'atteint

que le nombre de huit à douze individus, en sorte qu'on
ne peut, faute de témoignages précis, décider si elle
est famille ou peuplade. Celles des chiens errants en
Egypte sont bien plus considérables ; elles montrent
une certaine cohésion comme le témoignent les luttes
soutenues de l'une à l'autre. « Malheur au chien qui
s'égare sur le territoire d'un voisin ! J'ai vu bien des
fois les autres chiens se ruer sur le malheureux et le
déchirer, à moins qu'une prompte fuite ne le mît à
l'abri. » (Brehm, d'après Hacklœnder.) Quartier par
quartier, nos chiens domestiques laissent voir de faibles traces de cette solidarité. La plupart des rongeurs
sociaux étant monogames sont incapables d'une organisation collective centralisée. Les marmottes se gardent au moyen de sentinelles et confient ce soin aux
mâles ; les chiens des prairies (*Cynomys ludovicianus*)
font de même et vivent en étroites relations les uns
avec les autres ; les lapins de garenne montrent des
habitudes analogues ; les couloirs des différents couples sont reliés entre eux. La Viscache construit des
terriers plus centralisés où huit ou dix familles vivent
tout près les unes des autres au fond de couloirs qui
débouchent au dehors par une cinquantaine d'ouvertures, chaque groupe restant distinct des autres au
sein d'une vaste agglomération. La Gerboise et l'Alac-
taga forment des peuplades moins nombreuses, mais
dont l'économie est la même. Enfin les Castors, bien
que séparés par famille (chaque hutte en contient une),
construisent en commun ces digues étonnantes où se
révèle l'unité de conscience de chaque peuplade. Cette
opération complexe nécessite la convergence des vo-

lontés et des intelligences pour une multitude d'actions préparatoires dont la plus remarquable est le choix, l'incision, le transport et la disposition des grosses branches qui forment les pièces essentielles de l'édifice. Là se borne, du reste, la coopération dans ce groupe de mammifères. Les fourmis des bois les égalent presque par leur industrie ; mais il ne faut pas oublier la différence capitale qui sépare les invertébrés les plus parfaits des vertébrés sous le rapport qui nous occupe : les premiers constituent des sociétés domestiques confuses dans lesquelles les mâles ne jouent qu'un rôle physiologique ; les seconds constituent des peuplades dans lesquelles les familles ont une existence distincte et manifestent chacune prise à part une organisation élevée. Ajoutons que les peuplades de castors ont été beaucoup moins exactement observées que les familles de fourmis. La prudence avec laquelle les mammifères savent se soustraire à nos investigations est à elle seule un témoignage de l'économie supérieure de leurs sociétés.

C'est encore un fait sur lequel il convient d'insister que le changement d'habitude des castors partout où l'homme envahit ses domaines. Dans ce cas ils ne tardent pas, comme on le sait, à transformer leurs constructions ostensibles en terriers semblables à ceux de la loutre et creusés comme les siens isolément dans la berge des fleuves. Un assez grand nombre de faits de cette nature ont été recueillis. Il en résulte que si le danger modéré resserre au premier abord les liens sociaux, le péril extrême les relâche et quelquefois les rompt tout à fait. Ainsi les perdrix ont appris à se garder

sous la pression des poursuites hostiles de l'homme ;
mais sont-elles trop vivement pressées, elles se déban-
dent et l'on sait que c'est le premier point de la tactique
des chasseurs que de viser à ce résultat. Les peuplades
des Kittes de la Chine en présence de la brusque attaque d'un oiseau de proie se dispersent à un signal, puis
le danger disparu se reforment en s'appelant de tous
côtés. Les femelles des Anis qui couvent en commun
dans de grands nids, au nombre de trois ou quatre, au
milieu de la sécurité profonde que leur offrent les
savanes de la Guyanne, renoncent à cette habitude
dans les régions habitées du Brésil. Il est probable
que plusieurs espèces solitaires qui appartiennent à
des familles sociables ont perdu leur penchant à la
sociabilité sous la pression de semblables circonstances.
Les conditions les plus favorables à la société tant
ethnique que familiale sont donc celles qui assurent
aux animaux, doués d'ailleurs de facultés intellectuelles
suffisantes, une sécurité relative. La raison première
de cette loi est que la crainte des derniers périls absorbe
les facultés de l'individu, et lui interdit tout effort collectif. On ne s'associe pas pour mourir, mais pour
vivre et pour améliorer la vie. Un poète contemporain
a exprimé cette pensée dans un beau vers :

« Et chacun se sentaut mourir, on était seul... »

Il s'y joint cette autre raison que le penchant social
a besoin pour subsister d'être entretenu par la vie en
commun en dehors des moment où se produit la coopération active. Des jeux, des évolutions simultanées, la
jouissance paisible des émotions sympathiques sont

indispensables au développement de ce penchant. Comment ces conditions seraient-elles réalisées là où chaque individu ne peut se montrer sans avoir à redouter des coups inévitables ? A côté des sociétés humaines aucune société ne peut subsister que celles que l'homme épargne volontairement.

C'est pourquoi les peuplades de ruminants, de chevaux et de singes ne se rencontrent plus que dans les vastes espaces de l'Asie, de l'Australie, de l'Afrique et du Nouveau-Monde où l'homme ne s'est point encore multiplié. Les Bovidés vivent en troupes considérables qui comprennent des femelles et des jeunes en grand nombre et aussi des mâles. C'est parmi ceux-ci que se recrutent par voie de compétition violente les chefs ou guides, ceux qui veillent à la sécurité de la peuplade et sont suivis spontanément par les individus plus faibles. Les gouvernants ne sont pas non plus ici investis d'une action directe sur les gouvernés ; il semble que leur initiative se borne à imposer leur autorité à ceux-là seulement qui ambitionnent le même pouvoir ; le reste se range à la suite du vainqueur. Cependant jamais la primauté n'est exercée sans conteste pendant longtemps, et les chefs vieillis voient surgir à côté d'eux dans les jeunes plus robustes des rivaux capables de les surpasser. Dès que le combat en a jugé, les vieux, incapables de subir la domination qu'ils ont exercée si longtemps, s'exilent du troupeau ; ils vivent à l'écart et deviennent redoutables à l'homme. Les bisons ne se prêtent que difficilement à des observations suivies ; mais ces faits sont constatés tous les jours dans les troupeaux de bœufs à demi sauvages de l'Australie et

de l'Amérique. Darwin, parlant de la manière dont
l'industrie de l'élevage est pratiquée sur les bords de
la Plata, expose ainsi l'un des procédés qu'elle emploie :
« Le principal travail que nécessite une *estancia* est de
rassembler le bétail deux fois par semaine en un lieu
central pour l'apprivoiser un peu et pour le compter. On pourrait penser que cette opération présente
de grandes difficultés, quand 12 à 15,000 têtes sont
réunies dans le même endroit. On y arrive cependant
assez facilement en se basant sur ce principe que les
animaux se classent eux-mêmes en petites troupes de
40 à 100 individus. Chaque petite troupe se reconnaît
à quelques individus qui portent des marques particulières ; or le nombre de têtes dans chaque troupe étant
connu, on s'aperçoit bien vite si un seul bœuf manque
à l'appel au milieu de 10,000 autres (1). » Darwin ne
dit pas comment chaque animal réussit à reconnaître
sa bande. Un observateur qui a visité les pâturages
d'Australie, M. de Castella, a raconté, dans le Tour du
Monde, la raison de ce groupement volontaire. Comme
les bœufs de la Plata proviennent, ainsi que ceux de
l'Australie, de races européennes jadis soumises au
joug uniforme de la domestication, nous pouvons, sans
forcer l'analogie, appliquer aux unes ce qu'on nous
rapporte ici des autres. Il s'agit d'un colon qui fait faire
un long voyage à un grand troupeau de bœufs et se
trouve au bout d'un certain temps plus conduit par
eux qu'ils ne le sont par lui. « Les animaux comme les
hommes reconnaissent des chefs. Après quelques

______

(1) Darwin, *Voyage*, p. 155.

jours de route, l'œil exercé du squatter remarquait
facilement les bêtes influentes parmi les autres, ceux
qu'on appelle les *leaders*, les conducteurs. Quand tout
le troupeau avait été dispersé, il suffisait de s'assurer
de la présence de ceux-ci pour savoir qu'il était bien
au complet. Si quelqu'un de ces conducteurs manquait,
comme il n'était certainement pas seul, il fallait s'arrêter et passer trois ou quatre jours à chercher les fugi-
tifs (1). » Ainsi c'est moins sa bande que son chef que
chaque animal reconnaît ; c'est ce chef qui fait l'unité
du groupe. La réunion de plusieurs chefs constitue le
gouvernement de l'immense troupeau; mais là s'arrête la concentration de la peuplade; entre les têtes
prépondérantes il n'y a point et il ne peut y avoir
d'accord.

Les Antilopes, excepté au temps des migrations,
vivent plutôt par familles que par peuplades ; en dehors
de ce temps, quand plusieurs familles se réunissent,
la cohésion n'est jamais bien forte. Des sentinelles
cependant gardent toujours un troupeau qui paît ou se
repose et quand un animal a fini sa faction, un autre
se lève pour le remplacer. Les mâles jouent partout le
rôle de guides. Les Rennes qui se séparent par couples
distincts au moment des amours forment le reste de
l'année des peuplades assez considérables de 300 à 400
têtes. Même pendant cette saison, les jeunes restent
unis sous la conduite d'animaux plus âgés. Ce sont les
doyens d'âge qui conduisent aussi la grande troupe.
« Quand tous les autres sont à se reposer ou à rumi-

(1) *Tour du monde*, 1861, p. 122.

ner, le conducteur est debout, en sentinelle. Se couche-
t-il, un autre aussitôt se relève et prend sa place (1). »
Ici ce n'est donc pas la force, mais la prudence qui
appelle au pouvoir tels individus plutôt que tels autres ;
et cela se conçoit dans une peuplade qui ne peut compter au même degré que les bœufs sauvages sur la résistance ouverte et doit mettre tous ses soins à éviter
l'ennemi. Les Lamas sont utilisés au Pérou en troupes
considérables pour le transport de lourds fardeaux ;
mais cet emploi ne leur enlève pas, à vrai dire, leur
liberté ; la bande garde ses allures naturelles dans les
longs voyages qu'elle fait à travers les montagnes. Elle
est dirigée par un seul mâle richement caparaçonné
qui porte une clochette au cou et un drapeau sur la
tête. Les chevaux sauvages forment des peuplades
douées d'une certaine cohésion. La volonté des mâles
résolus à garder les femelles sous leur domination,
quand d'autres étalons tentent de les leur enlever, est
le lien extérieur qui maintient l'unité des bandes. Là
se trouve, en même temps que les phénomènes ordinaires d'obéissance et de protection spontanées, un
phénomène d'un ordre un peu plus élevé et qui touche
au gouvernement. Il serait intéressant de savoir quelle
est l'organisation sociale des Éléphants, mais nous ne
pouvons même pas dire si leur groupe est une famille
ou une peuplade, les renseignements font défaut. Un
mâle, dit Brehm, a d'ordinaire avec lui huit femelles,
et ailleurs il estime que les troupeaux sont de 30 à 50
individus. Mais que sont ces individus ? Des jeunes ou

(1) Brehm, vol. II, p. 483.

des adultes ? L'un et l'autre est possible ; c'est à l'observation à trancher cette question de fait.

Parmi tous les animaux que nous venons de passer
en revue, il n'en est aucun qui possède le don d'exprimer différentes émotions avec quelque souplesse. Le
chien sauvage aboie, mais il n'aboie que pour chasser
(*Colsun, Dingo*). Les autres animaux sociables se bornent, pour avertir leurs semblables d'un péril, soit à
fuir eux-mêmes, soit à frapper la terre de leurs pieds.
Le singe est capable, au contraire, d'émettre des tons
variés, et c'est sur cette faculté que repose le développement de ses aptitudes sociales. Mais quelle est
l'origine de ce perfectionnement de la voix même, si
ce n'est l'intelligence ? Nous n'avons pas à rechercher
la cause qui fait du singe le plus intelligent des mammifères. Certes sa main sert beaucoup au développement de son discernement, car elle lui donne de chaque
objet des représentations beaucoup plus nettes que
celles qu'un ruminant peut recueillir avec ses lèvres et
son pied rigide. Mais n'est-il pas d'une science super-
ficielle d'expliquer un ensemble de faits aussi étendu
par un détail aussi mince, et ne convient-il pas mieux
de dire que toute l'organisation du singe est sinon la
cause, du moins la condition nécessaire de son développement intellectuel ? La main et le cerveau, les
sensations précises et l'esprit qui les combine ne sont
certainement pas produits successivement et à part ;
ces deux ordres de faits sont connexes et ont dû prendre naissance ensemble, puis s'accroître parallèlement,
grâce à un mutuel concours. Quoi qu'il en soit, c'est
sans aucun doute à cette intelligence supérieure que

sont dus et les signes multiples par lesquels ces animaux communiquent entre eux et la haute organisation de leurs sociétés. Celle-ci à son tour a réagi utilement sur leur intelligence.

Parmi les singes, les uns vivent en familles restreintes, les autres en bandes nombreuses. D'où vient cette différence, c'est ce qu'on ne pourrait dire sans une connaissance approfondie des mœurs de chaque espèce, et (si la théorie darwinienne est admissible) des mœurs des espèces souches. Peut-être un plus grand nombre étaient-ils sociaux autrefois, dans des circonstances plus favorables; les gorilles, par exemple, qui habitent des forêts sillonnées continuellement par les excursions de nombreuses tribus nègres, vivent seuls ou en petites familles, et les chimpanzés paraissent avoir été vus en troupes tantôt plus, tantôt moins nombreuses, selon le degré de sécurité dont ils jouissaient. Il est certain d'ailleurs que la grande taille du gorille le réduit à l'isolement par l'énorme quantité d'aliments végétaux de nature spéciale qu'elle lui rend nécessaires. Enfin ce singe paraît le moins intelligent et de beaucoup des quatre espèces anthropoïdes. Mais nous nous sommes déjà trop longtemps arrêté à ces conjectures; mieux vaut attendre, pour agiter cette question complexe, de plus amples informations.

Ce qui distingue les troupes de singes de celles des autres animaux, c'est premièrement le concours que chaque individu y apporte aux autres, ou la *solidarité* de ses membres, secondement, l'obéissance de tous, même des mâles, à un seul chef chargé de veiller au salut commun ou la *subordination*.

La solidarité ne se manifeste pas ici par des travaux élevés en commun, mais par des secours directs accordés par chacun aux personnes mêmes de ses compagnons. Ainsi, les singes se débarrassent réciproquement de la vermine, ils s'enlèvent, après une course à travers les buissons, les épines qui se sont attachées à leur peau ; ils forment une chaîne pour franchir le vide entre deux arbres ; ils s'unissent à plusieurs pour lever au besoin une pierre trop lourde ; les adultes défendent tous indistinctement les jeunes. Aucun animal n'est capable de prêter secours à ses semblables, comme le fait celui-ci, parce qu'aucun ne possède les instruments de préhension dont celui-ci dispose. Houzeau a observé plusieurs fois l'indifférence absolue avec laquelle une vache voit sa compagne tomber dans la vase au bord des fleuves ; et, en effet, comment un penchant secourable aurait-il pu se développer en l'absence de tout moyen capable de le satisfaire ? Il est vrai que les troupeaux de chevaux et de ruminants concourent quelquefois à la défense commune ; mais, impuissant en beaucoup de cas comme celui que nous venons de citer, leur instinct de solidarité ne s'élève nulle part aussi haut que celui du singe. En voici un exemple : Un grand aigle avait attaqué un petit cercopithèque. « Aussitôt, dit Brehm, toute la bande se mit sur pied, et en moins d'une minute l'aigle se vit entouré d'une dizaine de grands singes, qui se jetèrent sur lui avec des grimaces horribles et en poussant de grands cris ; saisi de tous côtés, le ravisseur avait oublié sa capture, et ne cherchait qu'à sortir du mauvais pas dans lequel il se trouvait engagé. Les singes tenaient bon et l'au-

raient étranglé si, après de grands efforts, il n'avait
fini par échapper à leur étreinte. Il s'envola rapidement, et de nombreuses plumes qui voltigèrent dans
l'air témoignèrent qu'il avait payé cher sa liberté. Je
doute que cet aigle ait jamais depuis attaqué de
singes (1). » Darwin a emprunté à Brehm le récit d'un
acte de dévouement accompli par un vieux cynocé-
phale pour sauver un petit de sa bande des dents des
chiens. Les Cynocéphales vont jusqu'à tenir en respect,
par leur étroite solidarité, le léopard et le lion (2).
L'homme lui-même, sans armes à feu, trouverait en
eux de redoutables adversaires : dans les vallées en
pente où ils se tiennent, ils lâchent tous ensemble
d'énormes pierres qui font courir un sérieux danger à
l'aggresseur; souvent même, quand le chasseur n'est
pas armé, ils se précipitent de plusieurs côtés contre
lui (3), comme nous avons vu les Cercopithèques le
faire contre un aigle. Nous avons montré la famille de
singes obéissant à un chef; la peuplade est aussi fortement organisée. Chaque mère s'occupe de son petit,
mais le chef veille sur tous; et les mâles, qui sont la
partie militante de la troupe, règlent tous leurs mouvements sur les siens. Le commandement s'exerce par la
voix : « De temps en temps, dit Brehm des Cercopithèques, le guide prudent monte au sommet d'un
grand arbre, et du haut de cet observatoire examine
chaque objet d'alentour; lorsque le résultat de l'examen
est satisfaisant, il l'apprend à ses sujets en faisant

(1) Vol. I, p. 62.
(2) Burton, *Tour du monde*, 1860, p. 331.
(3) Brehm, I, p. 83.

entendre des sons gutturaux particuliers; en cas de danger, il les avertit par un cri spécial. » Ainsi, nous atteignons le plus haut degré d'organisation collective dont une troupe d'animaux soit capable : entre les membres, une solidarité, non pas seulement passive, comme celle des antilopes, mais active comme celle des chiens, des chevaux et des bisons, une solidarité coopérante, se manifestant d'une manière beaucoup plus constante encore, dans des cas plus variés, — et une subordination obtenue non pas seulement par l'imitation des mouvements, mais par la transmission des pensées au moyen de signes, subordination exigée d'ailleurs par un chef qui commande en même temps qu'il conduit, et par qui s'établissent les communications les plus complexes et les plus difficiles que la bande ait à soutenir avec le monde extérieur.

A défaut de la voix, la mimique seule suffirait presque à la transmission des idées entre les membres d'une même peuplade. Le singe a une physionomie individuelle et cette physionomie reflète avec vivacité ses impressions. La mesure de cette puissance expressive nous est fournie par ses effets sur l'homme même. Les passages suivants empruntés à différents chasseurs de singes en sont la preuve manifeste. « Il m'est arrivé, dit Brehm (2), en chassant des singes ce qui est arrivé à beaucoup de mes prédécesseurs : je fus un jour radicalement dégoûté de cette chasse. Je venais de tirer sur un Cercopithèque qui tournait la face de mon

(1) Brehm, vol. I, p. 62.
(2) Id., page 61.

côté; il fut atteint, tomba sur le sol, resta tranquille-
ment assis, et essuya sans pousser le moindre cri le
sang qui coulait de ses nombreuses plaies. Il y avait
en ce moment quelque chose de si humain, de si noble
et de si calme dans son regard que j'en fus ému, au
point que je me précipitai sur le pauvre animal pour
lui passer mon couteau de chasse à travers le corps
et mettre ainsi fin à ses souffrances. Depuis je n'ai plus
tiré sur de petits singes et j'en détourne ceux que des
travaux scientifiques ne forcent pas à le faire. Il me
semblait toujours que je venais de tuer un homme et
l'image du singe mourant m'a réellement poursuivi,
quoique j'eusse déjà tué maint et maint animal. »
« A l'issue du repas écrit le capitaine Jonhson, je pris
mon fusil pour aller chasser les singes et j'en tirai un
qui se sauva rapidement au milieu des branches, où
il s'assit en essayant d'arrêter avec ses mains et de
faire coaguler le sang qui coulait de ses plaies. Ce spectacle me causa une grande émotion et me fit perdre
toute envie de continuer ma chasse. » Quand à la mimique muette s'ajoute la voix désolée de l'animal, l'effet
est irrésistible; Schomburk, qui avait sacrifié des êtres
vivants sans nombre dans ses longues excursions de
naturaliste, éprouve une émotion semblable : « à la
vue de ces animaux, je voulus naturellement essayer
aussitôt ma chance de chasseur. Je tuai un mâle et
une femelle, mais je ne pus m'empêcher de le regret-
ter en entendant les gémissements plaintifs de la femelle
que je n'avais que fortement blessée. Ces plaintes ressemblaient à celles d'un enfant (1). » Et à propos d'un

(1) Brehm, p. 118.

Cercopithèque fort attaché à un petit singe qu'il avait adopté et qui venait de mourir : « Sans cesse, dit Brehm, sans cesse il s'efforçait de ranimer l'être qu'il venait de perdre, mais en vain, et il recommençait ses plaintes et ses gémissements. La douleur l'avait ennobli et il nous avait tous profondément émus (1). » De telles manifestations de sentiments tristes ou gais sans cesse échangées d'un individu à l'autre de la peuplade établissent entre ses différents membres une communauté étroite d'émotions et de pensées ; on peut donc dire que l'unité sociale, si nettement représentée par le chef, est une unité de conscience dont les rapports physiologiques ne sont que la condition : c'est une véritable individualité. Nous n'avons plus besoin d'établir par de longs développements et il nous suffit de remarquer que le penchant qui unit les membres d'une telle peuplade est la sympathie telle que nous l'avons définie, diversifiée en deux penchants plus spéciaux, d'une part le penchant de subordination du faible au fort, d'autre part le penchant à la domination du fort sur le faible. Tels sont les liens purement psychiques par lesquels cet organisme social est constitué. Les penchants domestiques y exercent leur empire ; mais seulement pour constituer au sein de l'organisme total les groupes partiels qui entrent dans sa composition. Ils affermissent la base d'un édifice vivant dont la sympathie occupe le sommet.

Ici plus rien de géométrique. L'intelligence est partout et varie à l'infini les combinaisons des individus

______

(1) Brehm, p. 74.

dans la marche, l'attaque et la défense suivant les exigences variées du milieu. Un grand nombre de mammifères vont à la file dans leurs marches comme le font parmi les oiseaux les Pintades et aussi les oies sauvages qui volent en file double. Ce sont les Kanguroos qui sautent en colonne (1), les Ichneumons d'Egypte (2), les loups, les Cariacous de Virginie qui se suivent de même un à un. Les Buffles se défendent en formant un cercle au milieu duquel se placent les jeunes, et les chevaux adoptent la même tactique. Mais les mammifères qui tracent des chemins (éléphants, hippopotames) ne leur font suivre aucun plan régulier : et dans les peuplades de singes, si le chef marche souvent le premier, sa vigilance l'appelle aussi ailleurs : chacun suit sous sa garde ses convenances personnelles. L'unité de la peuplade n'est jamais visible aux yeux sous une forme concrète géométrique ; elle ne se révèle qu'à l'esprit, quand il envisage la cohésion continue du groupe.

Cette cohésion s'affirme par des luttes non pas seulement contre des ennemis comme les chiens et les Léopards, mais contre d'autres peuplades de singes. Dans es montagnes Abyssiniennes les Geladas et les Hamadryas ne se rencontrent jamais sans en venir aux mains. Du reste les mêmes conflits existent entre

(1) De Castella, *Tour du monde*, 1861, p. 107.

(2) En été on voit l'ichneumon rarement seul, mais presque toujours accompagné de sa famille. Le mâle marche le premier, puis vient la femelle, derrière laquelle arrivent les petits l'un après l'autre, et de si près qu'on dirait que la bande ne forme qu'un seul animal, une sorte de long serpent. (Brehm.)

les troupeaux de chevaux Tartares pour la possession
des femelles et entre les troupeaux de Bisons en Amérique. Cependant il faut reconnaître que les instincts
destructeurs sont de beaucoup effacés chez les singes
par les instincts sociaux. Certains d'entre eux se mêlent spontanément à d'autres groupes, par exemple
les Sajous, tels que les Capucins et les Appelles. On
sait ce qui se passe dans une ménagerie où l'on a
enfermé plusieurs singes; une certaine camaraderie
ne tarde pas à s'établir entre eux, et le plus fort exige
bientôt des plus faibles la même obéissance qu'il obtien-
drait de ses pareils dans une peuplade de formation
naturelle. « En captivité, dit Brehm, toutes les espèces
vivent en bonne amitié et on observe alors les mêmes
lois de domination que dans une colonie libre. » Les
espèces anthropoïdes, le Chimpanzé surtout considèrent
les autres animaux même les singes comme leurs inférieurs : vis-à-vis de l'homme il est tout différent ; il lui
témoigne autant de considération qu'il a de mépris
pour les autres animaux. Le singe s'attache à tous les
mammifères domestiqués comme lui, surtout aux jeunes ; l'instinct de sociabilité ne saurait être poussé plus
loin et suppose, arrivé à ce développement, une culture très avancée et très généralisée des sentiments
sympathiques. Mais par là nous sommes ramené aux
phénomènes qui furent notre point de départ, à savoir
les rapports entre animaux d'espèces différentes. Le
cercle de nos études se trouve donc parcouru.

Si les individualités collectives sont des êtres vivants
elles doivent être limitées dans leur durée et offrir des

phases diverses de naissance, d'accroissement, de
décadence et de mort. De tels faits sont peu manifestes
dans les réunions accidentelles ; ils le deviennent davantage dans les sociétés périodiques et davantage
encore dans les sociétés permanentes. Mais celles-ci
ont été rarement observées à ce point de vue. Ce qui
s'y oppose surtout c'est la longue durée des individualités collectives qu'un même homme voit rarement
naître et mourir. On a recueilli cependant un petit
nombre de cas. Une colonie de Choucas a été vue naissant d'un seul couple et une colonie de Cormorans de
quatre. Chaque fois qu'un troupeau domestique se
forme au moyen d'un couple unique, le fait se reproduit, mais dans des conditions toutes spéciales où il perd
une grande partie de sa signification. A l'état libre on
sait que les peuplades nouvelles de chevaux prennent
naissance en raison de la nécessité où se trouvent les
jeunes mâles de se constituer une famille en dehors des
peuplades existantes où les vieux ne les souffrent plus.
Chez les singes lorsqu'une peuplade devient trop nombreuse, une partie s'en détache sous la direction d'un
autre mâle, devenu assez fort pour lutter avec le chef,
et une nouvelle lutte commence pour la direction générale des intérêts de la bande qui vient de se former (1).
On peut donc dire que les peuplades nouvelles ou
colonies (le mot devrait être réservé pour cette seule
acception) se forment comme les colonies de polypes
par épigénèse, c'est-à-dire que du sein d'une masse
non organisée surgissent une à une et s'ajoutent les

(1) Brehm, vol. I, p. 9.

unes aux autres les diverses parties d'un organisme
nouveau, qui jamais ne naît constitué, mais doit se pourvoir lui-même successivement de ses organes. L'évolution dynamique de l'individu composé suit donc la
même loi que celle de l'individu simple : il ne doit qu'à
lui-même son unité ; quant aux premiers matériaux
qui font sa substance, ainsi qu'à l'impulsion directrice
sans laquelle ces matériaux ne sauraient l'ordonner,
il les reçoit d'un organisme antérieur.

Reste l'extinction des peuplades : sur ce point les
renseignements font défaut. On sait comment sous la
pression de circonstances défavorables elles se dispersent ou disparaissent. Ainsi les « villages » des chiens
des prairies (*Cynomis Ludovicianus*) sont parfois
dépeuplés par les serpents à sonnettes. « Au bord de
la rivière Jeton, dit Geyer (1), à vingt-cinq milles environ de son confluent avec le Missouri se trouvait un
grand village de chiens des prairies... Je fis le voyage
pour m'en convaincre... Les reptiles venimeux avaient
complétement détruit les habitants. » Ainsi les chèvres
disparaissent bientôt dans les îles de peu d'étendue où
on lâche des chiens. L'homme est, comme on l'a vu,
le plus terrible ennemi des sociétés animales, non seulement par les poursuites incessantes qu'il dirige contre
elles, mais encore et surtout par l'extension progressive
de ses cultures. Mais ce n'est pas là ce qu'il est intéressant de connaître ; on voudrait savoir si les peuplades
se désorganisent et meurent d'elles-mêmes au terme
d'une période limitée comme les individus plus simples

____

(1) Lire tout ce passage. (Brehm, vol. II, p. 74.)

qui les composent. Nous n'avons pu recueillir aucune observation qui l'établisse. Un petit nombre de faits indiquent seulement que quand une société quelconque, famille ou peuplade, entre en décadence, la division du travail y décroît. Ainsi les nids d'Hyménoptères sociaux en voie de dépérissement ne contiennent plus que des mâles. Quant à la cause du dépérissement même, elle reste inconnue et peut être extérieure, tandis que l'individu vivant simple ne dure qu'un nombre déterminé d'années, quelque favorables que puissent être ses conditions extérieures d'existence.

CONCLUSION

L'exposition des faits présentés par les sociétés animales est maintenant terminée. Il nous reste d'abord à recueillir ceux d'entre eux qui offrent un certain degré de généralité et de constance, pour les proposer à part sous forme de lois. Les lois une fois connues, nous aurons à fixer la nature de l'être chez lequel elles se manifestent; et nous pourrons résoudre alors les problèmes posés au début de notre essai : Qu'est-ce qu'une société animale? Comment, dans l'animalité, une conscience collective est-elle possible? Cela fait, nous n'aurons plus qu'à montrer comment la nature de la société est le principe des actes habituels des animaux qui la composent, en d'autres termes le principe de leurs mœurs et, si le mot convient, de leur moralité.

§ 1ᵉʳ

Lois des faits sociaux dans l'animalité.

Les lois que nous cherchons ne sont pas celles dont l'activité de l'homme a besoin pour s'éclairer dans son commerce avec les animaux. Notre but n'est pas d'apprendre aux éleveurs comment ils peuvent former un troupeau, aux chasseurs comment ils doivent attaquer celles de leurs proies qui vivent en bandes. C'est le rôle de lois particulières propres à des espèces déterminées. Nous voudrions, au contraire, saisir, s'il se peut, un certain nombre de lois générales dont l'usage — car toute théorie aboutit directement ou indirectement à une pratique — serait d'éclaircir les rapports de la Sociologie animale avec la Biologie d'une part, avec la Politique de l'autre. Ces aperçus synthétiques méritent-ils le nom de lois ? Il semble qu'on ne puisse guère leur en donner d'autres; car bien que les lois physico-chimiques revêtent avec la rigueur numérique leur plus haut degré de précision et d'utilité, cependant quelques-unes d'entre elles retiennent encore le caractère de relation qualitative ; telles sont les propositions suivantes : que le son ne se transmet point dans le vide, que la lumière se propage en ligne droite, que le rouge et le vert sont des couleurs complémentaires, que l'électricité tend vers les pointes à vaincre la résistance de l'air. Toutes ont offert le même caractère à leur origine et elles le reprennent dès qu'elles son résumées en vues très compréhensives, comme dans

le principe de la transformation des forces. Plusieurs
des vérités les plus essentielles de la Biologie sont
dénuées de tout élément numérique, surtout quand
ces vérités sont générales comme celles que M. Milne
Edwards a émises au début de sa Physiologie. Il en est
de même en sociologie ; et si la statistique y est indispensable, on n'en est pas moins forcé, si on veut constituer cette science systématiquement, d'y envisager
de haut les phénomènes et de ne retenir que leurs
rapports les plus compréhensifs. Cela est surtout nécessaire alors que cette branche des connaissances
humaines en est encore à ses premiers rejetons. C'est
donc ainsi que nous allons procéder, cherchant les
faits ou mieux les relations de faits les plus étendues,
mais sans sortir un seul instant des sociétés animales
auxquelles ce que nous dirons s'appliquera exclusivement.

I. — *Concours.* — Tout corps social est un tout organisé, c'est-à-dire fait de parties différentes, dont chacune
concourt par un genre particulier de mouvements à la
conservation du tout. Le concours est purement physiologique dans la première classe de sociétés ; il est obtenu
par la connexion d'organes continus. Il est demi-physio-
logique et demi-psychologique dans la seconde classe ;
la famille, qui n'existerait pas sans des connexions
organiques, commence et s'achève par l'action correspondante de centres nerveux situés à distance dans
des individus distincts. Enfin ce même concours est
purement psychologique dans la peuplade. Mais quelles
que soient les sociétés, elles reposent invariablement
sur la solidarité et la conspiration des parties ; elles sont

toutes organisées, les plus élevées étant seulement mieux organisées que les autres.

II. — *Distinction des parties* (a) *simultanées.* — Tout corps social est composé de parties organisées ou d'organismes. Au plus bas degré, chez les Infusoires, la société est composée d'organismes élémentaires irréductibles ; mais à mesure que l'on monte dans l'échelle, les organismes composants sont eux-mêmes de plus en plus composés, sans que leur individualité souffre de cette composition, pas plus du reste que ne souffre de sa composition l'individualité du tout. Là où chaque type social atteint son entier développement, on peut même dire que l'individualité du tout est en raison de l'individualité des parties, et que mieux l'unité de celles-ci est définie, plus leur action est indépendante, mieux l'unité du tout et l'énergie de son action sont assurées. L'individualité des sociétés, loin d'exclure la composition, la suppose donc et a pour condition l'individualité de leurs éléments. Cette loi s'applique à celles qui ont pour but l'exercice en commun de la vie de relation comme aux autres : et l'on peut dire des consciences qui les composent ce que nous venons de dire des organismes intégrants en général.

— (b) *successives.* — Ce qui est vrai de la composition dans l'espace est vrai de la composition dans le temps. Tout organisme social est non seulement plusieurs, mais plusieurs fois plusieurs successivement. Et plus il a ce caractère à un haut degré, plus son identité (unité dans le temps) demeure, plus il est capable de progrès.

III. — *Formation par épigénèse.* — Toute société se forme par épigénèse, c'est-à-dire par accessions successives entièrement spontanées. En d'autres termes, il serait inexact de croire que, dans la nature, les sociétés se forment de toutes pièces de fragments de sociétés antérieures déjà complétement organisés ; non, elles naissent d'abord à l'état de germe et ne sont comme tout germe qu'une petite masse de matière confuse, douée seulement d'une virtualité cachée. Bientôt au sein de cette masse, des parties mieux définies surgissent çà et là, les parties essentielles apparaissent les premières, et le travail de l'organisation commence. Ce travail est entièrement spontané de la part de chaque élément. Il n'y a ici rien qui ressemble à une action mécanique, à une fabrication extérieure, à une composition artificielle. Quand chaque élément apparaît, il apporte avec lui des tendances définies, propres à le diriger dans l'accomplissement de sa fonction, et bien que ces activités soient toutes convergentes, *chacune s'exerce comme si elle était seule,* ne se proposant en apparence qu'elle-même pour but. Ainsi tout corps social commence par se faire lui-même, comme y est obligée chacune de ses parties, par un développement autonome, par une croissance (growth) successive et spontanée à partir d'un germe.

IV. — *Division du travail.* — Dans cette évolution, le concours ultérieur a pour première condition le partage de la fonction commune en un certain nombre de fonctions diverses, ou, comme on l'a dit, la division du travail. Mais si cette condition, maintenant bien connue, est nécessaire, elle n'est pas suffisante. Division, c'est dispersion : le concours exige le groupement. Celui-ci s'opère en deux phases successives.

V. — *Attraction des parties similaires.* — Premièrement le concours s'obtient par la réunion des parties semblables. C'est une loi très générale dans les sociétés que l'attraction du même au même. Dans les sociétés purement organiques, la raison de cette attraction est simple. Pourquoi les spicules du corail se réunissent-elles toutes pour former le squelette du Polypier? Pourquoi les cellules de chaque sorte se groupent-elles ailleurs par masses contiguës? C'est sans doute parce que chaque élément histologique est produit par ses semblables et reste lié nécessairement à ceux qui lui ont donné naissance. Mais dans les sociétés psychologiques la cause de l'attraction est plus complexe. Elle réside dans la sympathie, c'est-à-dire dans la plus grande facilité qu'a tout être capable de représentation de se représenter son semblable et dans la conscience d'une augmentation d'activité (plaisir) qui en résulte. Ce premier groupement peut prendre le nom de *Coordination.* On le voit, de même que l'intelligence ne s'oppose en rien à la division du travail, mais s'y plie au contraire plus aisément que l'organisme matériel, en variant presque indéfiniment les fonctions que les structures organiques condamneraient à une sorte d'immobilité, de même l'intelligence favorise la coordination au lieu de la combattre, puisqu'elle permet à des éléments dispersés et distants de s'unir dès qu'ils peuvent voir leurs ressemblances. La loi d'attraction du même au même est donc générale et s'applique aux sociétés représentatives comme aux sociétés physiologiques.

VI. — *Délégation des fonctions.* — Le concours

s'obtient en second lieu par la délégation des fonctions. Il n'est pas possible qu'un grand nombre d'individus, se partageant des fonctions diverses, remplissent tous des fonctions d'importance égale. A l'un ou à plusieurs d'entre eux devra échoir la fonction prépondérante, essentielle, dominante. Plus il la remplira, mieux il devra s'en acquitter; et ainsi elle se retirera peu à peu des régions les plus éloignées de l'organisme social pour se fixer en son centre. C'est ainsi que, même sans que les autres individus ou groupes d'individus l'aient voulu délibérément, un individu ou un groupe d'individus central deviendra prépondérant et se *subordonnera* tous les autres. Dès lors il représentera à lui seul le corps tout entier, dont la vie sera comme résumée en lui. Les destinées de tous seront attachées à la sienne, et en raison de la solidarité organique, il recevra l'écho de toutes les modifications des parties, de même que les parties recevront le contre-coup de toutes ses modifications : de.plus, s'il réagit, il sera centre de mouvement, comme il est centre d'impressions. C'est là le plus haut degré du concours. Mais cette loi comme les précédentes, loin de ne s'appliquer qu'aux corps sociaux composés d'organes contigus, s'étend aux corps sociaux composés d'individus capables de représentation, et y trouve une confirmation nouvelle. C'est là que le concours atteint son summum grâce à une délégation formelle (peuplades de ruminants, de pachydermes, de singes), et à la facilité avec laquelle le chef, avant de réagir sur le monde extérieur quand il en a reçu une impression, réagit sur les membres subordonnés de sa troupe.

VII. — *Spontanéité des impulsions dirigeantes.* —
La partie dirigeante n'est elle-même qu'un organe.
Son action est donc spontanée et se soumet comme
celle des autres organes à la loi de différenciation et
de concentration progressives. Mais à mesure qu'on
monte dans l'échelle, elle est plus considérable et la
réflexion y a plus de part. C'est donc celle qui se
découvre le plus facilement à nous. Il doit donc y avoir
une tendance chez celui qui l'observe à ne voir qu'elle
et à négliger les actions spontanées moins conscientes
et moins énergiques prises isolément, qui se subor-
donnent à elle. Mais bien que cette action centrale
paraisse indépendante des autres, bien qu'elle ressemble aux yeux d'un observateur inattentif à celle
d'une pièce maîtresse qui imprime le mouvement aux
rouages inertes d'un mécanisme, cependant dans tous
les cas la partie dirigeante fait corps avec l'organisme ;
elle emprunte aux parties subordonnées le mouvement qu'elle leur distribue. Dans la limite où les peuplades les plus élevées ont l'apparence de machines, ce
sont elles qui se donnent cette apparence ; en sorte
que si la contrainte y joue un rôle, ce sont toujours,
en somme, les volontés individuelles qui le lui attri-
buent. La vie sociale diffère donc profondément par sa
spontanéité (1) du jeu d'un appareil artificiel : l'activité plus ou moins réfléchie par laquelle elle se gou-
verne repose elle-même sur les impulsions incon-

_____

(1) La spontanéité signifie pour nous non la création absolue du
mouvement, mais, par opposition au déplacement résultant d'une
impulsion extérieure, l'emploi de forces préalablement élaborées au
sein de l'organisme.

scientes de qui résulte la délégation du commandement.

VIII. — Les forces disponibles dans un organisme
collectif se manifestent de trois manières : tantôt par
la constitution même du corps social, tantôt par l'accommodation d'une portion de matière aux fins communes, tantôt par diverses actions appropriées qui ne
laissent sur la matière aucune trace. Plus les manifestations se conforment à des figures régulières, géométriques, moins l'activité commune est capable de
variété, de souplesse et d'invention, plus en un mot
l'organisme est inférieur. Mais quoi que fasse un corps
social, qu'il se constitue lui-même, qu'il se construise
un instrument ou qu'il adapte son action par la pensée
aux circonstances diverses, il ne peut que suivre les
lois de l'organisme, et ainsi toute œuvre sociale porte
le sceau de l'organisation comme la société qui l'a créée.
Si la pensée est pour quelque chose dans cette œuvre,
celle-ci aura le même caractère à un plus haut degré,
c'est-à-dire qu'elle offrira avec une variété plus riche,
une concentration plus énergique, en un mot plus
d'harmonie, plus de beauté.

IX. — La loi est le rapport constant des phénomènes successifs, le type, le rapport constant des formes simultanées. Au plus bas degré de l'échelle des
sociétés les formes typiques sont figurées dans l'espace ; mais à mesure qu'on monte, le type n'est plus
que le rapport idéal des parties ou la constitution
sociale. Cette constitution offre une grande fixité. Il ne
semble pas qu'une société puisse modifier sa structure
fondamentale, bien qu'elle soit capable de perfection-

nements partiels. Tous les perfectionnements qu'elle réalise la poussent plus avant en quelque sorte dans le même sens et accentuent les caractères qui la séparent des autres. Plus deux sociétés dissemblables se développent, plus elles divergent. On ne peut donc ranger les sociétés suivant une série linéaire, et l'expression d'échelle que nous employons quelquefois pour les désigner dans leur ensemble n'est pas aussi juste qu'elle est fréquemment usitée. On tirerait de la disposition des branches dans un arbre une comparaison plus exacte. En effet de l'une à l'autre des structures essentielles il n'y a pas de passage ; et il faut, quand on atteint l'extrémité d'un de ces rameaux qui s'est développé comme nous venons de le dire en divergeant et en montant le plus possible, il faut redescendre beaucoup plus bas pour reprendre à son origine le rameau supérieur. Cependant à l'extrémité de chacun de ces rameaux des ressemblances doivent se produire si les sociétés obéissent aux mêmes lois dans leur développement ; et en effet il y a des analogies, mais seulement des analogies entre les trois groupes de sociétés que nous avons décrits : blastodèmes, familles et peuplades. Par exemple la société des abeilles, qui est purement domestique, prend en raison de son haut développement l'apparence d'une peuplade. Ces analogies suffisent pour qu'une comparaison de l'une à l'autre soit possible, surtout si l'on choisit des points éloignés de la série sociologique commes termes de comparaison. Envisagée dans son ensemble cette série manifeste un progrès, c'est-à-dire une accentuation constante des caractères que nous estimons bons pour les êtres vivants en général, à savoir la complexité organique et la puissance d'action qui en résultent. La classification est une hiérarchie.

X. — Le nombre est une cause d'énergie dans le concours à une condition, c'est que la structure organique corresponde au nombre des éléments. Chaque structure en comporte un nombre déterminé. Cette limite dépassée, l'augmentation en volume du corps social lui devient préjudiciable. Il y a donc un rapport étroit entre le nombre des éléments et l'économie de l'organisme social. Non seulement la forme des sociétés est déterminée par le type, mais encore, en des limites assez larges, le volume.

XI. — Si l'on excepte les êtres vivants les plus infimes, tous les animaux sont à divers degrés des sociétés ou des éléments de sociétés. La série ou classification zoologique ne se compose donc pas en réalité de types individuels, mais de types sociaux. C'est ce que les naturalistes ont implicitement admis eux-mêmes quand ils ont fait entrer le couple sexué dans la définition de l'espèce. « Les séries spécifiques, dit M. de Quatrefages, ne nous apparaissent plus comme composées seulement d'individus, mais bien comme formées de familles qui se succèdent et dont chacune provient d'une ou de deux familles précédentes. » Là où existent des peuplades, c'est-à-dire en général dans les régions supérieures de l'animalité, ce sont elles qui méritent plus que les familles de figurer dans les séries spécifiques. En effet nul être ne peut se perpétuer comme espèce en dehors de son groupe naturel. Ses mœurs font partie de lui-même, au point que Latreille veut

qu'on divise les fourmis suivant leurs mœurs et que
M. Rouget dit la même chose des Guêpes, Brehm des
oiseaux. Mais les rapports des individus avec son
milieu social constituent la part la plus importante de
ses mœurs ; ces rapports déterminent donc aussi bien
que les particularités de structure organique le rang
spécifique de chacun des animaux.

XII. — Toute société se développant à partir d'un
germe naît et grandit ; les analogies et un certain
nombre de faits nous engagent à croire que toute
société meurt après une décadence inévitable. Mais on
ne sait quelles sont les limites de temps entre lesquelles s'accomplit cette évolution. Certaines familles
sont annuelles et d'autres durent un peu plus longtemps, et quelques-unes vivent plusieurs années. Mais
la durée de la peuplade n'est point connue. Il est certain seulement qu'elle est de beaucoup plus longue
que la vie des individus.

XIII. — Les sociétés n'ont pas toujours existé, puisque l'apparition des espèces a été successive. Leur évolution prise dans son ensemble n'est pas moins nécessaire que l'évolution de chacune d'elles. De même que
les phénomènes particuliers que manifeste une société
particulière obéissent à un déterminisme rigoureux,
bien que plus ou moins voilé par l'aptitude de l'intelligence à des actes divers et le libre essor qui semble
propre à l'amour, de même les phénomènes qui, dans
l'histoire de la vie ont provoqué leur formation, ont été
soumis à un déterminisme que l'apparente irrégularité
des formes ne doit pas nous dissimuler. Nous avons
signalé quelques-unes des causes qui font que la

société ici se borne à la famille, là s'étend jusqu'à la peuplade, ici est permanente, là reste momentanée, et Aristote avait ouvert cette voie en montrant que toutes les espèces prédatrices sont relativement solitaires ; ce travail sera continué à mesure que la Sociologie animale sera cultivée plus efficacement ; mais dès maintenant le déterminisme des faits sociaux, évident s'il s'agit de leur succession actuelle, peut être avec une suffisante certitude affirmé de leur genèse. Du reste, comment les lois qui sont vraies du mode d'existence d'un être quelconque ne le seraient-elles pas de son mode d'apparition : la naissance est-elle donc autre chose que l'existence même à sa première phase?

§ 2

De la nature des sociétés animales.

Si telles sont les lois des sociétés, il n'est pas difficile de dire quelle est leur nature. Sans aucun doute ce sont des êtres vivants. Mais cette première solution n'est pas entièrement satisfaisante, car il n'est guère admissible qu'il n'y ait aucune différence entre les organismes matériels et les organismes sociaux, et que la sociologie soit un simple prolongement de la Biologie. Ce n'est pas assez de dire qu'une société est un être vivant, il faut chercher quel être vivant elle constitue, et par suite en quoi la sociologie diffère de la science immédiatement inférieure.

Or si l'on examine de plus près ce que deviennent les lois que nous venons d'exposer (lesquelles sont

exactement les lois de l'organisation) quand on les
applique aux sociétés les plus élevées du règne animal,
on ne tarde pas à voir qu'elles prennent un aspect
nouveau sans changer complétement de nature. A
mesure, en effet, que l'on s'éloigne des commencements de la vie, on voit les groupements d'êtres vivants
s'accomplir non plus sous l'impulsion des forces physico-chimiques ou des excitations physiologiques, mais
sur l'invitation de penchants de plus en plus ressentis,
et d'attraits de plus en plus remarqués. On passe
insensiblement du dehors au dedans, d'un jeu de
mouvements plus ou moins compliqué (la vie est-elle
autre chose?) à une correspondance de représentations
et de désirs, à la conscience. Encore une fois si on
examine les rapports de ces phénomènes, rien n'est
changé ; ils se groupent suivant les mêmes lois que les
éléments de l'organisme ; mais ces phénomènes qu'une
même harmonie enchaîne ne sont plus de même ordre
et ne sont pas connus de nous de la même manière.
Chaque phénomène organique est connu directement
par un sens approprié ; les phénomènes intérieurs ou
psychiques ne sont connus que par interprétation et
doivent, pour ainsi dire, être traduits en fonction de la
conscience après avoir été recueillis sous leur aspect
matériel. Si nous ne nous reconnaissons pas capables
d'en être les auteurs, si nous ne les pouvons réduire
en termes intelligibles à notre propre conscience,
ils n'existent pas pour nous. En un mot, nous constatons les uns tels qu'ils nous apparaissent ; nous
comprenons les autres par analogie d'après ce que
nous savons de notre moi. Par cela même, les ter-

mes par lesquels nous désignons les deux ordres de faits diffèrent notablement : là nous ne parlons que d'attraction et de répulsion, de cohésion et de dissipation des molécules; ici il est question seulement d'intelligence et d'amour. En passant d'un ordre à l'autre, le consensus organique devient solidarité, l'unité organique figurée dans l'espace devient conscience invisible; la continuité devient tradition, la spontanéité du mouvement devient invention d'idées, la spécialisation des fonctions reprend le nom de division du travail, la coordination des éléments se change en sympathie, leur subordination en respect et en dévouement, la détermination elle-même des phénomènes devient décision et libre choix. Ainsi tout prend une face nouvelle : du sein de l'organisme matériel noùs voyons surgir tout un monde, régi par les mêmes lois que l'autre, mais bien différent de lui; monde vraiment distict, puisque des idées ou des représentations y remplacent les figures, et que les désirs y jouent le rôle des mouvements. Eh bien! ce monde est celui de la société : la vie de relation en trace les contours; partout où des êtres peuvent échanger des impressions il y a place pour la société et réciproquement partout où naît une société on peut dire qu'il y a un commerce de représentations. Faut-il donc exclure du tableau de la vie sociale la première classe de groupements que nous avons décrite; oui, si l'on y cherche la société épanouie, arrivée à son développement normal; non si l'on se contente d'y voir une ébauche, une préparation de ce qui sera plus tard la société même : préparation essentielle d'ailleurs, assise nécessaire de l'édifice au sommet duquel s'est placée l'humanité. La sociologie se développe parallèlement à la psychologie; mais comme elle, elle a ses racines dans la Biologie dont elle est parfaitement distincte.

Corrigeant donc notre première définition, nous dirons qu'une société est, il est vrai, un être vivant, mais qui se distingue des autres en ce qu'il est avant tout constitué par une conscience. Une société est une conscience vivante, ou un organisme d'idées. Nous échappons par là à un reproche mérité par plusieurs sociologistes, celui d'expliquer un mode d'existence supérieur par le mode d'existence inférieur. Au lieu d'essayer de rendre compte de la conscience par l'organisme matériel, nous serions plutôt tenté d'expliquer l'organisme matériel par la conscience. Car toute explication part de nous-mêmes et consiste à projeter la lumière saisie au clair foyer de l'esprit sur l'obscurité croissante qui nous environne. Quant aux lois qui régissent l'un et l'autre ordre de phénomènes, surtout la partie des phénomènes sociaux manifestée par l'animalité, elles ne peuvent être autres pour la conscience que pour la vie; car, de même qu'il n'y a qu'un seul univers, il ne peut y avoir qu'une seule loi fondamentale, celle de l'évolution.

Cette solution renferme nous le savons, une contradiction apparente. D'une part, en effet, quand on proclame que l'évolution est la loi de toute existence, on emprunte à la science de la vie la clef des rapports qui unissent les phénomènes de la pensée, on explique, en un mot, l'esprit par la nature; et d'autre part quand on dit que la société même la plus

humble ressemble plus à la conscience qu'à toute
autre chose, on penche à chercher dans la pensée le
secret de la vie, on explique la nature par l'esprit de
l'homme. Mais cette contradiction peut être levée
par une distinction déjà ancienne, et qu'il ne nous
faut pas oublier. Tout être offre deux aspects : d'un
côté il est une suite de phénomènes se succédant
suivant une loi, de l'autre il est une virtualité efficace d'où ces phénomènes émanent incessamment.
Il soulève donc deux sortes de questions ; les premières se résument en celle-ci : comment, selon quel
mode nous apparaît-il et se manifeste-t-il à nous
(τὸ ποῖον)? les secondes se résument en cette autre :
qu'est-il? par quel état de notre moi pouvons-nous
nous le représenter dans l'intimité de sa nature (τὸ τί)?
Les premières questions ont donné naissance à la Physique prise dans son sens le plus général, et la réponse
a été, depuis Descartes, en s'éclaircissant de plus en
plus ; la Physique moderne est de plus en plus résolûment mécaniste. Les secondes questions ont donné
naissance à la Métaphysique, et comme nous ne pouvons nous représenter l'intérieur d'un être que par
notre conscience, la Métaphysique a été de tout temps,
et est de plus en plus, malgré les apparences, idéaliste.
Avec Aristote, avec Leibnitz elle a même été jusqu'à
prêter notre nature aux existences évidemment aveugles et inconscientes comme les forces inanimées.
Mais si c'est là une belle témérité, ce n'est pas ceux à
qui elle sourit qui se plaindront de nous voir, sans rien
retrancher de plus aux lois du mécanisme que ne l'a
fait l'auteur du système des monades, définir la société

même animale, par son analogie avec la conscience
humaine.

Mais comment une conscience multiple est-elle possible? Il nous tarde d'aborder de front ce problème,
car tout ce qui précède le suppose résolu; mais nous
ne pouvions non plus le résoudre avant d'avoir sous les
yeux l'exposé de faits que nous venons d'achever.
Qu'on veuille bien le remarquer tout d'abord : nous ne
visons qu'à une interprétation de ces faits; il ne s'agit
ici que des animaux sociables. Nous n'avons donc pas
à nous demander si, en effet, les traces d'une fusion
de consciences multiples en une seule se rencontrent
dans l'humanité, si l'amour dans la famille, si le patrio-
tisme dans l'Etat, si le mélange des sangs, des traditions, des idées réalisent entre les âmes des hommes
une communication effective et concentrent les activités éparses en foyers distincts, capables à leur tour
de se renvoyer leurs rayons : tel n'est pas ici notre
sujet. A ne considérer que les sociétés animales, voici
ce que nous trouvons. Premièrement, et même chez
les animaux qu'aucun lien organique n'a jamais réunis,
chez les membres d'une même peuplade, par exemple,
une telle solidarité de sentiments que la crainte d'un
extrême péril ne réussit pas toujours à en empêcher la
manifestation. Leur attachement va jusqu'à la mort.
Ne voit-on pas que cet entraînement irréfléchi serait
impossible si le moi de chacun n'embrassait véritablement celui de tous les autres, si le sentiment que
chacun a de lui-même n'était dominé par le sentiment
qu'il a de la communauté? C'est qu'en effet la conscience
chez les animaux n'est pas une chose absolue, indivi-

sible. C'est une réalité au contraire capable de diffusion et de partage. Elle est composée de deux groupes
de phénomènes, les représentations et les impulsions,
et ces deux sortes de phénomènes sont au plus haut
degré *communicables*. L'intelligence s'ajoute à elle-
même ; nous en avons vu de nombreux exemples. Une
perception passe par les signes d'une conscience en
une autre et c'est ainsi que les animaux sociables ont
en effet beaucoup plus d'idées ou d'images que les
animaux solitaires, toutes choses étant égales d'ailleurs. Mais même le discernement s'accumule, chaque
opération mentale passant par ses effets extérieurs
dans l'intelligence de ceux qui en sont les témoins et
s'y ébauchant tout au moins pour y servir de point de
départ à des opérations nouvelles. C'est ainsi qu'une
société comme celle des fourmis manifeste au total un
nombre infiniment plus grand d'actes adaptés aux
exigences du milieu et de combinaisons variées qu'une
égale quantité d'insectes dits solitaires pris au hasard.
Une fourmilière est, à vrai dire, une seule pensée
en action (bien que diffuse), comme les diverses cellules et fibres d'un cerveau de mammifère. D'autre part
les émotions et impulsions ne s'accumulent-elles pas ?
N'avons-nous pas vu la sympathie et l'antipathie, la
satisfaction et la colère, la sécurité et l'inquiétude,
l'élan vers un but désiré ou l'entraînement de la fuite
passer de proche en proche dans les individus d'une
agglomération permanente, ou s'y répandre instantanément sur le signe d'un chef? Et l'énergie de ces
tendances comme des émotions qui les accompagnent,
n'est-elle pas en raison directe du nombre et de la

cohésion organique de la société ? L'intensité de ces phénomènes appétitifs n'est-elle pas, comme l'étendue et la précision des phénomènes perceptifs, l'effet d'une sorte de répercussion, analogue à celle de l'écho, dans plusieurs foyers successifs de représentation et de volonté ? Mais si les éléments essentiels de la conscience s'ajoutent et s'accumulent d'une conscience à l'autre, comment la conscience elle-même, prise dans son ensemble, ne serait-elle pas l'objet d'une participation collective ? Rappelons-nous d'ailleurs que, comme nous l'avons indiqué en plusieurs passages, la conscience croît comme l'organisme et parallèlement à lui, renfermant des aptitudes, des formes prédéterminées de pensée et d'action qui sont des émanations indirectes de consciences antérieures, éclipsées un instant, il est vrai, dans l'obscurité de la transmission organique, mais réapparaissant au jour avec des caractères de ressemblance non équivoques, bientôt de plus en plus confirmés par l'exemple et l'éducation. Une génération, c'est un phénomène de scissiparité transporté dans la conscience. Tout concourt donc à nous pénétrer de cette idée que la pensée en général et l'impulsion éclairée par elle sont, comme les forces de la nature, susceptibles de diffusion, de transmission, de partage, et peuvent comme elles, ici dormir latentes si elles restent éparses, là s'aviver et s'exalter par leur concentration. Ce sont des monades sans doute que les êtres doués de tels attributs ; mais ces monades sont ouvertes et communiquent ; elles ont jour les unes sur les autres et par là se renvoient tantôt par minces rayons, tantôt en larges ondes la lumière et le mouvement.

Eh quoi ! dira-t-on, n'y a-t-il donc rien de plus dans la conscience de chaque animal que ces modifications superficielles qui passent si facilement de cette conscience dans une autre ? Que deviendra l'idée de l'individualité ? Les *moi* eux-mêmes ne vont-ils pas, si cette doctrine est acceptée, s'échanger en quelque sorte, se transformer les uns dans les autres, et se confondre au milieu d'une promiscuité absolue ? N'y a-t-il pas là une flagrante absurdité ? Comme si un moi pouvait à la fois rester lui-même et endosser un autre moi ! comme si un individu pouvait passer dans un autre individu ! — Assurément, il y a dans chaque animal quelque chose de plus que ses modifications communicables ; il y a une substance permanente qui lui appartient en propre et qui ne peut être considérée comme un objet d'échange sans une évidente contradiction. Mais cette substance n'est pas ce je ne sais quoi des scolastiques, cet être mystérieux qni se tient caché sous les phénomènes et qu'en effet nul n'a jamais vu. Car de deux choses l'une, ou cette substance est particulière à chaque individu, et alors c'est un composé d'attributs déterminés, saisissables à l'observation, bref un groupe de phénomènes extérieurs ou psychiques ; ou elle est la même chez tous, et au lieu d'être une source de distinction entre les êtres, elle n'est plus qu'un fonds commun en qui tous, sans démarcation de groupes, de races, d'espèces et même de règnes trouvent une même nature et finissent par s'absorber confondus (1). Ce n'est donc point de cette substance qu'il s'agit ; c'est

(1) M. Lachelier, *De l'induction*, p. 31.

d'abord du fond d'idées et de tendances inconscientes qui sous les diverses conditions imposées par les influences héréditaires et les circonstances extérieures ont pris dans chaque individu un pli particulier, une tournure propre. Ces aptitudes individuelles permanentes ne se transmettent point par la représentation aussi facilement que les modifications momentanées qui font l'objet d'incessantes communications dans un groupe social. C'est ensuite et plus profondément la structure organique elle-même qui, sous les mêmes conditions, inévitablement spéciales à chacun des individus, s'est déterminée d'une certaine manière pour toute la vie de chacun d'eux. Voilà ce qui leur appartient en propre ; voilà ce qui fait leur moi. Encore ne faut-il pas exagérer la part de l'individu ; car la structure organique et les penchants instinctifs hérités sont en une mesure considérable des éléments spécifiques ou des caractères de race, en sorte que s'ils sont actuellement incommunicables d'un organisme à l'autre et d'une conscience à l'autre, ils sont, grâce aux accroissements dans la race et dans l'espèce, l'objet d'un lent échange et deviennent à la longue, sinon identiques, du moins fortement semblables, mettant ainsi à l'unisson dans un groupe donné les impressions les plus obscures et les mouvements les plus involontaires.

Si c'est là ce qu'il faut penser des consciences animales, tant dans les sociétés que dans les individus, et si, qu'elles restent éparses ou qu'elles se concentrent, elles n'ont pas d'autre substratum en dernière analyse que les organismes où elles se manifestent, il semble que cette solution doive miner tout notre édifice. En effet, nous avons fait reposer sur la conscience et ses harmonies toute notre théorie des sociétés animales, et voici que la conscience ne repose sur rien, n'est rien, et s'évanouit dans le mécanisme qui la supporte. Il n'en va pas ainsi, et non seulement la conscience est pour nous quelque chose de réel, mais elle est plus réelle que tout le reste et prête à tout le reste sa réalité.

Qu'est-ce que la réalité, en effet? C'est le caractère, tout d'abord, que revêtent les phénomènes sensibles, non pas quand les sensations qu'ils nous font éprouver sont énergiques, — le rêve, l'hallucination seraient à ce compte les meilleurs juges de la réalité, — mais quand les représentations que nous en obtenons sont liées avec les représentations puisées ailleurs et peuvent entrer dans le système de nos connaissances sans y créer de disparates. Et encore serions-nous seuls au monde, ce critérium ne serait peut-être pas assez sûr; mais quand nous voyons notre connaissance d'un groupe de phénomènes se lier régulièrement avec la connaissance que les autres hommes ont du reste de la nature et trouver pour ainsi dire sa place toute prête dans l'œuvre de la raison commune, c'est alors que nous croyons à la réalité de ces phénomènes. Que si quelque trouble survient dans nos pensées, si la violence de la passion ou l'effort de la maladie en altère les rapports et que nous le sentions confusément, c'est sur la raison collective que nous nous appuyons pour retrouver notre équilibre intellectuel. Divers témoignages venant coïncider pour nous peindre une situation sous les mêmes couleurs, divers conseils se ren-

contrant pour nous représenter une action comme
seule accommodée aux circonstances, l'unanimité et la
constance des jugements d'autrui, telles sont les barrières qui contiennent en nous la fantaisie prête à
prendre essor, et qui forment en quelque sorte la règle
dernière de nos jugements sur le monde. Qu'est-ce qui
fait, par exemple, l'erreur des hommes affectés de Dal-
tonisme, si ce n'est l'unanimité des témoignages contraires de la part du genre humain? Ainsi donc, être
regardés comme conformes à l'expérience et à la raison collectives dans l'humanité, voilà le signe sans lequel des phénomènes ne peuvent pas être tenus pour
réels. Mais n'est-ce pas là un caractère insuffisant, et
ne peut-on concevoir une réalité plus intime que celle-
là? Il semble que si un être, au lieu d'être seulement
pour autrui, est pour soi, c'est-à-dire au lieu d'être
connu par une conscience autre que la sienne, se connaît et se possède dans sa propre conscience, cet être
jouit d'une réalité mieux fondée. En effet, il n'a pas
besoin, pour exister, d'attendre qu'il soit perçu (auparavant, qu'on y songe en effet, son existence n'est
que possible); il trouve en lui-même l'attestation de sa
vie et le sentiment de ses puissances : quand même
toutes les intelligences seraient abolies, il ne cesserait
pas de s'affirmer, d'être en un mot. Au premier caractère de conformité avec les faits et les lois qui résument l'expérience de l'humanité, il faut donc, pour
constituer à nos yeux une existence réelle, qu'on en
joigne un second, celui d'*exister pour soi* : sans cela,
qui nous garantit que les phénomènes même réguliers
qui se manifestent à nous ne sont pas un vain décor,

24

un trompe-l'œil, mais permanent et derrière lequel il nous aurait défendu de pénétrer?

De ce double point de vue, les sociétés nous apparaissent comme aussi réelles que possible. En effet, nous avons vu qu'elles sont constituées *pour nous* par un vaste ensemble de phénomènes réguliers, établis par d'universels témoignages, autorisant la prévision et la confirmant depuis des siècles, régis par des lois cohérentes avec celles de la vie et de la pensée. Loin d'être une anomalie dans la nature, elles forment une transition nécessaire entre l'individu physiologique et la société pleinement organisée. A ce titre, elles méritent d'être l'objet d'une science à part, comme tous les autres groupes de phénomènes naturels; et il n'y a pas plus de raison pour leur refuser ce droit que pour le refuser aux phénomènes chimiques et biologiques. Mais les sociétés sont plus réelles encore que ces groupes de phénomènes; car à partir des Ascidies composées, elles manifestent une concentration d'impressions et d'impulsions suffisante pour révéler à nos yeux un commencement de conscience. Dès lors, les consciences sociales deviennent de plus en plus concentrées et de plus en plus énergiques. Elles existent *pour elles-mêmes*, et par là doivent être comptées parmi les plus hautes des réalités. Descartes voit dans la conscience que le moi humain a de lui-même la preuve irrécusable de notre existence, c'est-à-dire que pour lui l'être qui se pense est le seul vraiment réel. Pourquoi ce qui est vrai de l'homme ne le serait-il pas de l'animal? Il faut reconnaître que nous ne pénétrons pas dans la conscience sociale des animaux, et que c'est du dehors que nous la jugeons capable de se penser. Mais l'erreur n'est guère possible en présence des phénomènes si manifestes que nous avons énumérés. Si les différents individus qui composent les sociétés n'étaient pas présents à la pensée les uns des autres, ils ne vivraient pas agglomérés : l'idée est, comme nous l'avons vu, la force qui tient unis ces éléments épars. Non seulement donc les sociétés sont réelles comme ensemble de phénomènes réguliers, mais elles sont réelles encore comme consciences existant en elles-mêmes et pour elles-mêmes.

J'ajoute que si elles ne sont pas réelles, rien ne l'est. Car, nous l'avons vu, excepté chez les derniers des Infusoires et chez les peuplades, toute conscience individuelle fait partie d'une conscience individuelle supérieure. Si donc, dans les plus hautement organisées des consciences collectives (peuplades), on nie la réalité du moi social, on se trouvera en présence de nouvelles consciences collectives (familles), désormais seules réelles. Mais en vertu du même principe, il faudra leur refuser encore la réalité, l'existence substantielle ; on en viendra donc aux individus (blastodèmes) que l'on sera tenté de considérer cette fois comme les seuls êtres véritablement existants. Cependant on ne le pourra pas davantage. La conscience de ces derniers en effet est (nous l'avons démontré) un tout de coalition, une unité multiple dont la vie des éléments histologiques et des organes forme le contenu. Nouveau pas à faire dans la voie de l'analyse et de la négation. Ce pas franchi, la conscience collective du blastodème (c'est-à-dire de l'individu au sens ordinaire de ce mot) une fois réduite à l'état de pure abstraction, il ne restera plus que les organes et organites à qui je ne pense pas qu'on accorde plus volontiers l'existence substantielle, car d'abord il est douteux qu'ils soient des consciences, et ensuite leur fonctionnement se ramène trop facilement au jeu des forces physico-chimiques pour qu'on ne soit pas poussé à les confondre avec la matière environnante. N'existant pas pour soi, ils n'existeront pas du tout, en sorte que rien n'existera réellement. Il faut donc choisir : ou accorder la réalité aux consciences collectives supérieures et obtenir ainsi le droit de l'attribuer aux consciences collectives inférieures, aux simples individus, ou le refuser aux unes et aux autres également comme à des abstractions réalisées et par là s'engager à ne rien voir dans le monde vivant au-dessous de l'homme que des unités artificielles et nominales.

Si maintenant, dans une société donnée, nous cherchons à déterminer la valeur de chaque élément par rapport au tout, nous voyons que l'unité sociale ne subsiste que par les individus qui la composent, mais que ceux-ci empruntent pour une plus large part au tout lui-même ce qu'ils ont de réalité. En effet, les individus changeant, celui-ci demeure identique, tant que le rapport qui unit les éléments reste le même. Et c'est en lui que les individus puisent les impulsions, tant organiques que psychiques, par lesquelles ce rapport est entretenu ; car les impulsions organiques sont transmises par la génération qui a lieu au sein du groupe social ; quant aux impulsions psychiques dont le germe est déposé également en chacun par la même voie, elles sont en dernier lieu développées par l'éducation et l'exemple, donnés encore au sein du groupe. L'individu est donc l'œuvre bien plus que l'auteur de la société ; car l'action qu'il exerce sur elle compte pour un, tandis que les modifications qu'il en reçoit sont représentées par le nombre des autres membres. De plus, l'action individuelle est limitée à un temps fort court, tandis que l'action collective pèse sur l'individu de tout le poids des instincts acquis et des changements de structure obtenus pendant tout le passé de la race.

Faut-il donc comprendre dans un seul et même tout organique tous les représentants d'une espèce ? S'il s'agit de la société polypoïdale, la société se limite facilement à l'arbre développé sur une même souche ; autant d'arbres, autant de sociétés. S'il s'agit de la famille, les unions annuelles sont autant de sociétés distinctes séparées comme les individus distincts par le germe qui les doit perpétuer ; les unions durables ont une individualité aussi nettement définie. Quant aux peuplades, nous avons vu à quel moment elles commencent ; c'est quand elles méritent le nom de colonies, je veux dire de sociétés fondées à quelque distance des anciennes par des éléments qui se sont détachés de l'une d'elles. Il est donc visible que ni l'espèce, ni même la race ou la variété ne sont des entités réelles chez les animaux. Elles peuvent le devenir chez des êtres capables de conserver de longues traditions et de former des consciences sociales très compréhensives. L'étendue et la durée des sociétés sont en rapport avec la perfection organique de leurs éléments ; et on conçoit une société qui serait aux plus hautes peuplades ce que sont celles-ci aux infusoires agrégés.

§ 3

De l'activité des animaux dans son rapport
avec la vie sociale.

Et cependant, si nous mesurons le chemin parcouru, quel progrès réalisé de l'infusoire aux peuplades de mammifères ! Là, l'extrême férocité et l'extrême impuissance, une dépendance absolue vis-à-vis des influences extérieures. Ici un commencement de domination sur la matière, la défense assurée et les instincts destructeurs vaincus dans une sphère étendue d'activité par les instincts sympathiques. Or, si nous résumons ce qui a été dit de chacune des impulsions qui ont amené ce progrès, nous voyons que c'est l'amour de soi qui les a toutes suscitées ; l'amour de soi, disons-nous, mais développé par une harmonieuse nécessité, de telle sorte que l'amour d'autrui en est devenu inséparable.

Aux derniers échelons du règne animal, la lutte pour l'existence est universelle et incessante. Dans ces régions, l'être vivant ne se montre allié qu'avec ses propres parties non détachées de sa substance et avec lesquelles il entretient des rapports physiologiques. Si l'on admettait que dans chaque partie de telles agglomérations se cache un sentiment quelconque du moi, il lui faudrait bien accorder en même temps un sentiment du nous, puisqu'une soudure enchaîne en une même masse continue les différentes parties du tout. A un degré plus haut d'organisation deux êtres primitivement séparés peuvent faire trêve un instant à la

concurrence vitale, mais à la condition de constituer
deux moitiés d'un tout physiologique qu'ils doivent
reformer pour obtenir satisfaction de besoins individuels ; ici encore l'amour d'autrui et l'amour de soi ne
font qu'un, une communauté organique aussi étroite
que courte absorbant les deux moi sexués en un seul
nous. Considère-t-on les produits de cette union, si
l'attention de plus en plus marquée et de plus en plus
durable qu'ils obtiennent des parents restreint de plus
en plus le domaine de la concurrence vitale, c'est parce
qu'ils ont été pendant quelque temps partie intégrante
de ces organismes créateurs et que ceux-ci n'ont pu
s'aimer eux-mêmes sans embrasser dans le même
amour la portion d'eux-mêmes qui venait à peine d'être
expulsée de leur corps. L'impulsion qui attache les
jeunes aux organes nourriciers relève de la même
origine : la mère représente pour eux avant tout l'aliment et la protection. Sortons-nous de la famille,
montons-nous d'un degré dans la série sociologique,
nous trouvons que des êtres vivants peuvent s'unir
sans y être contraints par les insuffisances mutuelles
de leurs organismes, à une condition cependant, c'est
que les êtres ainsi unis soient de même espèce ou
d'espèces voisines, c'est-à-dire puissent reconnaître et
embrasser en autrui leur propre image, et jouir d'eux-
mêmes en la contemplant : telle est la plus durable et
la plus étendue des barrières opposées à la concurrence vitale ; elle est fondée encore sur l'amour de soi ;
mais plutôt sur l'amour de sa propre idée que sur l'a-
mour de son organisme; bien que les avantages qui en
résultent ne manquent pas de la consolider. Mais s'ai-

mer dans son image, c'est aimer tous ceux qui la reproduisent, tous ceux du moins en qui on peut la reconnaître ; tous les membres de la peuplade font donc
partie du moi de chacun, ou plutôt il n'y a pas de moi
distinct pour eux, il n'y a qu'un nous. Ainsi donc
l'évolution des sentiments sociaux est essentiellement
une transformation croissante de l'égoïsme en altruisme ou de l'amour du moi en amour du nous.

Ce qui prouve d'ailleurs la pénétration du moi et du
nous et la diffusion en quelque sorte du premier dans
le second, c'est qu'il n'est pas un nous qui ne soit, lui
aussi, limité et antagonique par rapport à un autre
nous, en sorte que l'on voit par là clairement qu'il n'est
qu'un moi étendu. Les affections sympathiques les
mieux définies ont pour conséquence la haine des êtres
où l'image bien que voisine n'est pas reconnue comme
semblable, et leur exclusion du moi collectif. Et on
peut affirmer comme une loi générale que la netteté
avec laquelle se pose une conscience sociale est en raison directe de la vigueur de ses haines pour l'étranger.
L'altruisme est donc bien vraiment un égoïsme étendu,
et la conscience sociale une conscience individuelle.

S'il en est ainsi au point de vue de la représentation,
il doit en être de même au point de vue de l'action.
Puisque l'amour de soi, loin d'être exclusif de l'amour
des autres, comprend naturellement cet amour (dans
des limites définies, bien entendu), ce que chacun fait
pour les autres, il le fait d'abord pour soi. Leibnitz a
bien vu que chaque individu est pour soi le centre du
monde, et qu'il ne peut puiser qu'en lui-même le principe de son activité. Une action pour autrui n'est pos-

sible que là où plusieurs *moi* sont fondus en un seul.
Or dans toute société les actes qui sont nécessaires à
l'existence du *nous* s'imposent à l'individu aussi impé-
rieusement que les actes nécessaires à l'existence du
moi. S'y soustraire est aussi difficile pour les individus
engagés dans une conscience sociale qu'il leur est difficile de se soustraire aux actes d'où dépend leur propre
conservation. Ils veulent leur société comme ils se
veulent eux-mêmes, en vertu d'une impulsion primitive par le seul fait de leur constitution essentielle :
être et vouloir persévérer dans son être ne faisant
qu'un, être collectivement et vouloir persévérer dans
son existence collective, vouloir en un mot le bien de
la société ne font également qu'un seul et même acte.

On peut aller plus loin et soutenir qu'en vertu de la
même impulsion un membre d'une société animale
hautement organisée est plus attaché à la conscience
collective et à sa prospérité qu'à sa propre conscience
et à son intérêt. En effet si on songe à la continuité de
la vie en commun et au nombre des pensées qui représentent ses différentes manifestations dans la conscience individuelle, on sera surpris du petit volume
qu'y occupent les images, les fins et les actes afférents
à l'individu seul. Une conscience aussi peu développée
que celle de l'animal est sans cesse hors d'elle-même,
et où veut-on qu'elle soit attachée si ce n'est aux compagnons de l'animal sans cesse présents à tous ses
sens? Il n'est donc pas étonnant si l'action et la pensée
sont corrélatives, que les penchants dont la société est
le terme aient une importance égale. Les penchants
sociaux doivent donc l'emporter de beaucoup dans la

plupart des cas sur les penchants individuels, les inclinations généreuses sur les inclinations intéressées.

Là est le principe de ce que l'on pourrait appeler, si l'on ne craignait d'abuser des termes : la morale des animaux. Aucun de ceux qui nous ont lu attentivement ne nous attribuera la pensée de mettre sur la même ligne l'homme et l'animal : ces paradoxes à la Montaigne sont on ne peut plus déplacés dans les ouvrages qui aspirent à quelque précision scientifique. Les synthèses scientifiques ne doivent jamais perdre de vue les analyses qui les ont préparées. La réflexion est absente de la détermination morale chez les animaux, et c'est ce qui la place à une si énorme distance de ce qu'elle est dans la conscience actuelle de l'humanité civilisée. En effet un principe d'action est un motif distinctement conçu et érigé en loi ou règle universelle ; l'animal ne nous offre rien de tel, et il est probable que chacune de ses déterminations a pour cause une impulsion particulière. Les conflits même qui ont lieu dans sa conscience entre des impulsions diverses ne semblent pas mériter le nom de délibération, parce que n'ayant point converti ces impulsions diverses en *idées*, il est plutôt le théâtre de leurs luttes qu'il n'en est l'instigateur et l'arbitre. Son intelligence lui représente à peine les différentes manières d'agir possibles en chaque cas ; encore moins sait-elle attribuer chacune de ces manières d'agir à diverses catégories. Cependant nous pouvons, nous, après avoir examiné en détail les actes de l'animal et présenté des conjectures sur chacun de ses actes, chercher à en dégager le principe le plus général.

On peut distinguer ici trois sortes d'impulsions : le
besoin physiologique qui crée l'union sexuelle chez
les êtres inférieurs et attache les jeunes aux parents
comme aussi dans certains cas (lactation) les parents
aux jeunes ; — la sympathie fondée sur le plaisir de
la représentation réciproque, et l'intérêt qui résulte
d'expériences consolidées d'avantages obtenus grâce
aux relations sociales. Or si le lecteur veut se rappeler
nos recherches particulières sur chaque groupe d'animaux, il verra combien il serait inexact de déclarer
en général que tel ou tel de ces principes d'action est
la source exclusive des actes qui simulent la moralité
dans la série zoologique. Chacun contribue pour sa part
à faire naître ce semblant de vie morale dans des proportions qui diffèrent suivant les espèces et leur degré
de perfection organique. Ainsi la sympathie, loin
d'exclure les relations nées du besoin, commence grâce
à elles à s'affirmer dans les espèces capables de représentations quelque peu distinctes et durables. C'est
ensuite la sympathie qui orne la famille animale de ses
plus nobles attributs, c'est elle qui fonde la peuplade.
Mais elle n'empêche pas l'intervention de l'intérêt, qui
vient cimenter les liens qu'à lui seul il n'aurait sans
doute pas réussi à former. Les expériences où sont
notés des avantages recueillis dans la vie sociale ont
dû en effet suivre l'établissement de la vie sociale elle-
même, et quand bien même ces deux phénomènes
seraient, comme cela est possible, simultanés, la vue
de l'utilité est une représentation trop analytique, trop
abstraite en quelque sorte pour influer d'une manière
durable sur l'activité d'êtres aussi primesautiers que les

animaux : il y faut joindre la sympathie, sentiment plus profond et plus impulsif, force plus concrète et partant plus permanente. Les seules associations dont l'intérêt soit le principe dominant sont vraisemblablement celles dont nous avons parlé au début de cet ouvrage et que nous avons appelées accidentelles, parce qu'elles n'ont pas lieu entre individus de la même espèce. C'est bien l'intérêt qui a déterminé les relations des fourmis avec les pucerons et en général tous les faits de mutualité. Mais on peut remarquer que ces associations sont le plus souvent temporaires, partielles, incomplètes, et que là où la sympathie est impossible, là où elle ne vient pas corriger par ses charmes désintéressés la rigueur du calcul utilitaire, le concours se change presque toujours en exploitation, le plus fort finissant toujours par se subordonner le plus faible et par abuser de lui. Telle est devenue chez l'homme même la domestication pour les animaux trop éloignés de lui pour qu'il sympathise avec eux. Le mutualisme, ne l'oublions pas, nous est apparu comme la forme du concours qui vient immédiatement au-dessus des formes adoucies de concurrence, le parasitisme inoffensif et le commensalisme. Au fond de tout commerce auquel la sympathie ne mêle pas sa douceur, il y a un antagonisme latent. Donc sans vouloir effacer le rôle des autres mobiles, nous ne pouvons refuser à celui-ci la première place parmi les agents de la sociabilité et de l'action bienveillante chez les animaux.

Quoi qu'il en soit de l'importance respective de ces mobiles, tous ont cela de commun qu'au moment où ils pèsent sur l'agent, ils ont le caractère d'impulsions

impérieuses, nécessitantes auxquelles il est extrêmement difficile de résister. Ils sont devenus des habitudes natives, des penchants instinctifs : il n'y a pas lieu
pour l'agent d'en rechercher la valeur, ils sont en un
sens tout particulier absolus. Et cependant ce ne sont
point des impulsions purement mécaniques, puisqu'ils
sont connus au moins obscurément et que leur opposition avec les penchants égoïstes est plus ou moins
nettement ressentie. Bref une impulsion à quelque degré consciente quoique non réfléchie, connue comme
impérieuse, mais n'allant pas jusqu'à la contrainte et
laissant subsister bien qu'à un faible degré la possibilité
d'un refus, telle est la forme essentielle de l'obligation
qui règle l'activité animale en vue de la société.

L'examen de la matière de ces actes achèvera d'en
éclaircir la nature. Quels sont-ils et à quoi tendent-ils ?
Tout d'abord ils ont pour effet d'imposer à l'animal le
respect de la vie chez l'animal de sexe différent auquel
il veut s'unir ou vient de s'unir. Les araignées femelles
ne s'élèvent point jusque-là puisqu'elles mangent leur
mâle ; les instincts destructeurs tiennent encore ici les
instincts moraux en échec. Dans presque toute la
classe des insectes, c'est au contraire un progrès acquis
définitivement. Cependant les abeilles neutres tuent
les mâles ; mais cette exécution utile à la société a
quelque chose des caractères d'un devoir. Il n'y a pas
que des devoirs de douceur dans la vie sociale, et même
au sein de l'humanité la suppression violente d'un
groupe d'individus peut devenir un acte vertueux dans
des circonstances données. A partir de ce moment on
voit le respect réciproque du mâle et de la femelle aller

croissant ; nous avons montré ce respect se transfor-
mant en amour et obtenant des époux non seulement
des services mutuels, mais une fidélité durable et un
absolu dévouement. La fidélité conjugale est une des
manifestations les plus curieuses à étudier de cette part
de l'activité animale qui simule la moralité, parce qu'elle
est évidemment combattue chez certaines espèces d'oiseaux par des désirs contraires, et tantôt succombe,
tantôt l'emporte. Mais, nous l'avons vu, ces devoirs,
d'un ordre tellement élevé que certains hommes ne les
soupçonnent point, ne sont observés que là où la famille
annuelle atteint le plus haut développement dont elle
soit capable, c'est-à-dire chez les plus intelligents des
oiseaux. Les vertus conjugales ne se montrent donc
dans leur perfection que là où les affections maternelles
et paternelles exercent déjà leur empire. La mère, à
l'origine reconnaît seule que certaines obligations
l'attachent à sa progéniture ; le père, surtout chez les
mammifères, reste encore çà et là vis-à-vis d'eux à
l'état de « nature, » c'est-à-dire d'hostilité sans merci ;
il les mange si la mère ne peut les soustraire à sa
voracité. Cependant dans d'autres embranchements, le
père joue le rôle d'une mère dévouée et n'a point de
souci plus cher que l'éducation des jeunes. Chez les
oiseaux seuls le père et la mère préparent ensemble le
nid et élèvent ensemble leur progéniture, également
pénétrés des mêmes obligations. Ces obligations en
entraînent d'autres : 1° celle d'un travail quelquefois
très pénible (construction, incubation, recherche de
la nourriture, conduite, etc.); 2° celle d'une défense
souvent très périlleuse. Tout le monde a assisté à

l'hésitation douloureuse d'une hirondelle ou d'un
autre oiseau à qui l'on enlève ses petits, qui, d'une
part, craint pour elle-même et d'autre part se sent
obligée de les assister autant qu'elle le peut. Nous
savons par ce qui précède jusqu'où va le dévouement des oiseaux pour leur progéniture. Si l'éducation
résume en quelque sorte tous les devoirs des parents,
l'obéissance et la confiance sont les devoirs des jeunes.
On voit chez les chats, par exemple, des manquements
à ces devoirs sévèrement réprimés par les parents. Les
corrections paternelles ou maternelles ne sont pas rares
non plus chez les singes. Par où il est évident que les
parents estiment que les jeunes doivent se considérer
comme obligés en quelque chose vis-à-vis d'eux. Dans
les peuplades, les devoirs des individus subordonnés
sont analogues à ceux des jeunes dans la famille, et
ceux du chef analogues à ceux des parents : les uns
savent qu'il faut obéir, l'autre met tous ses soins au
gouvernement de la troupe. Mais tous ensemble sont
unis par les liens de la sympathie et du dévouement,
de la sympathie qui les oblige à un respect mutuel, du
dévouement qui les jette au devant de la mort pour
sauver la communauté. En général, même les carnassiers, le plus souvent solitaires, respectent leur image
dans les individus de même espèce qu'eux en dehors
du temps des amours, à une condition toutefois, c'est
qu'ils n'empiéteront pas sur le territoire de chasse. Un
grand nombre d'animaux connaissent en effet la propriété et savent quelles obligations son acquisition et
sa défense leur imposent. En général, les limites d'un
territoire et les provisions amassées sont respectées

des individus voisins de la même espèce, comme le
nid lui-même. On se dérobe bien çà et là des matériaux ; on tente quelque incursion sur les territoires
occupés ; mais la construction achevée, le domaine
défini, les forces et les convoitises se font équilibre :
chacun reste chez soi paisiblement, respectant en quelque sorte le droit d'autrui.

Ainsi donc le respect, puis le dévouement réciproque des époux, la constance dans l'affection privilégiée,
l'éducation des petits, le travail, l'épargne, le courage ;
l'obéissance chez le faible, la sollicitude chez le fort : le
sacrifice enfin chez tous, c'est-à-dire l'abnégation du
moi individuel pour le bien du moi collectif, telles sont
les ébauches de vertus auxquelles l'animal est appelé
par la vie sociale et qu'il pratique en effet sous l'empire
des sentiments qu'elle lui a inspirés, parfois à son insu.
Ces vertus lui accordent quelque dignité ; mais elles ne
sont pas un vain ornement ; gardons-nous de voir en
elles autre chose que les conditions d'existence des
sociétés mêmes où elles se manifestent, et n'oublions
pas que si elles cessaient d'être exercées, les sociétés
et avec elles les races mêmes disparaîtraient du même
coup.

ERRATA

Page 117, ligne 26, *au lieu de* Cirinalium   *lisez* Circinalium
— 137, — 30, — optères — aptères
— 183, — 11, — Moggride — Moggridge
— 251, note — représenter — se représenter
— 256, ligne 14, — qui les servent — qui la servent
— 330, — 26, *supprimer* si longtemps.
— 334, — 10, *au lieu de* tons — sons
— 357, — 14, — annuelles et — annuelles,
— 370, — 2, — aurait — serait.

TABLE DES MATIÈRES

CHAPITRE I

**Sociétés accidentelles entre animaux d'espèces différentes :
Parasites, Commensaux, Mutualistes.**

Le concours, trait essentiel de toute société, suppose l'affinité organique ; cependant des sociétés imparfaites peuvent s'établir accidentellement entre des êtres plus ou moins dissemblables. — Du Parasitisme, comme de l'une des formes de la concurrence vitale ; animaux qui la manifestent. — Du commensalisme et de ses transitions à la mutualité ; régions de l'animalité où ils se rencontrent ; leurs causes. — De la domestication de l'animal par l'homme comme d'un cas de mutualité avec subordination ; origines probables de ce fait. — De la domestication des pucerons par les fourmis ; tentative d'explication psychologique ; de l'intelligence non réfléchie ou raisonnement du particulier au particulier. —

CHAPITRE II

**Sociétés normales entre animaux de même espèce : Infusoires,
Zoophytes, Tuniciers, Vers. — Fonction de nutrition.**

Sociétés normales, leur définition ; il y en a de deux sortes ; de celles qui ont pour but l'accomplissement en commun de la fonction de nutrition ; leur caractère. — Question préalable : où commence le domaine de la sociologie ? Limites qui la séparent de la biologie. — § 1. Sociétés de nutrition sans communication vasculaire ; les Infusoires ; nature et cause de ces groupements. — § 2. Sociétés de nutrition présentant une communication vasculaire. A, Les Polypes ; B, les Molluscoïdes ; C, les Vers. Interprétation de ces diverses structures au point de vue sociologique. — De la

CHAPITRE III

Fonction de reproduction : de la Famille; sociétés conjugales.

CHAPITRE IV

Société domestique : de la Famille chez les insectes.

CHAPITRE V

Société domestique paternelle : la Famille chez les Poissons, les Reptiles, les Oiseaux et les Mammifères.

CHAPITRE VI

Vie de relation ; la peuplade.

CONCLUSION

Dijon, imprimerie Darantiere, hôtel du Parc, rue Chabot-Charny.

www.ingramcontent.com/pod-product-compliance
Lightning Source LLC
Chambersburg PA
CBHW051523060726
47597CB00001B/173